「法と経済学」叢書XII

リチャード・A・ポズナー著
國武輝久訳

イギリスとアメリカの法と法理論

法と経済学による比較法的分析

木鐸社刊

まえがき

　私は，昨年10月にオックスフォード大学において，以下の三回にわたる特別講義を行った。この講義は，オックスフォード大学出版会（Oxford University Press）が企画した「クラレンドン法学講義（Clarendon Law Lectures）」を開講する記念式典の際，私が招待されて行った特別講義である。本書は，この特別講義の内容に少し加筆・補正を加えたものであるが，その主題はアメリカとイギリスの両国における法と法システムの比較にその焦点を合わせている。この主題については，有名な先行研究として，アティアとサマーズ（Atiyah and Summers）両氏の共著があることは周知のとおりである[1]。この先行研究の著者たちは，イギリス法に関する限りでは，私の知識や経験をはるかに凌駕する実績を具えている。けれども，私の研究視点は，以下の二点において彼らの研究視点と異なっている。第一に，私は学術研究者であると同時に，実務レベルでも多くの経験を重ねてきた裁判官でもあるという理由にある。第二に，私は社会科学の多くの分野において，とりわけ法律学のみならずその実務的判断でも必須の前提とされるべき，経済学の領域でも充分な知識を具えているという理由にある。私は，アメリカとイギリス両国のいかなる裁判官や学術研究者よりも，法と経済学という研究領域では深い知識と経験を保有していると自負している。

　この連続講義での＜講義１＞では，二つの相互に関係する主題について議論している。第一に，20世紀の後半に活躍した二人の著名な法学者として，イギリスからはＨ・Ｌ・Ａ・ハートを，アメリカからはロナルド・ドゥオーキンをその代表として取り上げ，それぞれの議論を比較検証する。こ

---

[1] P. S. Atiyah and Robert S. Summers, *Form and Substance in Anglo-American Law: A Comparative Study of Legal Reasoning, Legal Theory and Legal Institutions* (1987). この分野での他の堅実な先行研究として，以下参照。Maimon Schwarzschild, 'Class, National Character, and the Bar Reforms in Britain: Will There Always Be an England?' 9 *Connecticut Journal of International Law* 185 (1994). 私は，本書では「イギリスの法システム（English legal system）」という場合には，イングランドとウェールズの法システムのみを意味している。なぜなら，北アイルランドとスコットランドの法システムは，これらと明確に異なるからである。

こでは,「法(law)」を定義する試みがいかに無益で気紛れな努力に過ぎないか,またこの努力がいかに伝統的な法理論を疲弊させる原因となってきたかという,現代の法哲学をめぐる根本的な問題状況について議論する。第二に,私は,イギリスの法システムはアメリカのそれと比較すると,極めて重要な点においてヨーロッパ大陸法系の法システムに近似する側面があるという議論を展開する。この両国はその言語も共通であって,歴史的に見ればアメリカ法システムはイギリス法のそれに根源的には由来するという基本的特徴がある。さらに,イギリス法システムは,表面的に見れば大陸系の法システムとの間には多くの点で相違がある。くわえて,イギリス法システムをアメリカのそれと比較すると,表面的に見れば多くの点で類似性がある。けれども,イギリス法システムと大陸系のそれとの類似性については,これまでの研究業績では見逃されがちであった。ここでは,その具体例としてイギリスでの法律実務家の役割について取り上げてみよう。イギリスの法廷弁護士(barristers)は,その名称ではなくその社会的機能を考えるならば,裁判手続における権利擁護者(advocates)というよりも補助履行者(adjuncts)と見なすほうがより適切であるだろう。さらに,イギリスの裁判官と弁護士の構成比を考えても,大陸系の法システムにおけるそれとの間には明らかな類似性がある。最初の主題に関連して言えば,法の概念をめぐる大陸法系の精神を体現するハートの見解は,アメリカ法の精神を体現するドゥオーキンのそれと比較すると極めて対照的な思考様式を表現している。この著名な二人の法学者の見解は,両者ともに,それぞれの所属する国家に特有の法現象を普遍的なそれと見間違えているように思われる。くわえて,両国の司法システムをその機能的側面から考えるならば,イギリスでは大陸系と同様に職業的な裁判官システムを採用しているのに対して,アメリカの裁判官システムはそうではない。ハートによる法の概念の提示は,イギリスの裁判官がその職業的な資格において,法をどのように考えているかについて論じているに過ぎない。

　<講義2>では,イギリスとアメリカ両国における法解釈の議論がほぼ完全に重なっている法分野である不法行為法と契約法を考察対象として,イギリスの判例法理に焦点を合わせてその法理論的な根拠について検証する。ここでは,私は,イギリスの裁判官が経済学的分析を通じて適切な論理的帰結を効率的に導くために,共同の知恵(common sense)を積極的に利用してきたという歴史的事実を詳細に検証する。イギリスの裁判官は,コモン・ローに

対する経済学的な分析アプローチを今後とも広汎に活用するならば，アメリカの裁判官による法システムに対する経済分析の実績をはるかに凌駕できるだろう。

　＜講義3＞では，私は，イギリスとアメリカにおける法システムの相違について相互に比較検証する。ここでは，私はこの両国の法システムを比較する際に，理論的レベルでの法思想とは明確に区別できる，実務的な法解釈レベルでの法システムについて比較検証を試みる。結果的に，この思考実験を通じて，この両国における法システムの漸進的改革というこれまでの実態を大きく転換させることができるだろう。この両国における法システムの最も重要な相違は，イギリス法システムは，アメリカのそれと比較すると極めてその適用対象が狭いことに特徴がある。その直接的な要因は，イギリス法システムそれ自体に内在している。この背景には，イギリスでの訴訟に伴う当事者間での費用便益をめぐる負担割合がアメリカのそれよりも相当に低いことも含まれる。また，イギリス法とアメリカ法を比較すると，イギリスでは弁護士に対する成功報酬（contingent fees）がほとんど採用されていない事実や，イギリス法システムの相対的な単純性や訴訟結果の予測可能性の高さなどの要素も含まれる。しかし，その究極的な原因は，アメリカのそれと比較すると，イギリス法では社会的統制手段として訴訟以外にも他の良好な紛争解決手段が存在することに求められるべきだろう。結果的に，イギリスでは，当事者にとって相対的に高い費用負担を伴う訴訟提起という手段を採用する必然性が希薄になるという帰結が生じている。私は，この＜講義3＞での結論として，このようなイギリス法における歴史的経験を参照した上で，アメリカでの弁護士に対する成功報酬を制限する手続の修正に向けた法システム改革の試案を提示する。これに対してイギリス法システム改革の試案としては，アメリカでの裁判所における社会科学的な思考方法から多くの教訓を得ることができることを示唆したい。アメリカもまた，イギリスでの法理論と法システムをめぐる歴史的経験から，訴訟提起の頻発という社会的病理現象を抑制する方法についてさまざまな教訓を学習することができる。

　私は，本書の「付録資料A」として，イギリスの裁判システムにおける組織構造とともに，巡回裁判官と地区裁判官（circuit and district judges）の役割分担に関する公式文書を掲載した。イギリスとアメリカ両国における裁判官の役割に関する相違点については，主として＜講義1＞で取り上げる。しかし，イギリスの裁判システムにおける複雑な組織構成については，実際に

それに関与していない人びとにとっては、この「付録資料A」で提示する組織図を参照することがおそらく必要不可欠だろう。なお、「付録資料B」は、イギリスでの実際の裁判実務における、具体的な上訴裁判所での審理場面について紹介している。この「付録資料B」は、イギリスとアメリカの法システムにおける実務的な相違点について、具体的にそれらを認識する手立てや材料を提供する資料として評価すべきである。

　この三回におよぶ特別講義で私が示す分析手法は、それぞれで異なっている。＜講義1＞では、主として法哲学ないし法思想をめぐる分析手法を取り扱っている。けれども、その後半部分では、＜講義3＞での社会科学的ないし経済学的なアプローチに近似する分析手法を採用している。＜講義2＞では、法理論における実務的な判断に際して、経済学的アプローチの必要性を強調している。また、＜講義3＞では、主としてイギリスとアメリカにおける法システムの定量的な統計データ分析ないし比較法的分析による研究アプローチを採用している。ここでは、イギリスとアメリカ両国における「国民性」の相違についても言及する。私は、この三回にわたる講義での特徴的な比較法的アプローチを通じて、法律学の領域で古くから議論されてきたさまざまな主題についても新鮮な視点を提供できると考えている。この比較法的アプローチは、両国における他の類似的な社会システムをめぐる比較分析にも役立つ可能性がある。けれども、これらの比較法的アプローチに対する評価いかんは、当然のことながら本書の読者たちの手に委ねられている。本書で提示する若干の未公表データは、とりわけ＜講義3＞で示す多くのデータについては、今後の両国における法理論と法システムの比較法的研究に寄与すると私は信じている。他方で、＜講義1＞での裁判システムの実務的運用に関する議論は、それぞれの法哲学や法思想に関する議論のみならず、＜講義2＞でのコモン・ローに関する議論とも密接に関連している。私は、イギリスとアメリカという国境を超えた比較法的研究とは別の独立した研究視点からも、これらの議論に興味を抱く人びとが出現することを期待している。

　この特別講義は、それぞれの講義時間が短かったこともあって、その講義内容はそれぞれの主題をめぐる特徴的な問題点を簡単に素描したに過ぎない。とりわけ私は、現在の時点では、オーストラリアやカナダなど他の英語圏諸国の法システムとの比較法的分析ができなかったことについて、非常に残念な気持ちを持っている。オーストラリアやカナダは、イギリスとアメリカの法システムとの比較で言えば、極めて興味深い政策的対応を通じてそれ

ぞれの特徴を摂取するという，両国との比較で見れば折衷的・中間的な法システムを体現しているからである。

　人生は，学術的な考察のために必要な時間を確保するために，その問題状況を時間軸に沿って固定できないという極めて困惑すべき事態を伴っている。イギリスの法システムは，ヨーロッパ連合(European Union)[2]への加盟条約の批准によって生じた圧力に加えて，訴訟事件の増加現象とそのための財政負担という圧力にさらされており，早急な法システム改革が必要とされる状況にある。私は，本書では，このような変化についてさまざまな側面から検討を加えたつもりである。ここでは本書の読者たちに，以下のような問題状況について予め示唆しておく必要があると考えている。まず，本書において私が考察するイギリス法システムは，その伝統的な特徴あるシステムを基礎として比較検証されている。けれども，このようなイギリス法システムの特徴は，本書が出版される時点では，実質的には早くも色あせている可能性がある。

　ここでは，本書の出版にあたり，多くの方々のご尽力を賜ったことに感謝を申し上げたい。最初に，オックスフォード大学出版会には，この特別講義のために私を招待してくださったことに，当然のことながら深甚な感謝の意を表する。とりわけ，同大学出版会のリチャード・ハートとジョン・ウエランの両氏には，私たち夫婦のオックスフォード滞在中に快適で長く記憶に残る日々を過ごせるようご配慮くださったことに心からお礼を申し上げたい。第二に，ギャレス・ジョーンズ氏に対しては，私の滞在中にイギリス司法界の指導的なメンバーの方々と面談する機会を整えてくださったことに深い感謝の気持ちを表明したい。第三に，イギリス貴族院の上訴委員会(the Appellate Committee of the House of Loads)のニコラス・ブラウン・ウイルキンソン卿，控訴院の裁判記録長(the Master of Rolls)であるトーマス・ビンガム卿，および控訴院の裁判官であるクリストファー・スタウトン卿に対しては，私の研究プロジェクトに寛大なご支援を賜ったことに心から感謝の意を表する。さらに，控訴院の裁判所書記官(the Court Service)であるマーク・キャムレイ氏には，イギリス司法システムにおける複雑な統計データの説明に加えて，未公表のデータや報告書を提供してくださったことに心からお礼

---

[2]　たとえば，以下の文献を参照。Jonathan E. Levitsky, 'The Europeanization of the British Legal Style' 42 *American Journal of Comparative Law* 347 (1994).

を申し上げたい。第四に，デイヴィット・ウインドレシャム卿とピーター・バークス教授には，私たちのオックスフォード滞在中に丁重な応接をいただいたことに深く感謝申し上げたい。第五に，ジョン・ガードナー博士とA・M・オノレ教授およびグエンター・トライテル教授には，私のこの特別講義でのさまざまな主題について，非常に有意義な議論を投げかけてくださったことに感謝申し上げたい。第六に，オックスフォード大学とシカゴ大学ロー・スクールでのセミナーに参加して活発な議論を展開してくれた人びとにも，ここで感謝の意を表したい。とくに，私のこの特別講義に関連する調査・研究活動に助力してくれたケビン・クレミン，エイナップ・マラニおよびアンドリュー・トラスクにも，その卓越したご助力のほどに感謝する。最後に，マイケル・ブーディン，スコット・ブリュワー，ルース・チャン，ディヴィット・コーエン，デイヴィット・キュリエ，ニール・ダックスバリー，ロナルド・ドゥオーキン，リチャード・エプスタイン，ウィリアム・エスクリッジ，エリザベス・ギャレット，ステファン・ギレス，トマス・グレイ，ギャレス・ジョーンズ，ダニエル・クラーマン，ケビン・コルダナ，ウィリアム・ランデス，ローレンス・レッシグ，バーナード・メルツァー，マーサ・ヌスバウム，エリック・ポズナー，トッド・レイコフ，マーク・ラムザイアー，キャロライン・シャピロ，A・W・ブライアン・シンプソン，デイヴィット・シュトラウス，キャス・サンスタイン，およびアラン・サイクスにも感謝したい。これらの人びとは，この特別講義の準備段階での私の草稿に，極めて適切かつ有益なコメントを寄せてくださった。彼らに対しても，ここに深甚なる敬意と感謝の意を表する。

目次

<講義1> ハートとドゥオーキンおよびヨーロッパ諸国と
　　　　　アメリカの比較 ……………………………………… 13
1　「法の概念」を考慮しない思考態度について ……………… 13
　A　無益な論争の主題 ……………………………………………… 14
　　(1)ニュールンベルグ軍事裁判 ………………………………… 17
　　(2)事後法としての法的ルールの変更 ………………………… 22
　　(3)裁判所の判決ルールに関する法律 ………………………… 24
　B　この無益な主題がなぜ議論されるのか …………………… 27
　C　ハートの「遺稿」について ………………………………… 31
2　イギリス法システムの大陸法的性格 ………………………… 41
　A　司法補助職としての法廷弁護士 …………………………… 43
　B　裁判官としてのキャリア …………………………………… 56
　C　船舶は暗夜を航海するのか ………………………………… 65

<講義2>　コモン・ローの比較 ………………………………… 69
1　不法行為法 ……………………………………………………… 69
2　契約法 …………………………………………………………… 93
3　救済手段に関する考察 ………………………………………… 109

<講義3>　法システムの機能的・システム的な比較 ………… 113
1　法システムの比較論 …………………………………………… 113
2　漸進的な法システム改革の危険性 …………………………… 115
3　イギリスとアメリカの司法システムはどちらが適切か …… 123
　A　訴訟に伴う費用負担 ………………………………………… 124
　B　法システムの規模の相対性 ………………………………… 128
　C　法システムの実務的運用 …………………………………… 134
　　(1)一般的考察 …………………………………………………… 134
　　(2)契約法 ………………………………………………………… 146
　　(3)事故に対する損害賠償責任 ………………………………… 148
　　(4)刑事事件に関する判例 ……………………………………… 159
4　法文化の理論構築に向けた検討課題 ………………………… 164

5　アメリカ法への示唆……………………………………………………　171
＜付録資料Ａ＞　イギリスの司法システム機構……………………………177
　1　イングランドとウェールズにおける裁判システムの概要…………　177
　2　巡回裁判官の裁判管轄権に関する概要………………………………　178
　　Ａ　刑事法院……………………………………………………………　178
　　Ｂ　県裁判所……………………………………………………………　179
　　Ｃ　高等法院……………………………………………………………　181
　3　地区裁判官の裁判管轄権に関する概要………………………………　181
　　Ａ　県裁判所の裁判管轄権……………………………………………　181
　　Ｂ　地区裁判官の裁判管轄権…………………………………………　182
　　　(1)県裁判所の一般的な裁判管轄権………………………………　183
　　　(2)県裁判所の特別裁判管轄権……………………………………　185
　　　(3)県裁判所の家事事件に関する裁判管轄権……………………　186
　　　(4)高等法院の裁判管轄権…………………………………………　187

＜付録資料Ｂ＞　ウドゥー事件……………………………………………189
　1　ウドゥー事件の傍聴記録………………………………………………　189
　2　ウドゥー事件の判決文…………………………………………………　191

＜訳者あとがき＞……………………………………………………………　196

＜索引＞………………………………………………………………………　207

表1－1　各国の人口対比での裁判官・法律専門職とその比率………………　53
図1　　消費者余剰……………………………………………………………　96
表3－1　イギリスとアメリカの裁判所判決に対する引用の平均年数…………137
表3－2　イギリスとアメリカ両国の上訴審で破棄された
　　　　　　主題分類別の訴訟事件数……………………………………………138
表3－3　イギリスの各裁判所における訴訟事件の
　　　　　　処理件数(1860年〜1994年)………………………………………142
表3－4　イギリスとアメリカの人身事故類型ごとの死亡率の比較……………154

イギリスとアメリカの法と法理論

法と経済学による比較法的分析

＜講義１＞
ハートとドゥオーキンおよびヨーロッパ諸国とアメリカの比較

1　「法の概念」を考慮しない思考態度について

　最初に，誰か知らない人が，以下のような問題をあなたに提示したと仮定してみよう。たとえば，「時間という概念は，この宇宙空間においてのみならず生命体としての人間にとっても重要な基本的特性を持っているから，その概念を定義することは極めて重要である」という類の問題である。この問題の提示に，あなたが当惑を覚えるのは当然だろう。時間という概念は，重要かつ基本的で人間の行為や活動にとって普遍的な媒介物であることは事実である。けれども，この問題の提示は，円を直線にすることは可能だから，円をそのように定義すべきであると考えるような人びとにとってのみ意味があるに過ぎない。聖アウグスチヌスは，次のように述べている。時間という概念は，それを定義しようとしても明確に定義することはできない。けれども，われわれは，「時間」が何を意味するかについては完璧に知っている。
　私は，「法」を定義する努力についても，この聖アウグスチヌスと同じ思考方法で対応しようと考えている。私の経験では，ハーバード大学ロー・スクールでの平穏な日々を過ごしていた学生時代でも，教授たちは誰も私たち学生に「法」を定義するように求めることはなかった。当時のハーバード大学のロー・スクールには，このような主題を議論する講義として法理学（jurisprudence）という科目が開講されていた。この講義科目は，比較的少数の学生しか聴講していなかったが，私はこのような少数派に属する学生ではなかった。これに対して，私自身がロー・スクールの教授として法理学を担当したときには，その講義の最初の時間に学生たちに「法」を定義するよう求めた。しかし，彼らが回答したいかなる法の定義に対しても，私はそれが完全に不適切な回答であることを容易に示すことができた。けれども，前述した「時間」の定義の場合と同様に，学生たちによる「法」の定義がたとえ

不完全であったとしても、彼らがこの「法」という言葉の用語法を正確に理解し使用することには全く問題がなかった。このような状況は、私にとって他の裁判官や実務に習熟した弁護士たちと同様に、私が「法」や「時間」の定義をめぐる問題について熟考するようになる以前でもまたそれ以降でも全く同様な状況であった。

　特定の場面では、「法」について定義することは可能であり、むしろ必要不可欠と考えるべき場面もあるだろう。たとえば、詳細は後述するが、この法という言葉が制定法に現れる場合がある。あるいは、ロー・スクールの学生に対する卒業単位の要件として、法学に関するコースの履修要件を決定する場合にもその言葉が問題となりうる。この場合には、「法学に関するコース」という履修要件として、「法」という言葉を簡明に定義することが必要となる。これらの場合には、一般的に「法」という言葉の意味について、特定された文脈において、またはその使用例として法の概念を用いる必要がある。これに対して、「法とは何か」という質問を法理学の講義ないし教科書や論文などで提示する場合には、これらの特定の文脈に依存しない法の定義についての回答が求められるのである。

A　無益な論争の主題

　文脈に依存しない形で「法」を定義する試みは、極めて困難であって実際には不可能と言うべきかもしれない。多くの人びとは、H・L・A・ハートがその有名な著書[1]の冒頭で、この試みには重要な価値があると主張している事実に信頼を置くべきだと考えるかもしれない。ハート自身は、「法」を定義する必要があると考えたのは確かだろう。彼の著書は、法理学の教科書として、彼自身が所属する法理学の「分析」学派のために書かれた書物であ

---

[1] H. L. A. Hart, *The Concept of Law* (2d ed. 1994). 本書の初版は、1961年に出版されている。本書の第2版は、ハートの死後に、「遺稿(Postscript)」を追加する以外には初版の内容を全く変更することなしに出版された。私は、彼の「遺稿」に焦点を合わせて議論する予定であるから、この第2版が本書での目的のために有用である(H・L・A・ハートによる本書については、初版の日本語訳として、矢崎光圀監訳『法の概念』(みすず書房、1978年)がある。また、最近に至って本書の第3版の日本語訳として、レスリー・グリーンによる新たな解説を付した、長谷部恭男訳『法の概念(第3版)』(ちくま学芸文庫、2014年)が出版されている)。

る。けれども,この分析学派は,「法とは何か」という主題を探究する法理学という学問領域において中心的な役割を担っているのは事実であるが,この領域での唯一の学問的方法というわけではない[2]。ハートは,哲学者としての彼の社会的背景を考慮するならば,法の概念を定義する努力こそが哲学者の役割として重要であると考えていたのかもしれない。A・M・オノレ教授は,私との会話において,法と道徳と野蛮な暴力という三つの概念の相違を明確に区別することがハートにとって政治的意味で重要性があったと示唆している。オノレ教授は,ハートがこの概念の区別を強調した理由として,この三つの概念の混同という手段こそヒトラーがドイツの伝統的な合法的規範を政策的に転換する際に活用した手段であるという理由を挙げている。

ハートは,彼自身が初期の研究目標として設定した課題に対して,それなりに満足できる回答をこの著書で示したのかもしれない。けれども私は,彼がその著書で示した以下のような回答については,いかなる意義も見出すことができない。彼の著書によれば,「一般的な『法』の定義は,法に対して間違った定義を示すものであり,結果的に極めて複雑かつ難解な概念構成を示すものとなっている。このような法の定義は,私の理解するところでは,法理学と法律実務との間に介在するある種の乖離現象から派生している。結果的に,この定義は,実務的な法律専門職に対して,ジャングルのような禁断の密林地帯に存在する哲学的議論に参加することなしには解明できない領域であるという印象を創りだしている」と説明している[3]。ハートは,法理学が実務的法律学との間でも緊密な関係を維持すべきであると主張するが,その根拠については何も説明していない。また彼は,これらの実務的な法律専

2　See Joseph Raz, *The Concept of a Legal System: An Introduction to the Theory of Legal System* 1-2 (2d ed. 1980). 私は,分析哲学的な法理学を嫌悪しているわけではない。私は,現在の状況としては,この学派を法的思考に分析哲学の方法を導入しようと考えている法理学派と位置づけている。その代表例として,以下の文献を参照。H. L. A. Hart and Tony Honoré, *Causation in the Law* (2d ed. 1985). この学派は,分析哲学的な法理学における一つの分野(従来の法理学領域に大きな修正を加えた分野)を構成するに過ぎない。この学派は,「法とは何か」という問題に関心を寄せている。けれども私は,その思考様式は「袋小路」に陥ると示唆しているのである。

3　'Definition and Theory in Jurisprudence' in H. L. A. Hart, *Essays in Jurisprudence and Philosophy* (H・L・A・ハート,矢崎・松浦他訳,『法学・哲学論集』みすず書房,1990年) 21 (1983) (essay first published in 1953).

門職が基本的な法の概念を解明することに関心を示すべきであると主張する根拠や，彼らが法理学をもっと熱心に研究すべきであるという根拠についても説明していない。これらの疑問に対する彼の回答は，必ずしも自明とは言えない。私は，ハートが慨嘆した法理学と実務的法律学の乖離現象について，それがむしろ賞賛されるべき現象であるという理由について以下で詳細に説明する。

　私は，「法」という言葉を定義することは不可能であるとしても，法の「概念」について議論することは可能であると思っている。ハートは，この概念について，著書のタイトルとしてのみならず，その「定義」の仕方についてもさまざまな方法で語っている[4]。ここでは類似の思考実験として，正義の概念について考えてみよう。正義の概念についての議論は，歴史的にはプラトンにまで遡ることができるが，さまざまな意味で重要な哲学的成果を挙げてきた。正義の概念に関する議論は，歴史的に見ればその時々に応じて，さまざまな著作物としても出版されている。私は，これらの哲学的な思索の成果に対して，格別に異議を唱えているわけではない。けれども，人びとはこれらの正義の概念をめぐる思索の成果から，「法とは何か」という課題に対する何らかの回答を期待すべきであろうか。この課題について回答を求めることは，人びとにとって他の社会的に価値ある思索によって時間を過ごすことより有意義な意味を持ちうるだろうか。私は，その回答を求めることは全く無価値であると考えている。さらに言えば，分析哲学の中心的役割は「法とは何か」という課題に回答を与えることではないし，少なくともそうあるべきではないと私は考えている。私は，そのような課題を提示すること自体が混乱を招くのみであるから，そのような課題について問うべきではないとさえ考えている。

　ある種の人びとは，私のこのようなプラグマティックな思考態度に対して，あまりにも古代のペリシテ人的(philistine)な実利主義という批判を投げつけるかもしれない。彼らは，分析哲学のように数理的に基礎づけられた哲学は，実際の行動に役立たないとしても，教養として啓発に値する美的本質を具えていると考えている。けれども，このような知的刺激に由来する反応

---

[4]　ドゥオーキンは，ハートによるこの法を定義する試みについて，これを法の意味論に関する理論であると主張している。Ronald Dworkin, *Law's Empire* (1986)（ロナルド・ドゥオーキン著，小林公訳『法の帝国』未来社，1995年) 31-44.

は，法理学の教授職にある人びとにとっての適切な思考態度とは言えない。彼らは，法の概念を解明するという知的営為は，社会的行為について考察するための有意義な思考態度であると考えている。われわれは，すでに見てきたように，ハートが法理学と実務的な法律学との間の乖離現象について遺憾の念を表明していた事実を知っている。けれども私は，この種の乖離現象については，いかなる意味でも遺憾の念を表明する気持ちにはなれない。

ここでは，「法とは何か」という問題を考える価値について，私の懐疑的な思考態度の根拠について説明したい。私は，この法とは何かという問題について，実質的に考慮すべき価値があると考える以下の三つの具体例について検討したいと考えている。この三つの具体例について言えば，私の分析結果が全て正しいと仮定しても，私の主張の正しさが証明できたことを意味するわけではない。私の主張は，その帰納的推論の過程で錯誤を犯している可能性もあるし，その対象とするサンプル数が極めて少ないことも事実だからである。しかし，私の例示するこれらの具体例について，その推論に説得力があるとすれば，伝統的な法理学の研究者たちの側にもこれに反論するために別の具体例を提示する責任があると考えるべきだろう。

(1) ニュールンベルグ軍事裁判

イギリス政府は，ニュールンベルグ軍事裁判について，ナチス指導者たちは実質的な裁判を受けることなく現実的な処分として銃殺すべきであると考えていた[5]。このイギリス政府の方針に対して，アメリカ政府が裁判の必要性

---

5 以下に示す，戦時内閣の閣議概要 (12 April 1945) を参照。W. M. (45), 43d Conclusions, Minute 1, pp. 262-264 (Cab. 65/50); なお，以下の文献も参照。Telford Taylor, *The Anatomy of the Nuremberg Trials: A Personal Memoir* 29-33 (1992); Ann Tusa and John Tusa, *The Nuremberg Trial* 61-67 (1984); Matthew Lippman, 'Nuremberg : Forty Five Years Later' 7 *Connecticut Journal of International Law* 1, 20-21 (1991); Lawrence Douglas, 'Film as Witness: Screening *Nazi Concentration Camps* before the Nuremberg Tribunal' 105 *Yale Law Journal* 449, 457-459 (1995). イギリス政府は，少数のナチス指導者についてのみ裁判に付託することを望んでいた。Taylor, above, at 31. 当時のイギリス政府とアメリカ政府の見解の相違は，それぞれの国の政治文化の相違を反映していた可能性がある。イギリスでは，国家の政治指導者については，ある意味で法の適用外の存在であるとする考え方に慣れ親しんでいた。たとえば，女王（または王）は，少なくとも立法技術的な意味では，主権者であるがゆえに法を超えた存在であると認識されていた。これに対して，アメリカでは，このような主権

を主張したために，ナチス指導者に対するニュールンベルグ軍事裁判が開始される結果となった。このニュールンベルグ軍事裁判に関する両国の立場の相違は，「法」の存在意義に関する両国の見解の相違を反映している。実際に，この両国における見解の相違は，詳細については後述するが，まさにハートとドゥオーキンの間で展開されるこの主題に関する概念や定義をめぐる見解の相違にも反映されている。ここでは，ニュールンベルグ軍事裁判所 (Nuremberg Tribunal) がその判決に際して採用した諸原則を「法」ではないと仮定してみよう。この場合には，最初に，ナチスの指導者たちによって国内法に基づいて政治的に執行された行為が違法であったか否かを判断する手段として，国際的な軍事裁判所を設置して戦争犯罪を処断するという法的措置の正当性いかんが問題とされる。次に，この軍事裁判所で採用された法的諸原則が正当な法と認められると仮定したとしても，それが国内法に優越する効力を有するか否かという問題を解決する必要がある。この法的諸原則の効力は，まさにアメリカでは合衆国憲法が全ての制定法に優越する効力を認められるのと同様に，これに超国内法的な効力が認められるか否かという問題が問われることになる。あるいは，ナチス時代に適用された国内法は邪悪な法であるから「真実」の意味での法ではないという，戦後のドイツで採用された思考方法についても考えてみる必要がある。この思考方法によれば，軍事裁判所で戦争犯罪を審理するという手段についても，それを正当化する法的根拠が示される結果となる。

　私は，ニュールンベルグ軍事裁判に際して，連合国の政策決定に関する各国の最高レベルの権力者たちが，哲学的に尊重されるべき法の概念の統一性確保に関心を示していたことには疑問を持っている。彼らは，実際にも，法の概念をめぐる統一性確保に重大な関心を示す必要はなかった。当時における彼らの唯一の関心は，ナチズムのもたらした歴史的刻印をどのようにして除去すべきか，また実際にそのための最善の政策選択は何かという問題に焦点が置かれていた。当時のアメリカ政府は，ドイツ国民の社会的な心理状態とその歴史的伝統を考慮に入れたという意味において，その政策選択は結果的には正しかったと考えられる。アメリカ政府は，ナチス時代のドイツ政府による残虐行為は，公開法廷で全ての証拠書類を開示した上で，対審手続による真正な証拠原則に基づいてその刑事責任を問うことが必要不可欠である

　者概念の存在は認められていない。

と主張していた。この証拠開示手続は，ナチスの亡霊が不死鳥のように灰燼の中から復活することを防止する意味でも，イギリス政府の主張する裁判なしでの銃殺刑の執行よりも政治的な意味で格段に効果的であった。このニュールンベルグ軍事裁判で採択された手段と対比する意味において，ナチス指導者を処断するこのような手段が「法」の名において許容されるべきか否かという，法の原則に関する学術的な議論で対応することは間違っている。「ニュールンベルグ軍事裁判」と「法」の問題は，同一の境界線を共有する問題ではない。裁判という法的手段は，司法的な審問という手続的な保障とともに，一般公開や示威活動として行われることにも意味がある。さらに場合によっては，実際には法的紛争が存在しない場合でも裁判を実施することができるし，実際にそのような裁判が実施されてきたことも事実である。たとえば，最近のこの種の模擬裁判の事例を挙げるならば，アメリカで三人の最高裁判所判事のパネルによって実施された，オックスフォード伯爵はシェークスピア演劇の本当の著作者であったか否かという裁判事例を挙げることができる[6]。

このように「ニュールンベルグ軍事裁判」が「法」の名において正当化できるならば，「遡及法」や「非制定法」の効力のみならず，「国際法」や「自然法」もまた法的に矛盾する存在とは言えない。ニュールンベルグ軍事裁判は，これら全てを法として活用することを通じて，法の名の下における教育的かつ社会改革的な司法作用という役割を充分かつ合法的な「光沢」とともに達成できたのである。その役割は，おそらく，合法的な「光沢」という表現では不充分かもしれない。現在でもなお，ナチス指導者に対する非伝統的な告発という手段の正当性については注目すべき議論が行われている。これらの議論には，ナチス指導者が行った戦争に対する挑発行為や非人道的な犯罪行為に対処する手段として，ヒトラーの支配した時期のドイツでも強制適用されるべき，国際法レベルでの有効な法的基盤がすでに構築されていたという主張も含まれている[7]。私は，ここでは，ニュールンベルグ軍事裁判で適

6　Irvin Molotsky, 'You-Know-Who Wrote the Plays, Judges Say' *New York Times*, 26 Sept. 1987, p.1; Amy E. Schwartz, 'Three Justices, a Poetry-Starved Crowd and Shakespeare' *Washington Post*, 14 Oct. 1987, p. A19. この模擬裁判は，何らかの制裁を科すことを前提とするという趣旨での裁判ではないことは明らかである。

7　たとえば，以下の文献を参照。Bernard D. Meltzer, 'A Note on Some Aspects of the Nuremberg Debate' 14 *University of Chicago Law Review* 455 (1947); Quincy Wright,

用された手続が「法」という概念と整合性があったか否かという問題について，以下のような主張を提示しているに過ぎない。つまり，この法の概念に関する議論は，戦争犯罪に関する司法審査を開始すべきか否かを決定する際に，その判断に関与した人びとの議論の主要な焦点ではなかったと主張しているのである。

　私は，ニュールンベルグ軍事裁判の主要な目標は，ドイツにおけるナチズムがもたらした反人道的な刻印を効果的に除去することにあったと考えている。けれども，私のこの議論は，これ以外の目標がこの目標と同等以上に重要視されるべきだとする主張に対抗する場合でも，それによって影響を受けることはありえない議論である。たとえば，道徳的な目標として，ナチス指導者に対して自己弁護の機会を付与すべきであるという主張もありうる。あるいは，将来に発生が予測される戦争に際して犯される可能性がある，戦争犯罪を処罰のための一般的な法的基盤の構築を目標とすべきであるという主張もありうる。また，究極的な目標として，多数の国家間における国際関係を維持するための普遍的な法的ルールの構築こそを優先的な目標とすべきであるという主張も，これらの目標に該当するかもしれない。これらの目標は，そのいずれもが考慮に値する目標と評価される可能性がある。しかし，これらの目標の優先順位をいかに設定すべきか，また国際的な裁判所でこれらの目標達成のためにどのような手段を採用すべきかという議論は，法の概念をめぐる法理学上の議論によって解決できる争点ではないことは明らかである。

　この私の主張に対しては，正確な「法」という意味での，法の支配の概念に優越性が認められるべきであるという反論がなされる可能性がある。この反論は，詳細は後述するが，ハートによって提唱された法の支配の優越性という主張であって，結果的にニュールンベルグ軍事裁判は間違っていたという主張に連動している。この法の支配という概念の優越性を認める主張は，現実政治的な視点あるいは社会学的ないし道徳的な視点からの主張というよりも，長期的な視点から法の支配こそが重要な目標とされるべきであるという主張を意味している。けれども，この主張は，ニュールンベルグ軍事裁判

'Legal Positivism and the Nuremberg Judgement' 42 *American Journal of International Law* 405 (1948); Stanley L. Paulson, 'Classical Legal Positivism at Nuremberg' 4 *Philosophy and Public Affairs* 132 (1975); Taylor, note 5 above, at 50-51.

をめぐる議論を別の位相に転換する議論であるから、私はこれに同意することはできない。結論的に言えば、これらの議論は、いずれの主張であれ、「法とは何か」という問題に対する回答を明確に前進させる役割を果たす議論とは言えない。

　学術研究者の中には、ニュールンベルグ軍事裁判の法的正当性を主張する人びともいる。けれども、彼らの主張によっても、またハートのみならずニュールンベルグ軍事裁判を主導した人びとの主張を含めても、ニュールンベルグ軍事裁判の法的正当性をめぐる争点について明確な説明を与えた主張は見あたらない。ニュールンベルグ軍事裁判で裁判官となった人びとは、適用されるべき法の「形式」について真剣に検討しなかったのかもしれない。これらの法の形式に由来する基盤には、裁判官という職業資格の根源に存在する、有罪判決の際に法的根拠を明確に示すとともに確信を持ってその証拠を提示するという法的原則も含まれる。彼らは、ナチス指導者への戦争犯罪に関する審理に当たって、これらの法的原則とある種の政治目的との妥協を図ったのかもしれない。のみならず、私がすでに指摘したように、彼らは他の道徳的ないし政治的な目的との妥協を試みたという可能性もある。

　ハートの見解によれば、法的または道徳的な正義の観念がコミュニティの精神状態として共有されていなければ、邪悪な法を非難する方法はそれがたとえ人為的で説得力のない方法であっても、その法が適正な法ではないと宣言することが唯一の方法であると主張している[8]。ハートによるこの主張が正しいと仮定すれば、ニュールンベルグ軍事裁判の被告人たちによる、ナチス時代にその法的ルールに従ったことを理由として処罰される法的余地は存在しないという抗議に適切に対応しなければならない。これとは逆に、かりに実定法が自然法に従属すると仮定すれば、まさにアメリカの制定法が合衆国憲法に従属すると解釈される場合と同様であるが、このような法的な意味での抗議が正当化される余地は存在しない。後者のような反実証主義的アプローチは、私にとっては修辞学的な意味でもより効果的であるように思われる。なぜなら、この主張に反対する議論は、私にとっては極めて魅力のない

8　H.L.A. Hart, 'Positivism and the Separation of Law and Morals' 71 *Harvard Law Review* 593（1958）（なお、日本語訳として、H・L・A・ハート「実証主義と法・道徳分離論」、矢崎光圀他訳『法学・哲学論集』（みすず書房、1990年）、59頁以下）。私の知る限りでは、ニュールンベルグ軍事裁判の合法性に関連して、ハートが法の概念の含意について議論したことはない。

議論ではあるが，ナチス時代の指導者は当時のドイツ法に従ったがゆえに「合法的」には処罰できないという結論を導くからである。この議論によれば，結果的にナチス指導者は訴追の対象とされずに処罰を免れて無罪放免となると予測できる。私は，この問題については，単なる修辞学的なレベルを超越する論点が含まれていると考えている。

(2) 事後法としての法的ルールの変更

裁判所は，自ら判決を下した判例ルールである法の解釈について，その後の社会的な環境変化を考慮に入れてそれを変更することで実務的に対応してきた。この事実は，裁判所が決定した法的ルールは，その判決が下されて以降に開始された訴訟に対してのみに適用されることを意味している。この意味では，裁判所は法を解釈するというよりも，むしろ立法者として行動していると見ることができる。裁判所は，先例とされる法的ルールの解釈についても，それが既存の確定された法的ルールに違反しているという理由を示すことなく(そのように宣言ないし確認することなしに)，新たな解釈として法的ルールを創出することで対応している。簡単に言えば，裁判所は立法議会と同様に，法的ルールの解釈適用という実務的対応のみではなく，新たな立法行為を行うことがあることを示唆している。ハートの追随者たちは，たとえばジョセフ・ラズがその代表であるが，裁判所がすでに確定された法的ルールに従わない場合には，その裁判所は法的ルールの解釈適用ではなく立法行為を行っているのだと明確に指摘している。ラズによれば，この裁判所によって立法される法的ルールの対象には，制定法のみならず他の裁判所によって示された判例や慣習法など(ラズのいう三種類の法源)も含まれる。この場合，その裁判所による判決が下される以前には，その訴訟での争点について適用されるべき法的ルールは存在しなかったことを意味している[9]。ある種の訴訟事件では，ラズの言ういずれの法源からもその法的結論を導くことができない新たな事案についても，裁判官は自らの決断に従って判決を下さなければならない。裁判官は，このような事案に対しては，必然的に道徳的な判断を行わざるを得ない。けれどもその道徳的な判断基準は，法実証

---

[9] 'The Inner Logic of the Law' in Raz, *Ethics in the Public Domain: Essays in the Morality of Law and Politics* 222, 232 (1994).

主義者の見解ではそのいずれの法源の中にも含まれていないのである[10]。法実証主義者の見解では，立法議会による制定法が法の支配という概念の中核に据えられている。結果的に，ニュールンベルグ軍事裁判において適用された「法」は，彼らの見解では根源的な批判の対象とされることになる。この議論は，事後的な法的ルールの変更が適切だと考えられる訴訟事件においても，裁判所によって示された判決の正当性いかんをめぐる論点に引き継がれていく。裁判所は，法的ルールを変更する場合には，司法機関としての役割から一歩を踏み出して，法的ルールの解釈適用ではなく法的ルールを創出する立法機関としての役割を演じることになる。デヴリン卿は，この議論に関連して，「事後的な法的ルールの変更は，司法機関の権限と立法機関のそれを区分するというルビコン川を渡る行為である。この行為は，裁判官をして仮面を着けた立法者に転換させる効果を導くことになる」[11]と厳しく批判している。

　しかし，この事後的な法的ルールの変更をめぐる法理学的な議論は，以下のような実務的に対処すべき問題を安易に回避する考え方を示すものである。たとえば，裁判所が事後的に法的ルールを変更する場合に，その先例となる判決によって創出された法的ルールに対するコミュニティの信頼を考慮に入れるべきだろうか。また，このコミュニティにおける先例に対する信頼は，裁判所が事後的に法的ルールを変更する権限を行使することで排除可能と考えるべきだろうか。裁判所による事後的な法的ルールの変更を肯定する見解は，このような権限が認められなければ，裁判所による従来の古い法的ルールの再検証やその是正を妨害する効果があると主張する。これに対して，裁判所による事後的な法的ルールの変更を否定する見解は，裁判所にこの権限を認めれば，従来の判例で承認されてきた法的ルールがいとも簡単に覆される結果になると批判する。この議論を解決するためには，コミュニティの先例に対する信頼と裁判所における司法手続を通じた法的ルールの創造との間での価値判断について適切なバランスを構築することが不可欠である。この問題の解決は，実務的に見れば極めて困難な課題であるが，「法とは何か」という法理学的な問題への回答では説明できないことは明らかで

10　Id., at 232-233.
11　Patrick Devlin, *The Judge* 12 (1979). デヴリン卿は，貴族院の上訴委員会における卓越した裁判官の一人である。なお，彼が影響力を及ぼした法廷意見の一つに関しては，＜講義2＞で再び検討する予定である。

ある。たとえば，事後的な法的ルールの変更を認めることが法的安定性を不当に侵害すると考えるならば，ハートやラズあるいはデヴリン卿の見解が正しいことを認める結果となる。裁判官が事後的に法的ルールを変更する行為は，法的ルールの解釈適用ではなく立法行為を行っていると判断されるからである。けれども，この主張を認めることによって派生する法的影響がいかなる帰結を現実にもたらすのか，実務的に見ればその結論は明らかだろう。

(3) 裁判所の判決ルールに関する法律

アメリカでは有名な合衆国最高裁判所の判決として，スイフト対タイソン(*Swift v. Tyson*)事件[12]とエリー R. R. 対トンプキンス(*Erie R. R. v. Tompkins*)事件という二つの判決[13]がある。この二つの事件をめぐる判決の争点は，アメリカ合衆国における州の「法」には，州のコモン・ローが含まれるのか，それとも州の制定法のみがその対象となるのかという法的解釈にその焦点が当てられていた。前者の解釈のように，広義の法としてコモン・ローが含まれると解釈されるならば，エリー事件の判決がスイフト事件判決の解釈を覆したのは正しかったという結論になる。この二つの事件では，連邦裁判所と州裁判所の間での裁判管轄権について定める，「裁判所の判決ルールに関する法律(The Rules of Decision Act)」という連邦制定法の解釈適用がその争点となった。この連邦制定法には，連邦法の適用に関する訴訟事件のみならず，紛争当事者の市民権が異なる州に属する訴訟事件についても，連邦裁判所のみが専属的な管轄権を有する旨の規定が置かれていた[14]。この連邦法の規定は，その適用対象とする法が前述のような「広義の法」と解釈されるならば，当事者の市民権が異なる州に属する場合には，連邦裁判所が州の制定法のみならず州のコモン・ローについても裁判管轄権を行使することになる。これに対して，この連邦法が規定する法を「狭義の法」と解釈するならば，まさにスイフト事件で最高裁判所が判断したように，連邦裁判所は特定の州のコモン・ローに拘束されることなく，一般的なコモン・ローの原則に従って判断を示すことが正しい解釈になる。これらの二つの法解釈の相違は，これまでは異なる法の概念の間での法の解釈適用をめぐる選択の問題と

12　41 U. S. (16 Pet.) 1 (1842). スイフト事件の判決内容は，実際には，連邦裁判所の実務レベルではすでに確立されたルールを単に宣言したものに過ぎない。

13　304 U. S. 64 (1938).

14　Rules of Decision Act, now 28 U. S. C. §1652.

考えられてきた。これに対してL・レッシグ教授は,「コモン・ローは,創造されたり変更されたりするものではなく,……発見されるものだと考えるならば,その論理的帰結は連邦裁判所から州裁判所への裁判管轄権の再配分を『促進する』(カギカッコ部分はポズナーによる強調)ことを意味する。スイフト事件判決に見られるような古い見解は,コモン・ローに関する狭義の法的解釈にその根拠を置いている。結果的に,この狭義の法的解釈が広義のそれへと変更されるならば,裁判管轄権に関する法的な権限配分もまた変更されなければならない」と述べている[15]。同様に,ホームズ判事もまた,この狭義の法的解釈に反対する以下のような見解を示している。彼によれば,この狭義の法的解釈は,全ての法は主権者の意思から生み出されるものと解釈する態度から派生している。結果的に,各州の裁判所がコモン・ローを生み出す場合にも,あたかも州の制定法と同じように立法議会からの授権を受けて裁判所が行動しているかのように考える結果になる[16]。けれども各州の裁判所は,これはスイフト事件判決が想定している状況であるが,一連の法的原則の中から適用可能な「その」コモン・ローを発見するというわけではない。コモン・ローが体現する法原則は,何らかの特定可能な主権者の意思を反映するものではない。むしろコモン・ローの法原則とは,多くの異なる主権者の意思決定とみなされる各州の多様なコモン・ローに加えて,連邦裁判所の裁判官がさまざまな訴訟事件で判断を下す過程で導入した諸原則を追加した,一連の複合的な判例法と考えるべきである。

　裁判官は,スイフト事件またはその他の類似する訴訟事件について判断する場合に,コモン・ローを制定法と同じ意味での「法」と見なすことは「できない」と考えていたならば,彼らは重大な錯誤を犯していたことになる。この裁判官の錯誤は,「法とは何か」という主題について,これを重要な主題だと考えた結果として生じた錯誤である。この錯誤はまた,ハートが慨嘆した法理学と実務での法の峻別をめぐる議論の延長上で派生した錯誤である。より広汎な表現をするならば,哲学の適切な存在領域から哲学それ自身や少なくともその概念主義の追放を試みる,ハートの影響を受けた議論の延長上で派生した錯誤である[17]。けれども,スイフト事件判決とそれに追随す

15　Lawrence Lessig, 'The Limits of Lieber' 16 *Cardozo Law Review* 2249, 2266 n. 57 (1995).
16　以下の文献を参照。*Black & White Taxicab & Transfer Co. v. Brown & Yellow Taxicab & Transfer Co.*, 276 U.S. 518, 533 (1928) (Holmes, J. dissenting).
17　この見解を,ジョン・エリスによる「文学」に関する反定義(antidefinition)と

る一連の判決に関与した裁判官は，連邦議会がこの制定法を立法するに際して，その法が規定する「法」にはコモン・ローは含まれないと判断していた，あるいは当時の連邦議会の立法意思は不明確ないし不分明であると判断していた可能性がある。彼らは，その後のエリー事件判決でブランダイス判事が指摘したように，合衆国憲法第3条は連邦裁判所の裁判官に対して各州の判例ルールを創出する権限を与えていないという議論に巻き込まれることを警戒した可能性もある。彼らはまた，連邦裁判所が複雑な紛争事実を内包する訴訟事件に適用される普遍的なコモン・ローを創出する試みは，全般的に見ればより良い結果を生み出す可能性もあるが，その場合にはホームズ判事のような議論は成立しない結果となると考えた可能性もある。結果的に見れば，この問題の争点は，裁判所の判例ルールに関する法（および合衆国憲法第3条）の背後に存在する立法者意思を「法的な」性格のものとして把握すべきか否かという争点に帰着する。結果的に，この連邦法の規定については，裁判所による任意選択の余地を許容する実務的な性格のものとして解釈すべきか，あるいは両者の解釈をともに許容する趣旨のものと解釈すべきかという争点として議論されることになる。この論争は，スイフト事件判決によってもたらされた法的義務づけの不安定性を拡大するアプローチに対抗するために，全国的なレベルでの法的統一性や統合性を強化する結果となった。しかし，この争点をめぐるどちらの見解に与するとしても，ハートが提唱する「法とは何か」という法理学的な議論は，いかなる意味でも問題解決に資する役割を果たしえない。この問題に関してホームズ判事の果たした役割は，法に関する不適切な定義を用いる議論によって生み出される隘路を打開するとともに，その全ての努力を新たな議論に向けることにあった。

　スイフト事件の判決とエリー事件の判決をめぐる法理学的な論争は，文脈に依存する法の定義と文脈に依存しないそれとの間での議論に相違がある事

比較してみよう。彼は，後期のウィトゲンシュタインの見解に多くの影響を受けているが，文学作品とその他の著作物の間には，いかなる意味でもこれを区分しうる財産的権利の類型を認めることはできないと述べている。（私も，彼の見解と同様に，法とその他の社会的な実務行為の間には，いかなる意味でもこれを区分しうる財産的権利の類型を認めることはできないと追記したい）。文学作品は，さまざまな意味において，それらが創作された時点から見ると，かけ離れた文脈で利用される可能性がある著作物の類型であるに過ぎない。John M. Ellis, *The Theory of Literary Criticism: A Logical Analysis* (1974).

実を明らかにした。これらの判決をめぐる論争は,「裁判所の判決ルールに関する法」の定める法的ルールの解釈をめぐる論争に再び転換される結果となった。裁判官は,この連邦制定法でその文言が規定されている以上,その「法」とは何かという問題の解釈に取り組むことを余儀なくされる。この状況は,連邦法である行政手続法(the Administrative Procedure Act)が定めている,適用すべき法が存在しない場合には行政機関による規制行為を裁判所が無効とすることを禁止するという,裁判所による司法審査禁止ルールを解釈する際に裁判官が直面するのとまさに同様の状況である。この問題の本質は,その法的ルールが特定の行政機関に対して裁量権限の行使をどこまで認めているのかという,具体的な法的ルールの解釈適用という問題に帰着する[18]。この問題は,法律専門職に属する人びとの実務的処理いかんにかかわる問題であって,決して法哲学的な問題として考えるべき主題ではない。この意味で言えば,文脈に依存しない「法とは何か」という主題は,法哲学的な意味でのみ問われるべき主題であるに過ぎない。

B この無益な主題がなぜ議論されるのか

　私は,普遍主義的で文脈に依存しない法理学上の問題として提示される「法とは何か」という主題について,かつて回答を求められたことも回答したこともない。それにも拘わらず,この主題がなぜ問われ続けるのかという疑問が残されることになる。この主題には,ハートやドゥオーキンのような有能な学術研究者たちが時間を費やすことを厭わないほどに,本質的かつ重大な問題が内包されているのだろうか。私は,この主題をめぐるこのような問題状況の背景には,少なくともその一部には,多くの人びとにとって「法」は「政治」よりも心地よい響きがあるからだと考えている。「法」を狭く限定して定義する人びとは,裁判官は公共政策の形成に際して自己抑制的な役割を演じるのだから,その言動もまた控えめであるべきだと考えるのかもしれない。これに対して,裁判官に公共政策をめぐる活動領域でもっと重要な役割を演じることを期待する人びとは,「法」の定義を拡大しようと試みるのかもしれない。この法についての考え方の相違は,一方では法実証主義者であるホームズとハートとの間でも(おそらくビッケルとボークの間に

18　5 U. S. C. §701 (a) (2); see *Heckler v. Chaney*, 470 U. S. 821, 830 (1985).

も[19])存在する。他方では，この考え方の相違は，ドゥオーキンやロン・フラーその他の反法実証主義者の間にも存在している。ここで私は，法実証主義が必然的に司法抑制的な思考様式に連動することを示唆しているわけではない[20]。法実証主義者は，裁判官は何をなすべきかという実務的処理を問題とすることなしに，法に関する議論を別個に取り上げる傾向がある。あるいは，法実証主義者は裁判官がその審理対象とする全ての権利内容について，制定法によって完全に規定できると考えているのかもしれない。彼らは，少なくとも裁判官の役割を本来のそれのみならず，政府の一部門である司法機関の一員としても，裁判官として果たすべき役割を限定された領域内部に制限すべきだと考えているのかもしれない。この考え方は，実際にホームズ判事の見解の中でも明らかにされている。けれども，現在のアメリカ合衆国では，このような考え方を喜んで受け入れる裁判官その他の法曹専門職は少数派になっている。アメリカの連邦議会における立法過程では，政治家による無思慮な言動や詐欺まがいの偽善行為あるいは「特殊利益」を擁護する活動などが横行しており，政治的に無秩序な行為が氾濫する傾向が顕著になっている。結果的に，裁判官の行動にもまた，連邦議会の議員たちのこれらの行動に巻き込まれないように抑制する傾向が顕著に現れている。合衆国最高裁判所その他の連邦裁判所(および若干の州裁判所)の裁判官の間では，1960年代および1970年代には，司法積極主義を採用する人びとが少なからず存在していた。けれども，現在の裁判官の思考様式には，この時代の行き過ぎに伴う弊害が広く認められており，アメリカは今や司法活動を抑制すべきだと判断する傾向が現れている。

　私は，この裁判官による司法消極主義的な傾向をさらに促進すべきだと考えている。この傾向は，ホームズ判事のようなプラグマティストのみならず，法形式主義者(ホームズ判事も契約紛争や主権者免責をめぐる事件では，時にはこの立場を採用していた)と目される法実証主義者にとっても有利な状況であるのかもしれない。けれども，再び指摘するならば，法実証主義者は必ずしも法形式主義者となるわけではない[21]。両者の見解は，相互にお似

19　以下の文献で，このような議論がなされている。Anthony J. Sebok, 'Misunderstanding Positivism' 93 *Michigan Law Review* 2054, 2058, 2126-2132 (1995).
20　Cf. Sebok, note 19 above.
21　Joseph Raz, 'On the Autonomy of Legal Reasoning' in *Ethics in the Public Domain*, note 9 above, at 310, 314-319; see also Richard A. Posner, *The Problems of Jurisprudence*

合いのカップルであることも確かである。人びとは、イギリスの裁判官はアメリカの裁判官と比較すると、より法実証主義的かつ法形式主義的であるという事実を知っても驚くに値しないだろう。法形式主義者は、裁判官による推論モデルとして考える場合、演繹的推論に従う傾向がある。彼らの演繹的推論は、その前提条件に含まれている要件事実にのみ焦点を合わせて推論を展開している。彼らは、この演繹的推論では、その前提条件に何か付け加えることを許容しない。彼らの演繹的推論では、法源として権威づけられた根拠のみから推論を構成するが、法源自体について何か新たに付け加えることを全く認めない。彼らは、この演繹的推論こそが裁判官による判断の合法性を保障するとともに、法的有効性を維持する根拠となると考えている。この演繹的推論に依拠する裁判官は、彼らの法的推論を構成する際に、法の外部へ迷い出ることを全く想定していない。彼らにとって、法の外部とは現実政治の混沌状態を意味するから、法それ自体に内在すると仮定される演繹的推論のみに従って判断を下すのが最善な道なのである。

　裁判官にとって、自らの立場を現実政治から遠ざけておくための動機付けは、さまざまな要因によって規定されている。ホームズ判事の場合には、以下の二つの要因が相互に関連していたと推測できる。第一の要因は、知識人として現実政治に対処するために当然に保持すべきであると考えていた、彼の本質的な潔癖性である。第二のそれは、法律専門職および裁判官が遵守すべき実務的な行為規範は科学的な思考態度にあるという、彼の持っていた信念である。彼の人格形成期は、科学的思考に対する期待が強まってきた時代であったし、彼の父親は著名な医学研究者であった。彼にとって科学的な思考態度とは、現実政治の一翼を担うものでは決してなかった。けれども、彼の科学に対する信頼は、イギリスの社会学者が科学に対して期待する思考様式とは異なっていた。ハートについて言うならば、他のイギリスの伝統的な裁判官の思考様式もまた同様であるが、裁判官の地位に伴う高所得や居心地の良い社交関係および高い社会的威信などは、彼らが現実政治の場で嗅覚を研ぎ澄ませ距離を保持するための公正な取引結果であると考えている[22]。イギリスでは、裁判所はさまざまな社会的な現実問題と向き合うことが少なくなっている。裁判官もまた、彼らの職業特性を現実政治とは無関係な立場と

　10-11 (1990).
22　この表現は、デヴリン卿の著書における印象に基づいている。See note 11 above.

見なす傾向が拡大している。イギリスでは，時間を経過するとともに，裁判官の非政治的な職業的特性が顕在化しているように見える[23]。

　私は，ハートがイギリスの裁判システムに内在する階級的な社会構造を賛美する意図を持っていたと示唆しているわけではない。私の示唆は，全くその対極にある。ハートは，私が理解する限りでは，生涯にわたって社会主義者であった。おそらく彼は，イギリスの裁判官の持つ政治的な特権意識を嫌悪し続けていた。彼は，この裁判官の政治的な特権意識が裁判における意思決定のみならず，その結果として公共政策に影響を及ぼすことを懸念していた[24]。彼の態度は，20世紀初頭のアメリカにおける自由主義者のとった態度に類似している。当時のアメリカの自由主義者は，契約自由の観念に代表される合衆国憲法に対して自然法的な原則を無批判に適用する，保守主義的な裁判官の言動には反対していた。法実証主義者であるホームズ判事は，この保守主義的な裁判官に反対する自由主義的な思想傾向の代表的な指導者であった。これに対してドゥオーキンは，この時代の合衆国最高裁判所の判例については，自然法的な諸原則を採用する努力として高く評価している。結果的に，ドゥオーキンは，最高裁の首席裁判官であったウォーレンが政治的な意図を持って判断していた事実を認識した上で，他の多くの追随者を凌駕するレベルにまで自然法の適用範囲を拡張する判断を肯定的に評価していた。法実証主義者としてのハートの同盟者であるデヴリン卿(彼らは他の問題については相互に見解を異にしていた)は，以下のように言明していた。デヴリン卿によれば，合衆国最高裁判所はもはや裁判所ではなく，「連邦政府の一機関に過ぎない……。人種差別の撤廃と投票権の保障および刑事訴訟手続の改革という三つの法的主題については，合衆国最高裁判所の内部で意見の一致が存在せず，少なくとも疑問の声があったにも拘わらず，これらの主題をめぐる議論は全て立法化されるに至っている[25]。」このデヴリン卿が指摘する法的争点をめぐる対象リストは，その範囲を相当に拡大するこ

23　Brian Abel-Smith and Robert Stevens, *Lawyers and the Courts: A Sociological Study of the English Legal System 1750 – 1965* 125 (1967).

24　イギリスの裁判官は，19世紀を通じて社会立法を妨害する立場を取り続けていた。Id., ch. 4; Devlin, note 11 above, at 15. 彼らの行為は，ドイツの裁判官がヒトラー政権下において，ナチス時代の立法の拡張解釈に邁進した行為と同様であった。Richard A. Posner, *Overcoming Law* 155-156 (1995).

25　Devlin, note 11 above, at 7.

ともできる。デヴリン卿は，私がここで引用した部分でも，裁判官の意見が一致している場合には，彼らに「立法する」権限があることを認めている。このデヴリン卿の見解は，公衆の中で裁判官の判断に疑問の声が挙がらない限り，その権限行使の範囲を拡大することが可能なことを意味している。デヴリン卿は，その一例として，驚くほどに奇妙なコモン・ローにおける法的ルールを挙げている。この法的ルールは，土地所有者は賃貸借人である夫婦が正式に婚姻していない事実を知っていた場合には，その夫婦から賃貸料を徴収できないというルールである。彼は，厳密な先例拘束性（stare decisis）の原理に固執することには明確に反対していた。けれども，この賃貸料徴収に関するルールの廃止は，これを是正する立法行為を待つべきであって，法を執行する裁判所の判断による廃止は正当化できないと彼は主張している[26]。

　私は，ハートやドゥオーキンに対して，彼らの頑迷な政治的態度について非難しているわけではない。けれども，一般的な表現を用いるならば，法思想はその考え方を唱道する人びとの政治的嗜好性を直接的に反映していることも事実である。

C　ハートの「遺稿」について

　ここでは，ハートの著書である『法の概念』に関連して，極めて魅力的な彼の「遺稿（postscript）」に焦点を合わせて，これまでの議論をより深く考察してみたい。ハートは，この遺稿において，『法の概念』に対するドゥオーキンによる批判について詳細に検討している[27]。ハートの『法の概念』という著作は，その出発点から，文脈に依存しない「法」を定義するという本質的に解明不能と思われる困難な課題を抱えていた。ハートがこの課題とは異なる別の問題提起をしていたならば，ドゥオーキンによる批判もまた異なる対応となっていたかもしれない。ドゥオーキンによるハートに対する批判もまた，法の定義について言えば，それ自体として固有の問題を抱えていたからである。われわれは，ドゥオーキンによるハートへの批判について考えるならば，彼の批判には自己嫌悪的な反応が内包されている事実を銘記すべきである[28]。

26　See id. at 13.
27　'Postscript' in Hart, note 1 above, at 238.
28　たとえば，以下の文献を参照。Ronald Dworkin, 'Pragmatism, Right Answers, and True Banality' in *Pragmatism in Law and Society* 359（Michael Brint and William Weaver

ハートは，基本的な法の概念について，この著書で以下のように説明している。彼によれば，法はシステム化されたルールの総体である。そのルールには，それを構成する要素の一つとして「承認のルール(a rule of recognition)」がある。この承認のルールは，法的義務づけを規定する「一次的」ルールを活性化させ，これに効力を付与するための「二次的」ルールとして存在すると説明されている。この承認のルールは，あるルールが他のルールに関するシステムの構成部分とは異なる，別個の法的ルールを構成している事実を人びとに知らせる役割を担っている。この承認のルールは，別のルールを基礎とする社会的な活動領域では，ゲームの審判員に相当する。これを法的システムで考えるならば，裁判官によって適用されるルールであると知らせることを意味している。特定の社会的な活動領域では，審判員がそのルールを適用するか否かにについて裁量権があるならば，そのゲームは別のゲームとして取り扱われることは当然とみなされる。同様に，裁判官に対してその手続による「勝敗に関する裁量権」を認めるならば，法システムは別の社会システムになるとみなされる。けれども，法的ルールは，他のゲームのルールと比較すると，しばしば不正確なルールとなりやすい。ハートは，この法的ルールの性質を「開かれた構造」と呼んでいる。裁判官は，特定の法的ルールを適用除外する方法によって，具体的事件を処理するという実務的処理方法を採用してきた。つまり，裁判官は具体的な事件処理の際に法的ルールの適用に関する裁量権限を行使することで，実質的には立法者とみなしうる法的ルールの創造者であるかのように行動している。ハートは，その遺稿において，これらの訴訟事件の処理方法を「法的規制を受けていない」事件の処理方法と呼んでいる[29]。ハートは，裁判官が立法者と同じく判決を通じて法的ルールを「創出する」と仮定すれば，国民によって選挙で選出されていない立法者と同様に適正な手続によって規制されるべきであると主張している。これに対してドゥオーキンは，複雑な争いのある事件でも，裁判官は法を創造しているのではなく法を適切に解釈適用しているに過ぎないと考えている。ドゥオーキンのように考えるならば，裁判官はその裁量権限の認められた範囲内で法律専門職として判断し行動しているに過ぎない。このように仮定すれば，ドゥオーキンと同様に，裁判官は臆病に行動す

---

　　eds. 1991).
29　Hart, note 1 above, at 252.

る必要はないという結論が妥当することになる。

　ハートの『法の概念』は，その初版でのみならず第二版でも，「コモン・ロー」に関する索引が付されていないことは驚くべき事実である。これに対してドゥオーキンの著作では，ハートとは対照的に，コモン・ロー以外の法理論にはほとんど言及されていない。ドゥオーキンは，アメリカ合衆国憲法でも議論のある不明確な条項に関して，連邦最高裁が判断を示した法理論以外にはほとんど議論の対象にしていない。彼は，これらの憲法条項については，アメリカ合衆国憲法が裁判所に対する指針として提示した，基本的にコモン・ローと同様の方法で法理論を創出することを認める条項と考えている。これに対してハートの著作では，コモン・ロー自体が法理論的に困惑すべき存在とみなされているのである[30]。ハートの遺稿では，法システムのある部分は，アメリカのコモン・ローの法理論と同様に，その法的効力の対象には正義に関する適正な諸原則や実質的な道徳的価値を超える究極的効力が内包されていることを認めている。またハートの遺稿では，これらの究極的効力は法的な意味での憲法的制約の一部を構成する可能性があることも示唆している[31]。ハートは，コモン・ローの法理論がアメリカと同様にイギリスでもその法システムの一部であり，しかもアメリカにおけるよりも多くの比重を占める法システムの部分を構成していることを認めている。それにも拘わらず，ハートはその遺稿においても，コモン・ローの効力については全く言及していない。ハートによる法実証主義とりわけその基礎となる承認のルールに関する見解は，コモン・ローの法理論と調和させることが困難であったと考えるべきだろう。なぜなら，裁判官がコモン・ローを創出するための原材料は，実定法の制定によって明示的に確定された法的領域に留まらない可能性があるからである。ホームズ判事が指摘したように，立法議会の議員たちが制定法を立法化するのと同様に，裁判官が判決により創出したコモン・ローが法システムの構成要素となることに適切な法的根拠は存在しない。この事実は，裁判官がコモン・ローをめぐる訴訟事件に際してコモン・ロー上の法的ルールを修正・拡張できるのみならず，そのルールを再構成することもできることを示唆している。この事実は，コモン・ローを採用

30　A. W. B. Simpson, 'The Common Law and Legal Theory' in *Oxford Essays in Jurisprudence: Second Series* 77, 80-84（A. W. B. Simpson ed. 1973）.
31　Hart, note 1 above, at 247.

する諸国における裁判官は，具体的な訴訟事件について判決を下しているのみならず，立法行為を行っていることを当然の事実として受け入れる必要がある。これは，イギリスのように，裁判官が先例とされる従来の判決に従うことが望ましいことを強調する法システムの下でも，裁判官には新たな法的ルールを創造することが認められることを意味している。この見解は，実際にラズやデヴリン卿が採用している立場でもある[32]。この見解は，一方においてコモン・ローを創造する裁判官と他方において立法議会で議員たちが行っている立法行為という，それぞれの行為自体に重大な相違が存在することを見過ごしているわけではない。この見解は，事実関係の存否をめぐる以外の争点において，アメリカの上訴裁判所の裁判官の多くが認識している極めて特徴ある見解でもある。アメリカの上訴裁判所の裁判官の多くは，彼らが司法判断ではなく立法行為を行っている事実について，明示的または黙示的にその意図を明確に示すことなく判決を下している。法実証主義者の提示する法の概念に関する議論の多くは，裁判官が裁判において法的ルールの解釈適用者としての行為と，立法者としてのそれの区分に無自覚である事実に向けられている。けれども裁判官の意識では，「われわれは，法の解釈適用については全ての努力を使い尽くした。これからは，立法議会こそがこの問題に取り組むべきである」という，それぞれの判断の区分についての自覚は全く存在しないのである。

　私は，ハートの著作を引用する際に，少しだけ不公正な取扱をしていることを自覚している。彼の著作では，司法的な意味での裁判プロセスは議論の焦点とされていない。彼の著書では，法実証主義をめぐるこれまでの議論の再構成を試みているに過ぎない。この著書で取り上げられている法実証主義者には，たとえばオースティンやベンサムおよびホームズ（スイフト対エリー事件における議論ですでに言及した）などが含まれる。彼らの議論は，法は主権者の意思を媒介にしなければ，法としての機能は認められないとする主張にある。ハートは，この主張を彼の唱道する第二ルール，とりわけ承認のルールによって置き換えることを試みたのである。けれども彼は，この承認のルールと裁判プロセスとの関係について言及することを慎重に回避した。その理由は，「法とは何か」という問題に関する彼の回答が，この問題に影響を及ぼす可能性があるからである。彼は，裁判官による実務的処理と

32　See text at notes 9 and 10 above; Devlin, note 11 above, ch. 1.

法実証主義による理論の再構築との間で何らかの調整を図ることなしに，裁判プロセスに言及することは不可能であると判断したのであろう。結果的にハートは，ドゥオーキンによる批判に対して自らの無防備な姿勢を晒すことになったのである。

　ドゥオーキンは，裁判官と立法機関の間に存在する役割の相違を強調するという意味では，ハートに対する適切な批判を行っている。けれども，イギリスでの裁判官と立法機関の相違と比較すると，アメリカでの両者の相違はそれほど大きなものではない。イギリスの立法機関は，アメリカでの立法機関と裁判所との関係と比較すると，法的ルールを創出するという意味では裁判所よりも大きな権限を依然として保持している[33]。またイギリスの裁判官は，アメリカの裁判官と比較すると，法理論を修正する必要があると認める場合には，立法機関のためにその修正を手控えることを自覚して判決を下しているように見える[34]。

　ドゥオーキンは，裁判官が法的ルールを創造する場合には，立法議会の議員と異なる対応をするという両者の相違を強調した。彼は，立法議会の議員が政策について考えるのに対して，裁判官は法的原則のみに従って適切に対応するという事実を強調した[35]。人びとは，ドゥオーキンがこのような両者の相違を強調したために，裁判官が法衣を着た立法者に過ぎないという考え方を想像できなくなっている。私は，法的ルールの創造者として立法議会の議員と裁判官の役割区別について，ドゥオーキンがこれを強調し過ぎたと考えている。裁判官は，世間で想像されているように，彼らの判断形成の手続

---

[33] 以下の文献を参照。Patrick S. Atiyah, 'Judicial-Legislative Relations in England' in *Judges and Legislators: Toward Institutional Comity* 129（Robert A. Katzmann ed. 1988）; William S. Jordan, Ⅲ, 'Legislative History and Statutory Interpretation: The Relevance of English Practice' 29 *University of San Francisco Law Review* 1（1994）.

[34] イギリスの裁判官の態度は，アメリカのそれよりも自覚的であるが，完全な意味で自覚的であるとは言えない。たとえば，その法理論が少数の人々に影響を及ぼすのみであるならば，立法議会が法改正という手続を回避する可能性がある。その理由は，立法議会での議論に必要とされる政策事項をめぐる時間配分にも優先順位が存在するからである。Christopher Staughton, 'The Role of the Law Commission: Parliamentary and Public Perceptions of Statute Law' 16 *Statute Law Review* 7, 9（1995）.

[35] ドゥオーキンの見解については，イギリスの聴衆に対する簡潔な説明文献として，以下の文献参照。Ronald Dworkin, 'Political Judges and the Rule of Law' 64 *Proceedings of the British Academy* 259, 261（1978）.

や方法あるいはその実務処理も同様であるが，立法議会の議員よりも法的原則に忠実であるように努力している。裁判官は，狭い意味での政治的な利益団体の圧力によって影響を受けることは少ないし，世論という名の公衆の意見からも相対的には自由である。けれども，ドゥオーキンが「政策」と呼ぶものの中にも，法的原則によって拘束されているものも多くある。また，ドゥオーキンが法的原則と呼ぶものの中には，他の人びとから見れば異なる論議を呼ぶような政策も含まれている[36]。これは，ドゥオーキンの議論から生じるさまざまな実際の問題点である。ここでは重要な問題点として，裁判官の役割の大部分は，ハートの主張する自由な裁量権限の行使という意味での「立法」行為ではないと考えてみよう。このように考えれば，裁判官の主要な役割は，法律専門職としての知識によって制約されない自身の思想や感情の領域から生み出される法的原則や法的判断に従った裁量行為を行うことと判断されることになる。このドゥオーキンの見解に従えば，法の概念はシステムとしての法的ルールであるというハートの見解は崩壊してしまう。ハートは，法的原則については，脆弱かつ曖昧さを伴ったある種の法的ルールの体系であると考えていた。このような法的ルールには，推定ルール（脆弱なルールの場合），過失による不法行為の基準的ルール（曖昧かつ複合的要素で構成されるルールの場合），あるいは「潜在的（latent）」ルールなどが含まれる[37]。ハートは，この問題では，ドゥオーキンによる批判を無視しているのである。ハートによれば，これらの法的原則や法的ルールは，調和的な構造ではなくむしろ階層的な構造を持っている。法的ルールは，法的原則と実務的行為との間に生じる軋轢を調整する機能を果たしている。言い換えれば，法的ルールの役割は，法的原則を実務的行為のための指針に変換する機能を果たすことになる。また，法的ルールの役割は，法的原則によって拡張される場合にも生じうる。裁判官は，実際には，法的原則から法的ルールを創り出すことができる。けれども，いかなる法的原則がその解釈適用に際して利用されるべきか，あるいはいかなる場合に法的原則を他に探し求めるべきかを指示する承認のルールは存在しない。法実証主義者であるラズによるハートの議論を再構築する試みは，法的原則は法ではないという方向で進め

---

36 ドゥオーキンの議論の枠組みの中では，法的判断の意思決定を拘束する「原則」の名に値すると認められる（その他の）境界領域を確定するための最近の学術的努力の例として，以下の文献参照。John Rawls, *Political Liberalism* 236 (1993).
37 Hart, note 1 above, at 268.

られている。その理由は，法的原則の源泉（社会的に共有されている道徳規範であれ，偉大な哲学者の教えであれその他の何であれ）は，法源とは見なされないからである[38]。

ハートは，裁判官が立法者のように行動する場合でも，立法者が自由に振る舞うことができるのに反して，裁判官はある種の制約のもとに行動する事実を熟知していた。彼によれば，裁判官は「現実政治（Realpolitik）」から派生する制約から離れて純粋に「良心的な立法者であれば従うだろうと思われるように，自身の信念と価値に従って行動する」ことが求められる[39]。このハートの認識は，これまでの彼自身の主張から見れば大きな譲歩とは言えない。裁判官が「自身の信念と価値」に従って判断することは，法的原則や立法政策で規律された上で判断することを意味していないからである。それゆえ，ハートがこの引用文の直前において，裁判官は法的評価が不明確な事件を処理する際にも「法による命令があたかも存在していない」かのように，「法の外部にまで踏み出す」と述べたことに驚く必要はない[40]。ハートは，この引用文においても明らかなように，法はルールを集積したシステムである事実を認めているのである。

デヴリン卿は，裁判における手続過程について，ハートよりも興味深い指摘を行っている。彼は，法の支配をめぐる諸原則と具体的事件での正義のあり方という判断の間に区別を設けている。彼は，この二つの判断基準の間に存在する緊張関係を認めた上で，裁判官が実体的正義を実現するために，ときおり「法を拡張する」手段を採用する事実を認めている。彼は，この実務的な処理を認めた上で，裁判官は法を拡張している事実に無自覚なままに行動していると指摘する[41]。デヴリン卿は，法の概念について，ハートのようにその居場所を創ることを認めなかった。デヴリン卿は，その理由として，法的紛争をめぐる「衡平性」という道徳的感情を尊重する必要があると指摘

38　例えば，以下の文献を参照。'The Problem about the Nature of Law' in Raz, note 9 above, at 179.
39　Hart, note 1 above, at 273. 人びとは，立法者というのは国民の代表としての役割を担うのだから，彼自身の信念や価値判断のみに従って適切に判断することは不可能であると考えるかもしれない。
40　Id. at 272. ラズは，前述のように，このことに明示的に言及している。また，以下の文献を参照。'Authority, Law, and Morality' in Raz, note 9 above, at 194, 213.
41　Devlin, note 11 above, at 90-93.

する。彼によれば，裁判官は道徳的感情に基づいて行動する場合，法的ルールに依拠せずに判断することができる。この裁判官に対する評価は，レオ・シュトラウスが想定するような，あるいは（ドストエフスキーの描く）大審問官に代表されるような，裁判官に対する評価の典型例である。これとは反対にドゥオーキンは，裁判官の道徳的感情の及ぶその範囲について，適切に規律された「諸原則」に加えてアメリカの裁判官の多くが考える法の諸原則の範囲にその適用対象を限定しているのである。

　法実証主義における「強硬」派の主張は，ハートもそこに含まれるが，一次的な義務付けルールを生み出すための必要条件は，承認のルールに関する法システムの存在をその前提とすべきだという主張にある。これに対して，法実証主義における「消極」派の主張は，それを必要条件ではなく充分条件として把握する。前者のタイプの法実証主義は，全てのナチス時代の法は真実の法（indeed law）として認められるけれども，ニュールンベルグ軍事裁判で適用された法は真実の法として認められないという立場を採用する。これに対して後者の法実証主義の「消極」派の主張は，ナチス時代の法は真実の法ではあるが，ニュールンベルグ軍事裁判で適用された法もまた真実の法として認められるという見解となる。自然法思想に依拠する「強硬」派の法律家は，法は自然法の一部を構成する場合にのみ真実の法となると主張している。これに対して，自然法思想の「消極」派の法律家の立場は，法実証主義の「消極」派の立場と明確に区別することはできない。このような関係は，ドゥオーキンの立場を理解する上で極めて重要になる。彼は，ナチス時代の法が真実の法であった事実を否定しない[42]。けれども，彼はアメリカの連邦最高裁判所でアール・ウォーレンが主席判事であった時代に採用した，自然法的な宣言的判決についても真実の法であると考えている。ドゥオーキンは，伝統的な意味での自然法主義的な法律家であるとは言えない。伝統的な自然法主義者は，自然法的な義務づけと言う原理は宗教的な意思を含めて他の何らかの形而上学的な原則から派生すると考える。けれどもドゥオーキンは，ハートのような徹底的な法実証主義者とも言えない。ドゥオーキンは，彼の裁判システムに関する法理論については，自然法主義的な法理論として区分されることに抵抗してはいない[43]。

---

[42] Dworkin, note 4 above, at 102-108.
[43] See Ronald A. Dworkin, '"Natural Law" Revisited' 34 *University of Florida Law Review*

ハートの見解は，適用されるべき法的ルールが存在しない開放的分野での裁判官の行動について見れば，意味論的レベルではなく「記述論的」レベルでは正確な指摘であると私は考えている。彼は，法的ルールが明確でない開放的分野での訴訟事件では，しばしばその判断基準が不明確になることを認めている。彼はまた，このような開放的分野の訴訟事件では，裁判官はその直観と個人的な経験に基づいて価値判断を行う必要があることも肯定している。けれども彼は，この裁判官による価値選択は，立法議会の議員が特別な利益集団による圧力や市民運動団体による情熱的活動の影響による価値判断と比較すれば，明らか社会的な影響を受ける程度が低いことも認めている。ハートはまた，裁判官が一般的に「法的な推論」と呼称されている，法的分析や判断に加えて審問における特別な判断技術に依存しているとも指摘している。けれども私は，裁判官がこれらの法的な推論を行う際に「法の枠組みから踏み出す」というハートの判断については，これを適切な判断と認めることはできない。裁判官の行為に対する判断は，裁判官が期待している事態いかんによっても異なるし，それぞれの国における法システムいかんによっても相違する。ハートによる裁判官に対する判断と同様に，ドゥオーキンもまた裁判官による法的推論の過程については確定的に考え過ぎている。結果的にドゥオーキンは，アメリカ連邦最高裁判所による議論の余地の多い判決に対しても，彼の政治的選好に従って法原則に合致する合法的判決であると断定していることも偶然ではない。彼が主張すべき事実は，裁判官が政治的な選好に基づいて判決を下した場合でも，法は政治的な選好によって解釈することも可能だというその理由を示すことであり，その判決が法の許容する判断枠組みの範囲内にあるという主張の根拠を提示することである。法のある側面は，単純化して言えば裁判官による法的判断の提示という実務的活動であり，その実務的活動はしばしば政治的な側面を持っている[44]。この裁判官の活動を法の側面から見れば，「法に従わない裁判官(lawless judge)」という評価は，彼らの存在意義をめぐる論理矛盾ではないことを示唆している。この法的側面から見た裁判官の活動は，意思決定の自由という境界を超えたレベルにおいて，彼らの判断が統治のための政治的意図に極めて忠実であることを示唆するに過ぎない。けれども，この事実もそれ以上のことを意味す

---

165 (1982).
44　Posner, note 21 above, at 220-239.

るわけではない。

　ここでは，私がこの問題に対して，極めて率直な考え方を示すことを許容していただきたい。ドゥオーキンによる法の概念をめぐる議論は，法的ルールをめぐるそれと同様に，法的原則についても逡巡が見受けられるのは当然である。けれども，彼はその両者の区別について逡巡しているわけではない。ドゥオーキンによれば，彼の想定よりも裁判官の役割を狭く限定する裁判官や，先例が存在しない訴訟で判断を示す際に法的原則の拡張適用を認めない裁判官は，「法に従わない」裁判官と考えられることになる。また，ドゥオーキンの議論によれば，法的原則ではなく単なる政策選択に過ぎない判断基準に従って判決を下す裁判官もまた，「法に従わない」裁判官と考えられることになる[45]。このドゥオーキンによる法の概念の定義に従えば，イギリスの裁判官の大多数は，法的に不条理な判断を下していると示唆する結果となる。われわれは，イギリスの裁判官は，「法に従わない」裁判官であると結論づけていいのだろうか。

　われわれは，思考の抽象レベルを引き上げて考えるならば，ハートとドゥオーキンの間で合意できる領域を相当に拡大できるだろう。ハートの立場から考えるならば，たとえばアメリカの合衆国最高裁判所やイギリスの貴族院上訴委員会のような上訴審裁判所の裁判官は，立法的権限を行使できる裁量権限を相対的に多く保持しているとみなすことができる。これに対して，ドゥオーキンの立場で考えるならば，これらの上訴審裁判所の活動を実務的に見れば，訴訟事件の処理の際に道徳哲学を適用しているとみなすことができる。彼らのそれぞれの立場は，表面的には，非常に異なっているように見受けられる。けれどもラズの説明によれば，良心的な裁判官が法的ルールの枠組みを踏み越える場合には（これは上訴審の裁判官にとってしばしば起こりうる事態である），彼らは道徳的推論に従って実務的な判断を下している。彼らは，道徳規範を含む何らかの規範に従って判断を示す場合には，自らが法を創造しているとは考えていないのである[46]。

45　例えば，以下の文献を参照。Ronald Dworkin, 'The Bork Nomination' *New York Review of Books*, Aug. 13, 1987, p. 3, reprinted in 9 *Cardozo Law Review* 101 (1987).
46　See note 9 above.

2　イギリス法システムの大陸法的性格

　ハートは，著書である『法の概念』の序文での読者に対するメッセージにおいて，本書を「記述的社会学に関するエッセイ」として理解してもらっても良いと述べている[47]。彼の示唆するように理解するならば，ドゥオーキンの著書との関連で考えてみると，本書はイギリスにおける法律専門職の内部事情に精通した人物による，現代のイギリス法システムに関する優雅な記述作品として賞賛することもできる。この間の事情は，ドゥオーキンの法理学がまさに同様の意味において，アメリカ連邦最高裁判所の自由主義的な裁判官の思考方法について表現した優雅な記述作品として賞賛できることと同様である。このような事情は，現代のニコマコス倫理学派における矯正的正義に関する学術的議論が，アリストテレスが生存した時代のアテネの法システムに関する優雅な記述作品として賞賛されるべき事情と同様である。ハートによる本書について特筆すべき事実は，本書を哲学的作品ではなく記述的な（あるいは自己表現的な）作品とみなす場合，ヨーロッパ大陸法の一部を構成するイギリス法システムの特徴に関する記述的作品として評価されるべき事実である。私は，この意味で本書はアメリカ法システムに関する記述的作品ではないことを強調した上で，この指摘が本講義での聴衆の方々にも納得していただけることを期待している。

　ハートによるルールとしての法を強調する姿勢は，イギリス法システムにおけるコモン・ローに対する彼の関心の欠如を表現している。彼は，立法議会によって法制化された法的ルールの解釈・適用者としての裁判官の役割と，現実政治における立法者の役割との間に明確な境界領域を設定したいという願望を持っていた。彼のこの願望もまた，彼の内面におけるヨーロッパ大陸法システムに代表される思考様式の特徴を際立たせる効果を伴っている。ヨーロッパ大陸法システムは，歴史的に見れば，フランス革命以降に出現したものである。この意味では，20世紀より以前のイギリス法システムでも，またアメリカの建国以降の歴史ではいかなる時点でも，ヨーロッパ大陸法の特徴を体現する法システムは存在しなかった[48]。ここで，ハートによ

47　Hart, note 1 above, at ⅴ.
48　ハートの定義する法の概念は，さまざまな意味での異質な要素を包含しているが，オーストリアの法実証主義者であるハンス・ケルゼンのそれに類似していることを彼は自覚していた。E.g., id. at 292-295. また，彼による法の概念には，

る議論から離れて現実の法システムの比較検証という論点に移行して考えてみよう。その帰結は，人びとの予測とは異なると思われるが，このイギリス法システムの特徴的な印象は否定されるというよりもむしろ強調される可能性がある。アメリカ法システムとイギリスおよびヨーロッパ大陸法システムを比較すると，現実的にも外見的にも，イギリス法システムとアメリカのそれとの類似性が大きいことは事実である。けれども，この両者の法システムの間には，相互に多くの相違があることも明らかになる。イギリスの裁判官は，アメリカの裁判官と比較すると，社会階層的にも高い威信を示す存在である。けれども，アメリカの裁判官も，ヨーロッパ大陸法諸国の裁判官のそれと比較すれば，相対的に高い社会的威信を示す存在であることは確かである。この背景には，それぞれの諸国における裁判官の法律専門職に占める比率の相違がある。この比率の最も高い（裁判官が少ない）のがイギリスで，その次に高いのがアメリカとなり，ヨーロッパ大陸法諸国のその比率は最も低くなっている。また，イギリスの法システムでは，「口頭弁論」を最も重視するのに対して，ヨーロッパ大陸法システムではそれは相対的に軽視されており，アメリカのそれはその中間的位置を占めている。また，イギリスの法システムは最も「官僚的」ではないけれども，ヨーロッパ大陸法システムでは官僚化が最も進展しており，アメリカのそれはその中間を占めている。また，イギリスとアメリカの法システムは対審主義的な手続を採用しているが，ヨーロッパ大陸法システムでは職権主義的なそれを採用している。マックス・ウェーバーは，この問題について，イギリス法はフランス法やドイツ法と比較すると，完全な意味での合理化のレベルが低いことを強調している。けれどもウェーバーの議論では，「理論」や概念的な社会秩序についてほとんど言及されていない。

　イギリスとアメリカおよびヨーロッパ大陸の法システムの相互比較で見うけられる相違のいくつかは，少なくとも上訴審における法的判断手続の相違

19世紀後半のイギリス法学者として多くの影響力を持っていたA・V・ダイシーの見解の影響とともに，ヨーロッパ大陸法における輝かしい特徴とりわけドイツの法思想での国法学（Rechtsstaat）における法の概念との間に顕著な類似性が見うけられる。なお，以下の文献を比較参照すべきである。Dicey, *Introduction to the Study of the Law of the Constitution*, ch. 4 (4th ed. 1893), esp. pp. 191-192, William Ewald, 'Comparative Jurisprudence (1) : What Was It Like to Try a Rat ?' 143 *University of Pennsylvania Law Review* 1889, 2053-2055 (1995).

として考える限りでは些細な相違とみなしうる。とりわけ，裁判手続における弁論主義と書面主義の構成比率や，事実審における手続や理論構成をめぐる完成度の高さと裁判官の社会的威信の程度などでは，相対的に見ればイギリスとアメリカでの相違は少ないことも事実である。これらの相違をより詳細に検討すると，法律専門職における異なる職種間での相対的な報酬の高さの相違とともに，それぞれの社会における知的活動と実務活動をめぐる社会的威信の相違が反映されているように見える。これ以外の点では，たとえばヨーロッパ大陸法システムでは理論に大きな比重を置いているという指摘は，結果的に見れば的外れだと言えるかもしれない。重要な相違点は，単なる形式ではなくその実質から考えるならば，法理論に対する依存性の程度については別途の考慮が必要だろう。この法理論に対する依存性の程度は，アメリカと他の世界中の諸国との間には，法理論の概念構成についてのみならず，社会科学の全領域にわたって極めて大きな相違がある。このアメリカ的な思考様式に対しては，たとえばドイツを例に挙げるならば，イギリス的な思考様式に対する場合と同様にアメリカ的なそれに対しても敵対的とも言うべき感情を持っている[49]。イギリス法システムに対するヨーロッパ大陸法諸国のそれをめぐるその他の相違を挙げるならば，後者の特徴として歴史的に共通する法思想という遺産に加えて，機能よりもむしろ名目を重視するその法思想の特徴があると言えるだろう。

A 司法補助職としての法廷弁護士

ここでは，「裁判官」の役割をめぐって，法律専門職がそれぞれ相互に役割を分担するという分析視点から，裁判官の社会的役割をその機能的な側面から再検討してみよう。この側面から裁判官に対する法律専門職の比率で見ると，イギリスの比率はアメリカのそれと比較すると相対的に高く（裁判官数が相対的に少なく）なっている。イギリスの裁判官に対する比率は，アメリカのそれよりも高いのみならず，ヨーロッパ大陸法諸国におけるそれと比較しても極端に高くなっている。イギリスの裁判官の人数は，一般的な裁判管轄を担当する正規の裁判官をみるとわずか651人に過ぎない[50]。これに

---

[49] 以下の文献参照。Christian Kirchner, 'The Difficult Reception of Law and Economics in Germany' 11 *International Review of Law and Economics* 277 (1991), esp. 284-286.

[50] この裁判官の人数は，巡回裁判官（circuit judges）を含む全ての裁判官の総数である（1995年4月1日現在）。なお，従来は地区補助裁判官（district registrars）と呼

対して，アメリカの裁判官の人数は，現在ではおよそ10,000人以上に達しており，イギリスのそれの15倍以上の人数に相当する。しかし正確に言えば，イギリスの裁判官に対する法律専門職の比率はアメリカのそれの15倍ではなく，多く見積もっても10倍程度に過ぎないと見るべきだろう[51]。実際に統計データを見ると，アメリカの法律専門職は約800,000人である。これに対して，イギリスの法廷弁護士と事務弁護士の合計は約70,000人であるが，その中で法廷弁護士の人数は8,000人に過ぎない[52]。けれどもイギリスの法廷弁護士は，その実務的役割を機能的に考えるならば，われわれがアメリカで弁護士(lawyers)と考えているような弁護士ではなく，むしろ判事補(junior judges)とも言うべき存在である。それゆえ，彼らを裁判官の枠内に入れて再計算するならば，両国における裁判官に対する法律専門職の構成比率は劇的に変動する。結果的に見れば，イギリスの裁判官に対する法律専門職比率は，ヨーロッパ大陸法諸国のそれに類似する比率にまで大きく低下する結果になる。

　イギリスの法廷弁護士は，裁判官の善意に全面的に依存する存在である。イギリスの裁判官は，当然の前提として，裁判手続における審理に際して法

　　ばれていた地区裁判官(district judges)は，アメリカでは治安判事(magistrates)に相当する職種であるが，巡回裁判官の下位の職種として総数には含まれていない。この651人という裁判官の人数は，大法官府書記局(*Lord Chancellor's Department's Court Service*)による1994－1995年度の年次報告書の14－15号(July 1995)から引用している。なお，本書の最後に掲載する＜付録資料A＞で示している，イギリスの裁判所制度の組織図および巡回裁判官と地区裁判官のそれぞれの職務内容に関する記述を参照。

51　以下に掲げる，私の近刊の著書を参照。*The Federal Courts: Challenge and Reform*, ch, 1 (2d ed., Harvard University Press in 1996). なお，アメリカの裁判官総数は，本文で掲げた人数のほとんど3倍以上に相当する。けれども本書では，私は，裁判官の定義を「一般的な管轄権」を担当するそれに限定して，これ以降もこの定義に沿った用語の趣旨で引用する。なお私は，特定領域での低レベルの司法機能を担う行政官(judicial officers)として，主として道路交通や家庭関係を担当する裁判官をここでは除外している。これらのアメリカでの司法機能を担う行政官は，イギリスにおける主たる対応職種としては治安判事であるが，彼らはほぼ同様の職種とみなしうる。

52　Editorial, 'A Good Recession' 144 *New Law Journal* 1613 (1994)；Frederick Lawton, 'Crisis at the Bar—Why the Bar Must Urgently Consider the Future of Training and Practice' *Law Society's Gazette* no. 1, p. 9 (1994).

廷弁護士が裁判官に助力することを期待している。この法廷弁護士の裁判官に対する依存関係には，いくつかの理由が存在する。その一つの理由は，イギリスでは裁判官のみならず，法廷弁護士もまたその人数が限られているという単純な理由がある。また，イギリスでは，法廷弁護士と事務弁護士の職業資格上での分離という極めて重要な社会的背景が存在している。とくに法廷弁護士は，上級裁判所での訴訟事件については，伝統的に事務弁護士を排除して独占的な地位を維持してきた。これらの上級裁判所には，高等法院(High Court)，控訴院(Court of Appeal)および貴族院上訴委員会(Appellate Committee of the House of Lords)が含まれる[53]。イギリス法システムは，このような背景の下で，法律専門職の総数を抑制することが可能になったのかもしれない。結果的に，イギリスでは裁判官や法廷弁護士の人数が相対的に抑制されているために，法廷弁護士は同一の裁判官の前で弁論する機会が多くなっている。このため，法廷弁護士は最初に出合った審問で担当裁判官に好感を持たれなければ，彼の法律専門職としての将来の成功確率は低くならざるを得ない。数少ない裁判官の集団内部では，この種の法廷弁護士に関する噂は急速に広がるから，その社会的評価が定着するのに時間はかからない。裁判官に悪印象を与えた法廷弁護士は，その職業経験の出発点から下層階級に位置づけられることになる。イギリスでは，民事陪審システムが実質的に廃止されて以降，法廷弁護士による裁判官の善意に対する依存度は強められた。結果的に，この効果は，法廷弁護士と依頼者の間に存在する障壁を高める効果をもたらしている(事務弁護士は法廷弁護士の事務職員として雇われているのが実態である)。この法廷弁護士と依頼者の間に存在する障壁は，一般人である依頼者に対して法廷弁護士が魅力的な協力者であるという印象を持たせることを困難にしている。同じような障壁は，アメリカでも無能な

---

[53] 本書における＜付録資料Ａ＞の組織図を参照されたい。なお，枢密院(the Privy Council)は，第4の上級裁判所として位置づけられているが，そのメンバーは貴族院の上訴裁判所と同一の裁判官によって構成されている。また，事務弁護士は，伝統的には治安判事の下で開催される県裁判所(county courts)と刑事法院(Crown Court)における訴訟事件での実務活動が認められている。1990年の裁判所および法律サービス法(The Courts and Legal Services Act 1990, 27-33)は，原則として，上級裁判所での訴訟事件を含む法廷弁護士の独占的権限を廃止した。イギリス法システムにおけるこの法律の持続的な効果は，現時点では見通せない状況にある。

弁護士が世間知らずの依頼者を驚愕させるような社会的事態をもたらしていることも周知の事実である。アメリカでも，無能な弁護士の存在は，裁判官のみならず弁護士仲間の間でも極めてよく知られた事実である。

　裁判官という職業は，イギリスでは「法廷弁護士が高齢になった時に，年金受給が可能な職業として移行したいと考える[54]」職業である。この事実は，法廷弁護士による裁判官の善意に依存する傾向を助長するもう一つの根拠になっている。法廷弁護士は，独立した自営業者であるから公的年金の受給資格の取得は期待できない。イギリスのほとんどの法廷弁護士は，引退年齢に近づくにつれて，過去の良好な業績評価によって裁判官に任命されることを期待すると私は聞いている。また，上級の法廷弁護士は，たとえば勅選法廷弁護士（Queen's Counsel）は絹の法服を着用できる法廷弁護士として知られているが，大法官によってそれぞれのランクに応じた裁判官に任命される。大法官は，イギリスの法律専門職の頂点に位置する存在である。裁判官の候補者は，絹の法服を着用する前に，大法官と上級裁判官による協議によって裁判官に選抜される。勅選法廷弁護士は，最高給与が保障される法廷弁護士としてよく知られる存在である[55]。これらの事実によって，イギリスの裁判官はアメリカでは考えられない状況にあるが，ある程度まで法律専門職の生計手段を左右できる存在であることを示唆している。イギリスでは，伝統的に見れば，勅選法廷弁護士のみが上級裁判所の裁判官に任命される資格を認められている。アベル教授は，イギリスの法廷弁護士が精力的な弁論活動を通じて昇進の階段を昇るためには，以下のような通過儀礼を経なければならないと説明している。彼は，「ある種の依頼者は，絹の法服を着用した勅選法廷弁護士やその後に裁判官に任命される期待を放擲している，若手の法廷弁護士に依頼する可能性がある。結果的に，彼らは依頼者のために，より精力的に弁護活動に取り組むことが期待できるからである[56]」と述べているのである。

　法廷弁護士による裁判官への補助的役割の重要性は，法廷弁護士による勝

---

[54] *Jackson's Machinery of Justice* 353（J. R. Spencer ed. 1989）．なお，イギリスの法律専門職の実態については，以下の文献参照。See id., chs. 28 and 30; P. S. Atiyah and Robert S. Summers, *Form and Substance in Anglo-American Law: A Comparative Study of Legal Reasoning, Legal Theory, and Legal Institutions* 360-369（1987）．

[55] Richard L. Abel, *The Legal Profession in England and Wales* 122-123（1988）．

[56] Id. at 100（emphasis added）．

訴確率の低い訴訟事件の受任を回避する行動に表れている[57]。この法廷弁護士による受任回避行動は，結果的に見れば，彼らは裁判官と同様に訴訟事件を実質的に「却下」しているのである。アメリカでは，費用負担が可能な依頼者が訴訟事件を引き受ける弁護士を見つけることは，イギリスと比べるとそれほど困難な状況にはない。たとえば，その訴訟事件が不真面目であるとして裁判所が却下するような事例でも，アメリカでは依頼者が弁護士を見つけることは不可能ではない。アメリカの弁護士は，イギリスの法廷弁護士とは違って，些細な訴訟事件で裁判官の手を煩わせることを自ら回避するようなインセンティブを持ち合わせていないのである。法廷弁護士が自己抑制するもう一つの動機は，イギリスには成功報酬契約が存在しないという事情が挙げられる[58]。結果的に，この成功報酬契約の不存在は，勝訴の見込みがほとんどない訴訟事件でも，当事者が一縷の希望を抱いてサイコロを振るような訴訟への誘惑を排除する効果を招いている。成功報酬は，ある種のインセンティブを伴った報酬システムである。法律専門職は，成功報酬で訴訟事件を引き受ける場合には，時間単位で訴訟事件を処理する場合と比べて，より熱心に取り組むと予測できる。イギリスでも，成功報酬ベースでの法廷弁護士の活動が可能であれば，彼はその訴訟事件での勝訴に向けて必死の努力を尽くすと期待できる[59]。けれども，この法廷弁護士の活動は，「裁判所の補助職員」というその社会的機能との関係では妥協を迫られる可能性がある。

　これとは反対に，将来のビジネス機会という視点から考えるならば，時間単位の報酬で訴訟事件を引き受ける弁護士は，社会的評判を確保するために最善の努力を尽くす必要がある。付け加えるならば，成功報酬契約で働く弁護士は，時間単位で働く弁護士と比較すると勝訴確率が低い事件の受任を

57　Atiyah and Summers, note 54 above, at 368.
58　このような事情は，最近になって変化している。イギリスの法律専門職は，依頼者が勝訴した場合には二倍の報酬を受け取るが，彼が敗訴した場合には無報酬となるような契約を締結できるようになっている。これは，イギリスにおける法システムの漸進的改革の一例であるが，その詳細については本書の＜講義3＞で取り上げる。
59　H. Gravelle and M. Waterson, 'No Win, No Fee: Some Economics of Contingent Legal Fees' 103 *Economic Journal* 1205, 1207 (1993). この事実は，イギリスではこれまで刑事事件において成功報酬を禁止する伝統的なルールが存在したことに関係している。Peter Lushing 'The Fall and Rise of the Criminal Contingent Fee' 82 *Journal of Criminal Law and Criminology* 498 (1991).

回避する傾向を強める可能性がある[60]。彼は，訴訟で敗訴した場合には，その費用負担が依頼者から弁護士自身へと転嫁される可能性が高くなるからである。ここでは，「可能性が高くなる」と表現しており，「必ずそうなる」と断言してはいない。成功報酬契約による弁護士は，勝訴確率の低い訴訟事件を引き受けた場合でも，その事件処理に関する努力のレベルを抑制することで，その訴訟事件を引き受けたことに由来する期待便益を確保できる。また，社会的評判という視点から考えても，成功報酬契約による弁護士活動への影響は，時間単位契約による弁護士への影響と同様に作用する。これらの影響が両者に対して同様に作用すると仮定した場合，成功報酬契約による弁護士は，彼の依頼者に助力して活動するインセンティブが相対的に強化されることは明らかである。けれども，成功報酬契約という訴訟の勝訴確率に関する選別機能は，本質的な欠陥が内在している。成功報酬契約は，弁護士にその訴訟の受任を義務付ける性格を持ってはいない。訴訟提起を決意している依頼者は，弁護士が成功報酬契約で訴訟を引き受けるには勝訴確率が低すぎると考えるならば，時間単位契約に切り替えて事件を受任する方法が残されている事実を知っているのである。

　アメリカ法システムと異なるイギリスのそれのもう一つの特徴は，「敗訴者負担ルール（loser pays' rule）」の存在にある。この敗訴者負担ルールは，訴訟で敗訴した当事者は勝訴した当事者の弁護士費用の負担部分を補償しなければならないというルールである。この敗訴者負担ルールは，勝訴確率の低い紛争事件を引き受ける法廷弁護士を探し求めて依頼者が徘徊することを抑制するために，法廷弁護士による事前の訴訟を選別する活動を強化する機能を果たしている。このイギリスの敗訴者負担ルールは，アメリカの裁判実務でよく見かける，裁判官と弁護士の間に生じる無用な軋轢を実質的に抑制する効果をもたらしている。結果的に，イギリスでの敗訴者負担ルールは，法廷弁護士による不真面目な訴訟提起や不当な攻撃防御手段の行使を抑制する効果を伴っている。この事実を前提として考えるならば，アメリカ法シス

60　Kevin M. Clermont and John D. Currivan, 'Improving on the Contingent Fee' 63 *Cornell Law Review* 529, 571-573 (1978); Thomas I Miceli, 'Do Contingent Fees Promote Excessive Litigation ?' 23 *Journal of Legal Studies* 211 (1994). なお，イギリスの経済学者による，成功報酬をめぐる複雑な経済学的効果についての包括的な分析は以下参照。Neil Rickman, 'The Economics of Contingency Fees in Personal Injury Litigation' 10 *Oxford Review of Economic Policy* 34 (1994).

テムの機能は，イギリスのそれと比較すると裁判官と弁護士の間に派生する無用な軋轢の抑制策としては不適切なのかもしれない。

　イギリスの法廷弁護士は，裁判官としての「事実上の」役割を果たすのと同じく，「法律で定められた」役割をも果たしている[61]。現在の大法官による実務的な政策指針では，「裁判官の候補者は，いかなる司法上の地位に任命されるかを考慮する前に，彼または彼女がその能力と適性を具えるために充分な実務期間を経験したパートタイム資格の裁判官と同様の地位にあるものとして，その地位に相応しい活動を行わなければならない」と規定している[62]。ここで示されているパートタイム裁判官とは，「非常勤の刑事裁判官(recorders)」または「非常勤の刑事裁判官補(assistant recorders)」，および「高等法院の裁判官代理(deputy High Court judges)」がそこに含まれる。これらのパートタイム裁判官の執務時間は，1994年度では，全ての裁判所の開廷日数で見ると約17％を占めている[63]。イギリスの裁判官は，職業的な実務経験の過程で考えるならば，重大な訴訟事件を担当する以前に比較的小さな訴訟事件を委ねられてその職業的な経験を蓄積させてゆくことになる。それゆえ，アティアとサマーズの前掲書によれば，「イギリスの法律専門職は，その大部分が裁判官になるための徒弟期間を過ごしている」と表現される所以でもある[64]。私としては，この表現から「大部分」という表現を削除した上で，イギリスの法廷弁護士は機能的に見れば実質的には裁判官であるという表現にまでこれを拡張したい気分である。アティアとサマーズは，法廷弁護士を「ある種の胎児期にある裁判官」と表現しているが[65]，この記述こそ私が強調する視点に最も近い表現となっている。

　結論的に言えば，イギリスの法廷弁護士の役割は，事実に関する争点を整理した上で，裁判官が判決を導き出す論理的根拠を提示するという役割にあ

61　たとえば，以下の文献を参照。Lord Chancellor's Department, *Judicial Statistics, England and Wales, for the Year 1994* 20 (Her Majesty's Stationery Office, Cm 2891, July 1995).

62　Judicial Appointments Group, Lord Chancellor's Department, '*Judicial* Appointments: The Lord Chancellor's Policies and Procedures' 5 (Lord Chancellor's Department, n.d.).
　なお，Robert J. Martineau, *Appellate Justice in England and the United States: A Comparative Analysis* 65 (1990). も参照。

63　*Judicial Statistics, England and Wales; for the Year 1994*, note 61 above, at 91.

64　Atiyah and Summers, note 54 above, at 365.

65　Id. at 367.

る。彼らによるこの役割の半分は，補助的な裁判官としての役割の遂行を意味している。イギリスの裁判官は，判決を導き出すために必要な事実関係と法的争点の整理に加えて実質的証拠を収集するために，法廷弁護士が事前にその補助的役割を果たすことに信頼を寄せることができるのである。この事実は，イギリス法システムを学習する学生たちにとっての一般的な理解でもある[66]。この事実はまた，私がイギリスで話を聞いた複数の裁判官に確認した証拠に加えて，私自身がイギリスの控訴院での審理で実際に確認した証拠によって補強することもできる[67]。さらに，これらの共通する事実に加えて，イギリスの裁判官と法廷弁護士はともに相互理解を深めるための社会関係を構築しているという証拠がある。彼らは，法律専門職として互いに同一の思考波長を共有している。イギリスの裁判官は，これらの事実を補強する証拠の延長上で，ロー・クラークを採用することなしに彼らの役割を果たすことができるのである。これに対して，アメリカ法システムでは，裁判官にとってそれほど信頼できない弁護士に支配されている公開法廷の場面では，ロー・クラークは必要不可欠とも言うべき役割を果たしている。アメリカでも，弁護士は「裁判所における補助職員」と呼ばれることもあるが，それは微苦笑（あるいは嘲笑）を以て語られている場面である。イギリスの法廷弁護士は，実際に法廷における裁判官の補助職員として活動している[68]。すでに指摘してきたように，彼らは非常勤の裁判官としても勤務している場合も多いから，訴訟事件の事実確認や争点整理のためのフィルターとしての役割を担っている。けれども，彼らの最も重要な役割は，アメリカ法システムとの比較で見ればロー・クラークとしての役割である。この表現は，法廷弁護士の全てがそうであるという意味ではなく，また彼ら自身がそれを自覚しているという意味でもない。しかし，法廷弁護士の実態を見る限り，彼らの大部分の役割はその評価を裏付けている。その理由として，第一に，アメリカの多くの弁護士は，その大部分が訴訟事件として事実審に移行しない訴訟の準備段階で，イギリスにおける「訴訟代理人」としての役割を担っている。こ

---

66 たとえば，Maimon Schwarzschild, 'Class, National Character, and the Bar Reforms in Britain: Will There Always Be an England?' 9 *Connecticut Journal of International Law* 185, 196-197, 201 (1994), も参照。
67 本書の＜付録資料B＞におけるウドゥー事件の記録を参照。
68 イギリスでは，実際にそのように呼ばれているわけではない。現実には，裁判所の補助職員として活動しているのは事務弁護士である。

れに対してイギリスでは，この訴訟代理人としての役割の大部分を法廷弁護士ではなく事務弁護士が引き受けている[69]。イギリスのウルフ卿は，貴族院の上訴委員会の裁判官であるが，最近のアメリカ訪問の際の見聞に基づいて以下のような報告書を提出している。彼は（この報告書の詳細は，私の今回の訪問に際して彼にその内容について確認してもらっている），イギリスの法律貴族はロー・クラークというアメリカ型のシステムを採用すべきだと主張しているのである。彼の主張によれば，「裁判官は，ロー・クラークの採用により，法廷弁護士の口頭による弁論に費やしている時間を相当に短縮できる。」この彼の主張こそ，法廷弁護士とロー・クラークとの関係は相互補完関係にあるという，私のこれまでの指摘と同じ問題提起である。

アメリカでは，イギリスの法律専門職に相当する弁護士集団の一員として，アメリカ合衆国の訟務長官(the Solicitor General of the United States)の指揮命令下に属する職員がいる。アメリカの訟務長官は，連邦最高裁判所における訴訟については，連邦政府が関与する全ての訴訟事件の弁護を担当してこれを適切に処理する権限が付与されている。これに加えて，連邦政府が関与する全ての訴訟事件において，下級裁判所から上級裁判所に上訴する場合に，その必要性を判断してこれを承認する全ての権限も認められている。この訟務長官の事務所は，その規模は非常に小さくて，約20人の法律専門職が所属するに過ぎない。また，その職員の給与は，成功報酬その他のインセンティブ付きの給与ではなく定額給与として支払われている。さらに，彼ら

69　See id. at 14-17; John Morison and Philip Leith, *The Barrister's World and the Nature of Law*, chs. 3-4 (1992); Quintin Johnstone and John A. Flood, 'Paralegals in English and American Law Officers' 2 *Windsor Yearbook of Access to Justice* 152 (1982); Schwarzschild, note 66 above, at 186, 230; and discussion and references in John F. Vargo, 'The American Rule on Attorney Fee Allocation: The Injured Person's Access to Justice' 42 *American University Law Review* 1567, 1603 (1993). イギリスの事務弁護士は，彼らの事務所の訴訟部門で業務を遂行する場合に，たとえ彼らが法廷には出廷しないとしても，しばしば「訴訟代理人」として言及される。アメリカでも，訴訟事件を担当する弁護士は訴訟代理人と呼ばれているが，法廷で証人審問あるいは裁判官や陪審員に対して審問しない法律専門職は，決して（ほぼ例外なく）訴訟代理人とは呼ばれない。私は，少なくとも最近に至るまで，イギリスの事務弁護士の多くは，事実審における訴訟準備のためにその業務の大部分を担ってきたと聞いている。この事実は，事実審での訴訟事件が法廷弁護士によって処理される場合でも変化しない。イギリスでは，法改正された現在でも，事務弁護士のこの実態には変化は見られないと私は聞いている。

は，ほとんど常に同一の9人の裁判官で構成される連邦最高裁の法廷にしばしば出廷して訴訟活動を展開することになる。結果的に，彼らはアメリカの他の典型的な法律専門職とは異なり，裁判官の信頼と善意の獲得にその大部分の精力を傾ける必要がある。その結果は，以下に述べるとおりである。アメリカでは，訟務長官は最高裁判所の「10人目の裁判官」と呼ばれてきた。彼の役割は，連邦政府による最高裁判所への上告のための審査請求に関する（および中間的な上訴裁判所への上訴も含めた）選別機能を果たすことにある[70]。このため訟務長官は，その本質として裁判官に準ずる役割を担っている。また，訟務長官事務所に所属する法律専門職が作成する準備書面や弁論内容は，他の民間の法律事務所の弁護士のそれと比較すると思慮深くかつ冷静で知的レベルでも誠実な内容になっている。

　ここでは，イギリスとアメリカの裁判官と弁護士について，それぞれの役割を調整することなしにその人数だけで比較してみよう。この両国では，裁判官数に対する弁護士数の比率を見ればほぼ同率である。この比率は，＜表1－1＞で示すように，ヨーロッパ大陸法系の法システムの下でのそれと比較すると相対的に高い（裁判官数が相対的に少ない）水準に達している[71]。

70　連邦最高裁判所の管轄権の行使は，現在では裁量上訴手続の下で，ほぼ完全な自由裁量に委ねられている。なお，連邦最高裁判所による上告受理件数は，全ての上告審査請求事件の中でわずか1％に過ぎない。

71　この＜表1－1＞での最初の列で記載するデータの出所は，イギリスの大法官事務局の組織部門である裁判所記録部（Court Service）によって作成された，未公表の研究報告書である。この報告のデータは，イギリス政府がそれぞれの諸国に置いている大使館が調査した結果を示すデータであり，その調査時点は1994年度である。この表の2列目で示す人口統計データは，世界統計データ図鑑（*World Factbook*）によるデータであるが，イギリスを除く他の諸国の調査年度はそれぞれで異なっている。なお，イギリスの人口データは，「1995年度の統計データ概要版（*the 1995 Annual Abstract of Statistics*）」の4頁に掲載されている表2－1から引用している（Central Statistical Office 1995）。なお，弁護士数のデータは，以下の文献を参照。Marc Galanter, 'News from Nowhere: The Databased Debate on Civil Justice' 71 *Denver University Law Review* 77, 104-107（1993）。また，ドイツの人口データは，1990年の東ドイツの人口データに，1985年の西ドイツの人口データを加算して表示している。この二つの人口データは，上記のデータ（Galanter）に記載されている両国の弁護士数の別データとの整合を図るために調整されている。なお，この表の第3列目のデータは，最初の第2列目までのデータを単純に比率として表現したものである。

<表1-1> 各国の人口対比での裁判官・法律専門職とその比率

国名	人口対比での専任裁判官	人口対比での法律専門職	裁判官に対する法律専門職の比率
オーストリア	4,700	3,154	1.49
カナダ	17,000	600	28.31
デンマーク	18,350	1,705	10.76
イギリス	55,000	964	57.05
フランス	12,350	2,035	6.07
ドイツ	4,500	656	6.86
イタリア	7,850	1,232	6.37
日本	57,900	994	58.27
ニュージーランド	23,800	760	31.33
スペイン	11,850	1,128	10.50
スイス	5,600	1,958	2.86
アメリカ合衆国	19,900	365	54.59

　この表によって示される統計データは，英米法系の法システムの際立った特徴を浮き彫りにする強い印象を示す役割を果たしている。
　けれども，ここでイギリスの裁判官の人数に法廷弁護士の人数を追加し，またアメリカの裁判官の人数にロー・クラークの人数を加えた上で，各国の法律専門職の人数(イギリスでは事務弁護士の人数，アメリカでは訴訟実務を担当する弁護士の人数)でこれを割ってみよう。その結果を見れば，「専任裁判官(full-time judges)」に対する「法律専門職(lawyers)」の人口比率は，イギリスと比較するとアメリカでは少なくともその4倍以上に増加する。この方法で比較すると，イギリスでは6.1人の法律専門職に対して1人の裁判官比率となる。この比率は，大陸系諸国の6.4人対1人というそれと比較すれば，平均的に見れば(加重平均をしない)むしろその比率は相対的に低くなっている。これに対して，アメリカの裁判官に対する法律専門職の比率は，大陸系諸国におけるそれを依然として大きく上回っている[72]。イギリス

72　けれども，<表1-1>で使用した統計データ以外のデータを参照すれば，大陸系諸国の法システムとイギリスのそれは(上記のようにイギリスの統計データを補正した後でも)，依然として大きな相違を内包している。たとえば，西ドイツを例とする以下の資料によれば，公証人(notaries)を法律専門職に含めた場合でも，1979年から1981年の間で1人の裁判官に対して2人の法律専門職の人数比率でしか算定できない。Alan N. Katz, 'Federal Republic of Germany' in *Legal Traditions and Systems: An International Handbook* 85, 91-93 (Alan N. Katz ed. 1986). これに対応

の法廷弁護士の半数を実質的な裁判官として計算した場合でさえも、裁判官に対する法律専門職の比率はアメリカでのその比率の2倍以上に相当する。けれども、そのイギリスの比率でも、大陸系諸国のそれと比較すれば依然として相当程度に低い比率である。ここでは、各国の人口対比での裁判官数の比率について、別の視点から考えてみよう。人口対比での裁判官比率を見ると、アメリカでは19,900人に一人という比率であるが、ドイツでは4,500人に一人である。これに対してイギリスでは、法廷弁護士を裁判官として計算すれば5,900人に一人という比率となる。このイギリスの比率は明らかに、アメリカのそれよりもドイツの裁判官比率により近い。

　複雑な要素は、司法システムに占める治安判事(magistrates)という職務に属する人々に関する評価である。イギリスでは、治安判事の職務には30,000人以上の人びとが任命されている。彼らの中で一握りの例外的な人びとを除外すれば、ほぼ全ての治安判事は無給の一般人である。治安判事は、裁判官と陪審員の間に位置づけられる法的調整者とみなしうるが、彼らは大部分の家事事件とともに多くの軽犯罪事件をも処理している[73]。ここで、彼らを裁判官として考えるならば、イギリスにおける裁判官に対する弁護士の比率は飛躍的に上昇する。けれども、治安判事を裁判官として計算することは、絶対に回避すべきであり法的な誤解を招きかねない。なぜなら、治安判事の仕事はパートタイムの仕事であって、彼または彼女の労働時間の10%程度しかその業務に費やしてはいない。また、イギリスの治安判事を裁判官として計算に入れるならば、アメリカの陪審員や治安判事(justice of peace)あるいは交通事故裁判所(traffic courts)や家事事件裁判所(domestic-relations courts)の裁判官という職務もそれに組み入れて計算し直さなければならない。かりに、この計算方法を採用するならば、陪審員をパートタイム業務として対象から除外した場合でも、アメリカでの弁護士に対する裁判官比率は急激に上

　　する比率としては、たとえばフランスでは（予審裁判官(juges d'instruction)を除外しかつ公証人(notaires)を含めて考えると）18対1の比率となる(Computed from Katz, 'France' in id. at 105, 112-115) [1982 figured])。また、カナダでのその比率を見ると、23対1となる。なお、このデータは、カナダ司法統計センター (Canadian Centre for Justice Statistics)から私に提供された統計データから推計した結果を示すものである。

73　以下の資料を参照。*Judicial Statistics, England and Wales, for the Year 1994*, note 61 above, at 94.

昇する結果となる。

　私は，裁判官に対する法律専門職の比率を繰り返し問題として取り上げてきた。読者の中には，なぜこの問題が法システムに関する比較に際してそれほど重大なのか疑問だと考える人びとがいるかもしれない。その疑問には，以下の二つの理由を示唆することでその回答とすることができるだろう。第一の理由は，裁判官に対する法律専門職の高い比率は，訴訟事件の処理に関する法律専門職が行っている業務との関連で，裁判官による業務の範囲を拡大する効果が生じるという点にある。裁判官の比率が上昇すれば，積極的かつ職権調査的な業務遂行が可能となる結果，純粋な審判者としての彼らの役割機能はかえって減少するという効果が生まれる。この効果こそが，大陸法的ないわゆる「糾問主義的な(inquisitorial)」システムを採用する前提条件であり，結果的にアメリカ的な当事者主義的な法システムとの根本的な相違を生み出している。この効果は，法廷弁護士を裁判官に類似する役割と考えるならば，イギリス法システムの特徴としても考えることができる。イギリスではアメリカとは異なり，事実審のみならず上訴審裁判所においても法律専門職主導というよりも裁判官主導によってその手続が構成されているからである。第二の理由として，法律専門職における裁判官の高い比率は，職業的な裁判官システムの出現を容易にする効果を生み出すことが挙げられる。この職業的な裁判官システムは，われわれが共通の認識としているように，アメリカの非職業的な裁判官システムという特徴とは際立った相違がある。実務を担う法律専門職の人数との対比で考えた場合に，裁判官の相対的に高い比率は，外部からの裁判官への登用を相対的に困難にする。結果的に，裁判官が若年の時期に採用されるならば，裁判官としての上位の職位への昇進でも内部昇格システムを通じて補充されることになる。そして，裁判官の総数が増加するに従って(法律専門職数との相対比ではなく，絶対数の増加として考える)，彼らを効率的に監督しかつ業務調整することを考えるならば，裁判官の階層もまた公式的で秩序づけられた階層構造を形成するようになる。糾問主義的な手続と職業的な裁判官というシステム構造は，相互に関連する別のシステムの表現である。なぜなら，裁判官は，対審主義的なシステムの下でよりも糾問主義的なそれの下ではより多くの活動が要求されるから，彼らは技術的にもより熟達することが必要となる[74]。これらの裁判官は，

74　John H. Langbein, 'The German Advantage in Civil Procedure' 52 *University of Chicago*

慎重に企画された職業訓練の下で注意深く選抜され，その活動も厳重に監視される必要がある。この裁判官特性は，外部からの選抜を基礎とする場合よりも，職業裁判官としての職務履歴を基礎とする場合に適合するシステムであることは言うまでもない。

B 裁判官としてのキャリア

われわれは，イギリスでの法廷弁護士の役割は，ある種の裁判官としての社会的機能を担う存在であることを認識できたと思う。この事実は，イギリスの上級裁判所のほぼ全ての裁判官が法廷弁護士としての経歴を持っているという事実によって補強できる。さらにこの事実は，法廷弁護士はその職業的な教育課程を修了して以降も，その全ての人生を通じて法廷弁護士であり続けるという事実によっても補強できる。結果的に，イギリス法システムは，実際には職業裁判官システムを採用していると考えることができる。この視点から考えれば，イギリス法システムはヨーロッパ大陸法系の諸国のそれと同様であって，アメリカのそれとは決定的に異なっている。アメリカでは，現在では少し変化しているとしても，裁判官としての任命方式は，一般的に見れば依然として外部からの人材補充という方式に委ねられている。イギリスでの職業裁判官という特性は，その職業階梯における昇進システムにも反映されている。この昇進システムは，以下のような多くのステップで構成されている。具体的に言えば，都市裁判官補(assistant recorder)，都市裁判官(recorder)，勅選法廷弁護士(Queen's Counsel)，高等法院裁判官補(deputy High Court Judge)，高等法院裁判官(High Court Judge)，控訴院裁判官(Court of Appeal judge)，法律貴族という順序に従って昇進するシステムがそれに該当する。このようなイギリスの裁判官の特性は，民事陪審システムの実質的な廃止によって一段と強化されている。民事陪審システムは，周知のように，アメリカの裁判システムでは現在でもなお維持されている。アメリカでは，陪審員は民間人の裁判官であると考えられているから，彼らは民事訴訟における完全なアマチュアによるホスト役として評価されている。さらに，アメリカでの多くの裁判官は，連邦裁判所の裁判官を除外すれば，その大部分は任命制ではなく公職選挙で選抜された人びとによって構成されている。付け加えると，連邦裁判所の裁判官の総数は，一般的な裁判管轄権を有

Law Review 823 (1985).

する全ての裁判官の10％以下に過ぎない。選挙による裁判官の選抜という方法は，有能な職業裁判官の出現にとっては極めて不都合な選抜システムである。実際に見ても，イギリスの裁判官システムは，アメリカのそれと比較すると極めて官僚的な性格を示している。この官僚的という表現は，何らかの不愉快な意味としてではなく，ここではマックス・ウェーバーが指摘する意味での純粋な記述表現として使用している[75]。この意味でも，イギリスの裁判官システムは，大陸系諸国におけるそれに類似するシステムとして機能している。イギリスの法廷弁護士の多くは，大陸法系諸国の裁判官と同様に，大学教育では法律学以外の学問分野を専攻した経験をほとんど持っていない（この指摘は常に妥当するわけではない。イギリスの法廷弁護士は，大学において法律学以外の学位を取得した人も実際には多い）。これらの職業裁判官は，軍隊での士官クラスと同様に，アメリカの裁判官と比較すると初期の職業的段階で一般社会から自らの知的職業生活を切り離されることになる。

　私が理解するように，イギリスの法廷弁護士が実際には補助的な意味での裁判官であると仮定すれば，イギリス法システムの「規制緩和」という政策的提案は現実の裁判プロセスに重大な影響を及ぼす可能性がある。確かに，裁判官という職業分野への自由な参入を認める規制緩和政策は，他の職種や職業分野への自由な参入の承認と同様に考えるならば，経済学的な意味では重大な問題とはなりえない。私は，この問題について＜講義３＞で再度にわたって検討するつもりである。

　職業裁判官というシステムは，アメリカに見られるような，外部からも参入可能で政治的な影響を受ける可能性があり，加えて民間人も関与する不安定で非階層的なシステムとは明らかに相違している。この職業裁判官システムは，官僚的な規範に対する適応能力を基礎とする業績評価によって支えられている。この官僚的な規範には，従順な態度・協調性・勤勉性・慎重な判断力・知的聡明性などの構成要素が含まれている。けれども，旺盛な独立心・先天的才能や想像力・思想的に多様なイデオロギー（官僚的な規範に対する協調的なイデオロギー以外の）に加えて，幅広い経験や知識と社会的出身階層・人種的・民族的カテゴリーに基づく代表選抜の多様性などの要素は

---

[75] See John Bell, 'The Judge as Bureaucrat' in *Oxford Essays in Jurisprudence: Third Series* 33 (John Eekelaar and John Bell eds. 1987).

含まれない[76]。職業裁判官システムは，その内部規範としての価値や選好における同質的傾向を促進する。この同質的傾向は，彼らの狭い職業的・技術的な熟練性に特化する傾向（すでに指摘したように）とともに，政治的には極めて臆病な態度や思考傾向を促進する[77]。これらの傾向は，法実証主義に極めて適合的な心理的特性として認識されるべきだろう。さらに言えば，多くの官僚的な職業裁判官がそうであるが，判決の論理的な前提条件に対する反証可能性について無自覚な傾向がある[78]。職業裁判官は，自らの役割について，論理的な推論に基づく社会的判断に依拠する司法機関の機能として，つまり厳格かつ非政治的な職業上の役割として自らの地位を理解している。イギリスの職業裁判官は，大陸法系の職業裁判官と同様であるが，極端なまでに社会的な同質的集団を構成している[79]。

イギリスとヨーロッパ大陸法系諸国では，アメリカとは異なり，法律学は大学の学部段階で学習すべき科目とされている。この大学教育における法律学の位置づけは，裁判官集団の同質性をもたらす共通基盤の一つとなっている。法律学の学習を選択した18歳の少年は，相対的に見れば狭い政治的・文化的な専門領域から学習を開始する。彼らは，大学における他の学部で見受けられるような極端な過激思想に晒されることもなく，大学の学部段階での教育課程を無事に修了する結果になる。これに対して，アメリカの大学

---

76 デニング卿は，近代におけるイギリスの裁判官の中で，極めて「異質な」存在と認識されてきた。その理由として，彼が母国であるイギリスにおいて，アメリカの裁判所システムに対応する裁判官であるかのように行動してきたという彼の思考様式の背景を考えるべきだろう。

77 実証的な証拠としては，職業裁判官システムは，政治的な意味で人気のない見解を示す裁判官に対して，ある種の制裁を課すような傾向がある。See J. Mark Ramseyer and Eric B. Rasmusen, 'Judicial Independence in Civil Law Regimes: Econometrics from Japan' (University of Chicago Law School and Indiana University School of Business, unpublished, Nov. 15, 1995). なお，職業裁判官システムをめぐる一般的な議論に関する資料として，以下参照。John Bell, 'Principles and Methods of Judicial Selection in France' 61 *Southern California Law Review* 1757（1988）; David S. Clark, 'The Selection and Accountability of Judges in West Germany: Implementation of a Rechtsstaat' 61 *Southern California Law Review* 1797（1988）; J. Mark Ramseyer, 'The Puzzling (In) Dependence of Courts: A Comparative Approach' 23 *Journal of Legal Studies* 721（1994）.

78 Simpson, note 30 above, at 98.

79 Atiyah and Summers, note 54 above, at 353-356; Abel, note 55 above, at 74-85.

では，4年間の学部段階での一般教育を修了した後に，大学院レベルでのロー・スクールで法律学の専門教育を受けることになる。この間に，彼らの多くは大学教育の各段階を通じて過激思想を体験するとともに，あるいは正確に言うならば自己の思想形成をめぐるイデオロギー的選択を迫られる経験を蓄積している。

　私は，イギリスおよびヨーロッパ大陸法系諸国の裁判官に見受けられる，法実証主義的な傾向を誇張したいと思っているわけではない。すでに見てきたように，ハートやラズは，裁判官の「立法者」としての役割について明確に認識していた。イギリスの裁判例を通じての政策決定を検証するジョン・ベルの研究は，注目に値する研究視点を提示している。彼の研究によれば，イギリスの裁判官は総じて，新しい法的争点を提示する斬新な事実関係をめぐる訴訟事件では，その争点がコモン・ローであれ制定法であれ，自由にその政策選択を行っており時には先例を破棄することも辞さないと言う[80]。イギリスの裁判官による創造的な判例形成の結果については，＜講義2＞でも詳細に検討する予定である。実質的に見れば，アメリカの裁判官とイギリスの裁判官の間では，積極的または消極的な意思決定という相違が生じる変動範囲はある意味では程度の問題に過ぎないのかもしれない。けれども，大陸系諸国の裁判官による法形式主義という特徴は誇張されるべきではないとしても，イギリスの裁判官とアメリカの裁判官の間でも明らかに法形式主義的な意味での相違が存在している[81]。この相違は，イギリスの裁判官の役割評価について言うならば，アメリカの裁判官のそれではなくヨーロッパ大陸法系の諸国の裁判官のそれに接近させる効果をもたらしていると言えるだろう。

　職業裁判官システムをめぐるもう一つの関連する問題は，最上級裁判所の裁判官の任期が制約されているという問題である。彼らは，職業裁判官としての昇進システムの最上級に位置している。彼らがその地位に昇り詰めるためには，非常に長い期間が必要となる。また，他の官僚システムでも同様であるが，最上級に位置する職業裁判官は，裁判官としての昇進を期待する後進の人びとにその機会を用意するために，相対的に見ると早い時期から退職

80　John Bell, *Policy Arguments in Judicial Decisions* (1983).
81　この点については，以下の文献で強調されている。Mitchel de S.-O.-I'E., Lasser, 'Judicial (Self-) Portraits: Judicial Discourse in the French Legal System' 104 *Yale Law Journal* 1325 (1995).

に向けた圧力にさらされる。結果的に，最上級裁判官の任期はその初めと終わりの両端から圧縮される傾向が現れる。最上級裁判官への任命の時期は遅くなり，その任期もまた短縮される。このような最上級裁判官は，「司法積極主義者」として活動する機会は相対的に少なくならざるを得ない。彼らには，立法者である裁判官という新しい役割を果たすために，その役割について経験学習するとか技能習得や能力開発のための充分な時間が与えられてはいないのである。

　われわれは，近代における立法議会システムと職業裁判官システムとが相互に結合することは，歴史的には偶然の出来事ではないことを理解すべきである。これらの近代的な統治システムは，少なくとも裕福な先進諸国では，現代のアメリカや18世紀のイギリスと比較するとその統治機構は中央集権的になっている。中央集権的な統治機構の下では，イギリスでは立法議会の役割が行政機関である内閣によって統制可能とされているが，他の諸国では立法議会が法的ルールを創出することを相対的に容易にしている。その結果，立法議会による法的ルールの創出によって，裁判官による法的ルールを第一次的に創出してこれを適用する役割が抑制される効果が生じている。それゆえ，これらの諸国の「統治機構」は（ここでは司法機構を含めていない），アメリカにおけるそれよりも相対的に多くの権力を保有する結果となっている。これらの諸国での統治機構の下では，スタッフである公務員が多くの人びとを惹きつけるためにより強力かつ熱心に活動しており，その行政サービスはアメリカよりも広汎に行き渡っている。結果的に，これらの諸国では，裁判官の業務として残された領域は相対的に狭くなっている。最も重要な事実として考えるならば，政治的な役割を剥奪された裁判官は，実質的に見れば法解釈に関する専門技術者としての役割のみを担うに過ぎない。その結果，彼らの役割は，国民を代表する役割を担うことなく，国民の代表機能を負担しない法解釈の技能者として有能であることだけが求められる。法解釈の専門技術者となった裁判官は，国民を代表する役割を保有せずまた政治的経験を蓄積することもないために，立法議会と競合する立場に立って「立法すること」を考えるだけでも身震いするような恐怖を感じるのである。結果的に，これらの裁判官がハートやラズと同じように，彼らが訴訟事件において立法行為を行っていることを事実として信じるならば，立法行為はラズによる法源の一つとして運命づけられていないから，その帰結としては法的な技術革新という役割を立法議会のために留保する道を

選択することになる。

　アメリカ合衆国の特徴を挙げるならば，二院制による連邦議会，行政府としての大統領が保有する拒否権，立法議会の議員選挙と大統領選挙との分離，連邦システムとしての統治機構，および個人主義的で反国家統制主義という国民の態度を挙げることができるだろう。このアメリカに見られる特徴は，アメリカ国民が政策選択における対立を明確かつ適切な時期に判断すべきであるという視点から，連邦政府の役割を相対的に見て弱体化させる必要があると判断した結果でもある。アメリカ以外の他の諸国では，裁判手続以外の他の統治手段を活用するという判断には，司法機構に内在する欠陥を是正するという論理的帰結に過ぎないという思考様式が働いている。けれども，このような相違は，アメリカの裁判官が法システムを濫用していることを意味するわけではない。また，アメリカの裁判官が訴訟事件の処理に際して，たとえば集団訴訟に対処する場合，刑務所システムを運営する場合，コモン・ローを修正する場合，不明確な制定法の条文を解釈する場合，あるいは憲法上での新しい権利を創設する場合などの際に，彼らの行為が法システムと無関係な行為として行われているわけでもない。これらの裁判官の行為は，裁判官が法システムを自らの役割において創出していることを意味するに過ぎない。この裁判官が創出する法システムという概念は，その法源が不明確であるという理由（なぜそう言えるのだろうか，裁判官は場合によっては経済学から法的インスピレーションを見出すこともある）によって，法実証主義者にとっては不愉快な概念であるかもしれない。けれども，裁判官が創出する法システムは，多くの他の諸国（おそらく他の全ての諸国）と比較すると，アメリカでは非常に重要な法システムの部分を構成している。「法」の意味するところは，アメリカではイギリスで意味するところとは異なっている。法の概念は，私の考えるところでは，普遍的な概念ではなくそれぞれの国に対応する地域的な概念に過ぎない。

　アメリカでは，各州の裁判官は選挙で選出される場合が多いが，連邦裁判所の裁判官は上院の承認を得た上で大統領によって任命される[82]。いずれによる場合でも，任命制の裁判官の場合は間接的にではあるが，民主主義的な手続を通じてその合法的性格が承認されている。これに対して，イギリスの

82　州の裁判官でも，たとえばマサチューセッツ州の場合には，連邦の裁判官と同じ手続によって任命されている。

貴族院が統括する裁判所に所属する裁判官は，大法官によって任命される手続となっており，いかなる意味でも民主主義的な承認手続は存在しない。この民主主義的な正当性という根拠を持たない裁判官は，周囲からの政治的な影響力にあらがうことは困難である。グエンター・トライテルは，以下のような極めて興味深い分析を提示している。彼による分析の結果は，私の比較法的な法システム分析に大きな精神的影響を及ぼしている。彼の分析によれば，イギリスの裁判官はその守備範囲を拡張するという方向性については極めて消極的な姿勢を採用している。その背景には，民主主義的な手続を前提として考えれば，裁判官の国民代表としての性格の欠落はその政治的正当性を疑問視する根拠とされやすいという社会的背景が存在していると分析しているのである。

　イギリスの裁判官による保守主義的な姿勢については，たとえば訴訟費用の敗訴者負担ルールを容認する考え方の根拠の一つとしても説明されてきた。この敗訴者負担ルールは，新たな訴訟提起の試みを抑制する効果をもたらしていることは確かである。新たな訴訟を提起する原告は，訴訟で敗訴する確率が高ければ，敗訴者負担ルールは原告により多くの費用負担を強制する結果になる[83]。この因果関係は，別の表現に容易に置き換えることも，またその両者を合わせて表現することもできる。裁判所は，かりに敗訴者負担ルールの修正を考えていなければ，新たな先進事例をめぐる訴訟提起に対する「需要」を喚起しない態度を維持する判断を採用する。結果的に，先進事例をめぐる当事者による訴訟提起は，そのインセンティブが抑制される効果が派生するのである。

　私は，アメリカの裁判官は，イギリスの裁判官と比較するとより政治的である結果として，より多くの権力を保有していると指摘してきた。けれども，この分析結果をより正確に表現するならば，以下のように表現すべきだろう。アメリカの裁判官は，社会が存続するために必要な法的ルールを創出する場面では多くの権力を保有しているが，この創出された法的ルールを適用する場面ではその権力行使の余地は少なくなるのである。

　J・ジェイコブは，イギリスの裁判手続について以下のように表現してい

83　J. Robert S. Prichard, 'A Systemic Approach to Comparative Law: The Effect of Cost, Fee, and Financing Rules on the Development of the Substantive Law' 17 *Journal of Legal Studies* 451, 465-466（1988）.

る。

「イギリスの裁判官は，事実審または上訴審の全ての手続段階での審理や聴聞の場面では，強い影響力を行使するとともに積極的かつ介入的に行動する役割を果たしている。彼らの裁判手続での訴訟指揮をめぐる権限行使は，法廷全体を直接的・効果的・全般的にコントロールする効果を伴っている。結果的に，彼らの権限行使は，その裁判手続に際して派生する全ての事柄について，直接的に質問した上で即座の回答を促すという対話的プロセスを通じて裁判官が積極的かつ実務的な役割を果たすことを明示している。この公開された法廷での職権により真実を追求するという裁判官の姿勢は，彼らに付与された訴訟指揮権限の範囲内でのパラメーターとして，当事者や裁判所が提示する全ての証拠に関する争点や疑問点を法廷の場面で明確化・豊富化しかつ修正することに役立っている[84]。」

このジェイコブの記述内容は，アメリカの裁判官の大部分が，自分たちの裁判の審理場面では全く該当しないと考える状況である。アメリカの裁判官の法廷での役割は，一般的に見ればもっと受動的な役割である。アメリカでも，政治的な姿勢を明らかにする裁判官は，法解釈の技術に徹する裁判官と比較すると一般的には信頼レベルは低下する。この裁判官に対する信頼評価は，まさに政治的な意味での裁判官に対する正確な評価である。なぜならこれらの裁判官の多くは，平均的に見れば能力的にもレベルが低くまた公正な判断基準に従わないと考えられているからである。この事実は，裁判官の多くが選挙によって選出されるアメリカだけの問題ではない。イギリスやヨーロッパ大陸法諸国でも，同様と考えるべきであろう。けれども，アメリカでのみ民事陪審が認められているという状況は，イギリスや大陸法系諸国での状況とは異なっている。アメリカの裁判官は，イギリスの裁判官と比較すれば，刑事事件においても陪審員に対する影響力行使は相対的には低いレベルに止まっている。イギリスの裁判官は，証拠の価値評価についてまで，陪審員に対して自由に説示するからである。また，アメリカの弁護士は，ヨーロッパ諸国（イギリスを含めて）の法律専門職と比較すると，相対的に独立した地位を維持しているために裁判官の指揮命令に従順に従う傾向が少ない。このような特質は，立法議会や行政機関の政治的な判断が，非政治的な司法

84　Jack I. H. Jacob, *The Fabric of English Civil Justice* 12 (1987).

機関に対して要求を突き付ける場合にも同様の現象として示される。結果的に，アメリカの裁判官の政治的な性格は，選挙によって選出されたという正当性に加えて，独立した性格を持つ陪審システムとともに，あるいはその両者を通じて権力からの要求に対抗する調整的な権力バランスによって保持されている。再度にわたって指摘するならば，イギリスの裁判官をめぐる組織的な司法システムの編成様式はヨーロッパ大陸型であって，アメリカのそれに類似する性格のものではない。

　ここでは，法の支配をめぐる本質的要素は，特定された理論（たとえば刑事罰の遡及適用の禁止ルール）に由来するものではなく，何らかの他のシステムに由来するものであると仮定してみよう。この場合の他のシステムとして，たとえば司法権の独立の保障を考えることができる。この問題に関して言えば，イギリスの裁判官（および大陸法系の裁判官）とアメリカの裁判官は，司法権の独立およびその従属について全く異なる視点から考えていることに注意すべきである。イギリスの裁判官は，民事事件では多くの場合に陪審員によって制約されることはないし，また選挙民によってその行動を制約されることもない。けれども，彼らは，自身の所属する上級裁判所からの影響力によってその独立性が浸食されている。この上級裁判所の頂点には，大法官（内閣の構成メンバーであって，アメリカの連邦最高裁判所の首席裁判官のような独立した職責にはない）がいるし，また立法議会の影響力からも逃れられない。この状況は，大まかに言えば，ヨーロッパ大陸法系の諸国（とりわけ，いくつかの中央および東ヨーロッパ諸国に特有の諸問題が存在している）でも同様である。このような状況にあって，いかなる国家ないし国家グループにおいて，法の支配が現実に強固な保障がなされていると言えるだろうか。この問題に対する回答は，実質的に見れば極めて困難であることも事実である。実際には，これらの諸国においても，法の支配をめぐるネットでの相違はわずかに過ぎないのかもしれない。

　私は，イギリスの法システムと大陸系諸国のそれの間には，多くの点で実際には相違があることを認識しているつもりである。けれども，さまざまなヨーロッパ諸国の間でも，それぞれの国ごとにその法システムは異なっている。現実的に見るならば，単一の大陸法系の法システムという実態は存在しないと言うべきだろう。私の主張している全ての事実は，イギリスの司法システムは，アメリカの司法システムよりも相対的に見ればヨーロッパ大陸のそれに類似する側面が多いという事実である。かりに，私のこの主張が概括

的に見て正しいと仮定すれば，イギリスとアメリカの司法システムの比較研究は，単なる「英米系(Anglo-American)」の法システムの枠内での内部的な評価ではなくなる可能性がある。実際には，単一の英米系の法システムというものは実在しないのかもしれない。結果的に見れば，アティアとサマーズによる著名な書籍は，その書名を当初から間違えていたのかもしれない。

C 船舶は暗夜を航海するのか

前述したように，ハートとドゥオーキンの論争については，両者の論争が暗夜に航海する船のように漂流していると考える人びともいる。彼らは，ハートが法に関する理論について議論しているのに対して，ドゥオーキンは裁判官による法的な判断基準について議論していると考えているからである。ハートとラズは，裁判官は訴訟事件について判断する際にしばしば法の適用対象の外部に出なければならないから，この二つの問題を混同してはならないと主張している。けれども，この二人の論争には，無視できない決定的対立が内包されている。ドゥオーキンは，裁判官にとって判断が最も困難な事件でも，裁判官は法の適用対象の外部に出なければならないという主張には決して同意しないからである[85]。私は，ハートの見解は，職業裁判官システムに対応する消極的な司法システムに適合する見解であると考えている。この消極的な司法システムに対応する見解は，イギリスを含めたヨーロッパ大陸諸国に見られる司法システムの特徴を表現する見解と言えるだろう[86]。これに対してドゥオーキンの見解は，大胆かつ積極的な司法システムに適合する見解である。この積極的な司法システムの擁護論では，法的ルールの創出は立法議会に委ねられるべきで司法判断の対象ではないとする非難に対して，合理的かつ大胆な反論を展開する必要がある。けれども，ハートとドゥオーキンの対立的な論争は，それぞれが自国の法的システムを前提

---

[85] たとえば，以下参照。Dworkin, note 4 above, at 37-43.
[86] これに対して，最も対極的な事例としては，いくつかのヨーロッパ諸国における憲法裁判所を挙げることができる。とりわけ，ドイツとハンガリーの憲法裁判所は，アメリカの連邦最高裁判所と比較しても，政治的にはより自由な活動を展開している。なお，これらの裁判所の活動に関する詳細については，一般的には以下の文献を参照。David P. Currie, *The Constitution of the Federal Republic of Germany* 337-338 (1994); András Sajó, 'Reading the Invisible Constitution: Judicial Review in Hungary' 15 *Oxford Journal of Legal Studies* 253 (1995).

として議論しているのであれば，その相互理解の達成は実現不可能である。ハートがイギリスとヨーロッパ大陸系の法システムを前提として議論しているのに対して，ドゥオーキンがアメリカの法システムを前提として議論していると仮定すれば，両者の間で普遍的な意味での法の概念について深い議論は成立する余地はない。ハートやジョセフ・ラズの後継者と目される現代の主要な法実証主義者たちは，そのほとんどがイギリスに居住して研究・教育活動に従事しているという事実は決して偶然の出来事ではない[87]。ハートの議論に類似する法実証主義的な見解を提示しているデヴリン卿もまた，アメリカの法律学教授であるルイス・ジャフェの主張に反対する議論を展開している。ルイス・ジャフェは，私から見れば誇張した表現に思えるけれども，現在のイギリスの裁判官は，アメリカの一時期におけるウォーレン・コートの裁判官に類似する活動を行っていると指摘しているのである[88]。

われわれは，法の概念をめぐる議論がいかに混迷を深めているのか，その議論の立脚点に立ち返って彼らの間での本質的対立の構造を理解すべきであろう。法理学の研究者たちは，法の概念をあたかも普遍的な主題であるかのように語っている。彼らの議論は，法の概念について文脈に依存しない議論を展開しているけれども，法の概念はそれぞれの地域特性に依存する性格を体現するものである。特定の法システムという文脈で考えるならば，その地域特性との関連で司法機能に対する人びとの判断として，ある裁判所の判決が「法に従っていない」と批判することも可能である。なぜなら，それぞれの地域特性に対応する文化的ルールに拘束された裁判官によって，その判断の法的根拠や事実認定がなされることは否定できない事実だからである。イギリスの裁判官は，もしアメリカの裁判官が同様の訴訟事件で採用される法的理論をその審理手続で採用するならば，法に従っていないという非難を浴びる可能性がある。アメリカの裁判官もまた，その役割をイギリスの裁判官と同じように法システムの対象範囲を狭く解釈するならば，その判断は法に従っていないと非難されることになる。

私は，この＜講義１＞において，イギリス法システムとアメリカのそれを

---

87 この事実は，毎年のある特定学期についてのみイギリスに滞在している，ドゥオーキンにもあてはまることは言うまでもない（彼は，オックスフォード大学の法理学の教授としてハートの後継者となっている）。

88 Louis L. Jaffe, *English and American Judges as Lawmakers* (1969), discussed in Devlin, note 11 above, ch. 1.

比較する際に，極めて高度なレベルでの一般化された法システムとして議論してきた。次の＜講義２＞では，この両国における法システムについて，より実務的なレベルに戻して議論するつもりである。その際には，現在のイギリスにおけるコモン・ローの議論に焦点を合わせて，現代のアメリカにおける訴訟事件で適用されている経済学の役割に関連させて，これらの訴訟事件における経済学の役割について言及する。また，最後の＜講義３＞では，これまでの議論に再度立ち戻って，この両国における法システムの比較とその評価について言及するつもりである。

＜講義2＞
コモン・ローの比較

　私は，＜講義2＞では，イギリスとアメリカの両国で最も類似性が高いと思われる二つの法分野を取り上げ，イギリスにおける最近の判例理論に検討を加える。この二つの法分野とは，不法行為法(torts)と契約法(contracts)を意味している。最初に，イギリスでのこれら二つの法分野に検討を加える際に，損害賠償に関する法(damages law)と財産法(law of property)についての一般的な問題状況を概観する。そこでは，私自身の一方の目では＜講義1＞での法実証主義をめぐる議論を振り返るつもりである。その際，私のもう一つの目では，この後の＜講義3＞での両国の法文化をめぐる比較論を想定した考察を行う予定である。私のここでの関心は，以下の二つの論点(この論点は法実証主義をめぐる主題のみならず法文化の比較論とも密接に関連している)に焦点を合わせている。第一の論点は，経済学ないし他の社会科学的な思考方法が法律学にいかに大きな影響を及ぼしているかという現状認識をめぐる議論である。第二の論点は，私がこれから言及するイギリスの判例理論に対して，その影響がどの程度にまで及んでいるのかというその影響評価をめぐる議論である。法律学における経済学その他の社会科学からの影響によって生じる新たな思考方法は，アメリカではイギリスよりもはるかに大きな影響を及ぼしている。しかしながら，ここでの議論では，イギリスとアメリカ両国における不法行為法と契約法をめぐる全般的な領域での比較検証は，当然のことながら現実的に不可能であることも予めお断りしておく必要があろう。

1　不法行為法

　イギリスの不法行為法の分野では，1952年のラティマー対A・E・C会社

(*Latimer v. A.E.C. Ltd*)事件における控訴院判決[1]で提示された，デニング卿による極めて優れた意見が存在する。デニング卿は，この判決で提示した自身の意見として，「過失による不法行為(negligence；以下この訳語で統一する)」について，以下のような簡潔かつ明確な判断基準を提示している。

「本件では，経験豊かな事実審の裁判官は，以下のように推定することで誤った判断を下したように思われる。彼による推定は，被告が予見可能なリスクを何らかの方法で回避できる場合には，たとえそれが極端な方法であったとしても，過失による不法行為が成立するとする推定である。けれども，このような推定は法的ルールとは言えない。過失による不法行為の存在を推定するためには，被告が採用可能なリスクの回避手段を常に念頭に置いた上で，彼がその手段を採用することを合理的に期待できたか否かが問われなければならない。……本件の被告である使用者は，施設の床が滑りやすくそこで働いている労働者が転倒するリスクがあることを認識していた。けれども，本件での被告には，この問題の解決方法として，企業施設を閉鎖して全ての労働者を自宅待機させるという手段を採用することが合理的に期待できたとは思われない。予見可能なリスクを判断する際に，そのリスクとそれを排除するために必要な費用とのバランスこそが問われるべきである[2]。」

このデニング卿が提示した判断基準は，過失による不法行為分野でのリスク回避のための対処手段が問題となった第2ワゴン・マウンド事件(*the second Wagon Mound case*)で再度の補正が加えられた。この事件の判決で，リード卿は以下のような意見を提示した。「過失による不法行為と言っても，いかなる状況であれ，微小な影響しか及ぼさないリスクにまで過失責任が問われることを意味しない。被告が合理的な個人であることを前提として，その個人の行為に合理的理由があるならば，彼にとってリスク回避が可能であったと推定するための実質的根拠が必要である。本件では，リスクを回避するためには，被告には相当の費用負担が必要だったと推測できる。それゆえ本件では，被告によるリスク回避の可能性とそのリスク排除の困難さの程度という，二つの要素のバランスを考慮に入れて判断しなければならな

---

1 [1952] 1 All E.R. 1302 (A. C.).
2 [1952] 1 All E.R. 1305 (A. C.).

い[3]。」

　これらの過失による不法行為をめぐる事件において，イギリスの裁判官が採用した判断基準は，アメリカでも多くの裁判官にとって聞きなれた定式的基準であるハンドの定式に類似している。けれども，このイギリスの判断基準は，アメリカ連邦控訴裁判所の裁判官であったラーニッド・ハンド判事によって提示された定式的基準と比較すると正確性に欠ける部分がある。ハンド判事は，ラティマー事件判決が出される数年前に，その後に有名なハンドの定式（Hand formula）と呼ばれるようになる彼の意見を提示した[4]。ハンドの定式は，代数的な表記として，$B<PL$として表されている。ここでBは，事故の発生を回避するために必要とされる事前の注意義務をめぐる責任レベルを示している。Pは，事前の注意義務が果たされなかったならば発生すると予測される事故の発生確率を示している。最後にLは，その事故が発生した場合に生じる損失の経済的規模を表現している。この不等式が成立すると仮定すれば，事前に注意義務を果たすための費用が予測される事故の期待費用よりも少ないことが推定できる[5]。この推定が成立する場合には，被告には過失による不法行為責任があると判断できる。また，この不等式が成立しないと仮定すれば，被告には過失による不法行為責任を問うことができないことを意味している[6]。ハンドの定式は，代数的な定式で表現されているけれども，アメリカではその影響の及ぶ範囲は不法行為法の領域に留まるものではない。その影響は，過失による不法行為をめぐる法的議論を深化させるとともに，その法的議論に経済学的な論理を持ち込む最初の契機となった。この経済学的な論理は，過失による不法行為をめぐるコモン・ローの領域のみな

3 　*Wagon Mound（No. 2）, Overseas Tankship（U.K.）Ltd. v. Miller Steamship* [1966] 2 All E.R. 709, 718（Privy Council）.
4 　このハンドの定式は，合衆国対キャロル・トゥイング会社事件（*United States v. Carroll Towing Co.*, 159 F. 2d 169, 173（2d Cir. 1947）で示された。なお，アメリカにおけるこの定式を受け入れる際の議論については，以下の文献を参照。Stephen G. Gilles, 'The Invisible Hand Formula' 80 *Virginia Law Review* 1015（1994）.
5 　この事故の期待費用という概念は，かりにその事故が発生した場合に生じるであろう，事故に伴う全ての費用を意味している。この費用は，事前の注意が払われなかったならば発生したであろうと予測される，事故の発生確率によって割り引かれる（すなわち割引率を掛ける）ことになる。
6 　この定式は，寄与過失または過失相殺が争点になる場合には，原告に適用されることも当然ありうる。

らず，より広範囲な不法行為をめぐる法的論争にも拡大される効果をもたらした[7]。ハンドの定式は，合理的な個人が特定の状況でどのように行動するかという従来の推定に対して，新たな法的推定に関する思考枠組みを付け加える結果となった。また，裁判官が具体的な訴訟事件を処理する際に，主観的評価とは別の明確な判断基準を用いる場合には，この定式こそがその判断基準とされるべきことが示唆される結果となった。裁判官は，この定式でBとPおよびLで示された数式的関係を考慮に入れることで，法の適用に関する費用便益計算をその判断基準とすることができるようになったのである。

　私は，イギリスの裁判官の間で，このハンドの定式がどの程度まで知られているのかわからない。けれども，イギリスの裁判官にこの定式を説明できる機会が私に与えられるならば，この定式はイギリスの過失による不法行為についても公正な判断基準として採用可能であると彼らは認識できると思っている[8]。この定式を採用すれば，ラティマー事件や第2ワゴン・マウンド事件で提示された争点についても，より簡明かつ的確な判断基準によって解決できるからである。たとえば，事前の注意に関する費用（ハンドの定式でのB）は，デニング卿が示唆したように，事故に関するリスクを考える際に最も重要な判断要素となる。かりに，事前の注意が払われていなければ，その上で実際に発生した事故が重大なものであれば，高いリスクに対する被告の補償責任レベルについて説明する充分な判断要素となりうる。これに対して，事故のリスクが微細なレベルであれば，リード卿が指摘したように，被告の責任は結果を回避する費用との関係で評価対象となるに過ぎない（かりにBとPを同一の要素，たとえば10という数値で割れば，この不等式はその結果には影響されない）。けれどもイギリスでは，ハンドと同時代の裁判官のみならず現代の裁判官も含めて，ハンドが過失による不法行為という分野で採用した法理論の中に代数式を挿入するという試みは，想像することすら困難な違和感を持つだろうと思われる。

　ラーニッド・ハンドは，経済学者でもなければ他のいかなる分野の社会科

---

[7] 私とウイリアム・ランデスの共著である，以下の文献を参照。*The Economic Structure of Tort Law* (1987); also Gilles, note 4 above.

[8] See Gilles, note 4 above, at 1027 n. 28; also Cento Veljanovski,'Legal Theory, Economic Analysis and the Law of Torts' in *Legal Theory and Common Law* 215, 232-233 (William Twining ed. 1986); cf. Stephen G. Gilles, 'Negligence, Strict Liability, and the Cheapest Cost-Avoider' 78 *Virginia Law Review* 1291 (1992).

学者でもなく，その経歴を見ても一人の普通の法律家であった。彼の大学での学部時代の専攻分野は，科学的な分野ではなく人文学的な分野であった。彼は，その法学教育を19世紀の間に経験している。けれども，アメリカの法文化をめぐる変動の兆しとして考えるならば，「法と経済学」をめぐる運動が始まる以前の1947年でも，法解釈に際して代数学による説明を許容する法文化が形成されていたことが重要である。ハンドの定式は，過失による不法行為をめぐる判断基準として，経済学的な意味での概念装置を明確に採用した最初の実例である。私は，ハンドがこれらの概念操作を通じて示した記述内容が，学術的に見ても高度なレベルにあったことを示唆しているわけではない。また私は，ハンドの定式の影響が及ぶ対象範囲をさらに拡大しようと意図しているつもりもない。ハンドの定式は，現代のアメリカでも裁判所における実務レベルというよりは，主として学術的な研究分野でその影響力を保持しているに過ぎない。けれども，この定式の学術的研究分野への影響力は絶大なものがあり，裁判実務への影響も最近では次第に強まってきている[9]。この講義での私の主張は，法的な判断基準について，社会科学的ないし経済学的な概念を通じてそれを再構築する作業は豊かな成果をもたらす可能性があるという指摘である。私は，ハンドの定式がその一例を示しているという事実を強調しているに過ぎない。

　ここでは，前述したアメリカの「法文化をめぐる変動の兆し」について，少しだけ＜講義１＞での私の議論に立ち戻って考えていただきたい。そこで説明したデニング卿による過失による不法行為に関する見解は，たとえそれがハンドの定式と分析的な意味では同一であると仮定しても，その分析が意味するトーンは明らかに異なっている。両者の分析に関するトーンの相違は，私が＜講義１＞で議論したように，イギリスとアメリカの間での法文化の相違が反映されている。デニング卿による定式（および前述のリード卿や，以下で議論するドナヒュー対スティーブンソン（*Donoghue v. Stevenson*）事件でのアトキン卿の見解も）は，イギリス社会における過失による不法行為に対する合理的期待の推定とその規範構造に深く結びついている。この規範構造には，事故による被害者は加害者に対する怒りの感情を抱いており，不法行為に対する救済手段は被害者による私的報復（この問題については，＜講義３＞で再度検討する）の代替手段であると考えるイギリス国民の規範意識

9　Again see Gilles, note 4 above.

が内在している。このイギリス国民に内在する規範意識を別の名称で呼ぶとすれば，それは社会的慣習と考えることができる。法実証主義者たちは，この社会的慣習を適切な法源の一部を構成するものと考えてきた。これに対してハンドの定式は，過失による不法行為をめぐる判断基準について，この社会的慣習を効率的な資源配分を促進する政策手段として再構成している。このような概念の再構成は，法実証主義的な思考様式を採用するイギリスの裁判官から見れば，大陸法系諸国の裁判官の見解でも同じであるが，立法者にとっては想定外の「立法的」な概念操作を行っていると感じるだろう。すでに＜講義1＞で指摘したように，アメリカの裁判官の多くは，その特有の思考様式として考えるならば，社会科学的な思考様式に親近感を持っている。アメリカの裁判官の思考様式として考えるならば，社会科学的な思考様式を活用して立法的意思に基づく政策形成活動を行うことは，裁判官としての適切な役割遂行にあたると考えている。おそらく，欧米諸国の中では，このような思考様式を採用する裁判官はアメリカの裁判官のみであると思われる。

　私は，＜講義1＞において，法実証主義と法形式主義を対照的な思考様式として連想させるような議論を展開した。けれども，そこでの議論は，単に両者の間に対照関係が存在することを連想させたに過ぎない。私は，法実証主義者であるジョセフ・ラズが法形式主義に対して断固たる拒絶の意思を表明していることを熟知している。また，イギリスのコモン・ローによる判決は，しばしば法形式主義とは全く異なる対応を示してきた事実を確認することもできる。けれども，私は，これらのコモン・ローの判決もまた，平均的に見ればアメリカのコモン・ローの判決と比較するとより形式主義的であると考えている。ここで私は，一つの実例を挙げてこの事実について検証してみたい。その実例とは，最近の貴族院による判例である，ローヌ対ステファンス (*Rhone v. Stephens*) 事件である[10]。この事件では，1960年に，ある家屋の所有者がその家屋に付属する小屋のみを第三者に売却した。この売買契約では，捺印証書による売却として，家屋の所有者およびその承継人は小屋の購入者およびその承継人の利益のために，家屋と小屋の間に架設された屋根を維持する旨の約款が記載されていた。その後に1986年に至って，この小屋の所有者が当時の家屋の所有者に対して，小屋に架設されている屋根に生じた隙間の修繕を求める民事訴訟を提起した。けれども，この訴訟では，原告

10　[1994] 2 All E.R. 65 (H.L.).

である小屋の所有者は結果的には敗訴した。この判決での原告敗訴の理由は，イギリスの著名な法学者による最近の捺印契約の経済学的な効力に関する論文[11]での主張にも拘わらず，その判決理由はまことに素っ気ないものであった。裁判所は，この捺印付きの約束が否定的な趣旨のものであれば，たとえば屋根の現状を変更しない旨の約束などがその例であるが，その契約違反の事実は売主の権利濫用として法的にも是正されたであろうと示唆している。しかるに，本件における約束は，屋根を良好な状態で維持する旨を記載する積極的義務を内包する約束であった。このため，裁判所は，この約束に執行力を付与することは，契約文書に署名していない現在の家屋の所有者に新たな契約上の義務を課す結果となると判断したのである。私は，この裁判所による判決の理由づけは全く理解できない。現在の家屋の所有者は，この捺印契約における契約約款の存在を知悉していた。なぜなら，その契約約款の内容は，捺印証書による契約文書の上に当初から記載されていたからである。現在の家屋所有者には，彼自身が署名した捺印契約約款によって拘束されないとする理由は他に存在するのだろうか。確かに，土地に対して「現実に支配・関与」していない場合には，制限的な契約約款による捺印証書に執行力を付与することには経済学的な立場からも反対論がありうる[12]。けれども，家屋の修繕義務については，この捺印契約に対する執行力の付与を否認する議論は成立しえないと思われる。

　ここで私は，過失による不法行為の問題に立ち返って議論したいと思う。イギリスとアメリカの裁判所は両者ともに，過失による不法行為に伴う民事責任の適用範囲という法的争点については，事故の被害者との間で特定の利害関係を有する当事者にのみその責任範囲を限定すべきか否かという問題について法的解釈が分かれてきた。過失による不法行為の法的ルールでは，当事者が事前に適切な注意を払わなかった場合，その当事者の責任の程度や責任の範囲が問題となることは確かである。この場合における当事者の「適切

11　Bernard Rudden, 'Economic Theory v. Property Law: *The Numerus Clausus* Problem' in *Oxford Essays in Jurisprudence: Third Series* 239 (John Eekelaar and John Bell eds. 1987).

12　Richard A. Posner, *Economic Analysis of Law* 69-70 (4th ed. 1992). 私がそこで取り上げた事例は，市場競争を通じて特定の買主に財やサービスを売らないという約束と，特定の買主に低い固定価格で薪を20年間にわたって売ることを約束する契約の比較である。

な注意」とは，ハンドの定式による場合でも，伝統的な過失による不法行為に関する判断基準に従う場合と同様に考えることができる。結果的に，過失による不法行為をめぐる法的ルールは，当事者に対して適切な注意を払う「義務」を課すことを意味している。ここで問題となるのは，その義務は危険な事態を惹き起こす可能性がある全ての人びとに課せられているのか，それとも特定の危険を惹き起こす可能性がある部分集合に属する人びとにのみ課せられているのかという問題である。この問題に関するアメリカの最も有名な判決には，マクファーソン対ビュイック自動車会社（*MacPherson v. Buick Motor Co.*）事件[13]に関する判決がある。この事件の判決では，カルドーゾ裁判官が示した特徴ある意見がその後も影響力を維持している。この事件では，自動車の製造会社は，その自動車を別の販売会社から購入した被害者に対しても，その自動車の製造過程で生じた過失による不法行為責任を負担すべきか否かが問題となった。判決では，被害者がたとえ製造会社から直接的に自動車を購入したのではなく，その製造会社と全く契約関係が存在しない別の販売会社から購入した場合でも，製造会社は過失による不法行為責任を負担するとの判断が示された。これに対して，イギリスでの類似の判決を考えるならば，ドナヒュー対スティーブンソン（*Donoghue v. Stevenson*）事件の判決を挙げることができる[14]。この事件では，製造過程での欠陥として，ジンジャー・ビールの壜に混入したカタツムリが問題となった。この事件の判決では，マクファーソン事件の判決と同様の結論が示されている。けれども，後者の判決でカルドーゾは，製造業者が契約関係のない人びとに対して契約責任を負担しないという原則の例外として承認したのは，潜在的に危険な商品という一般的な分類の中に自動車を入れるという点で同意したに過ぎない。これに対して，前者の判決では，アトキン卿は以下のような見解を示して，一般的原則として注意義務の適用範囲を拡大する法的ルールを採用したのである。

「あなたは，あなたの隣人に対して危害を及ぼす可能性が予見できる作為または不作為を回避するように合理的な注意を払う義務がある。ここで問題となるのは，法的ルールとして誰が私の隣人とされるのかというその適用範囲である。その回答は，私の行為によって近接的かつ直

---

13 111 N.E. 1050 (N.Y. 1916).
14 [1932] A.C. 562 (H.L.).

接的に影響を受ける人びとがその範囲に含まれるという回答が考えられる。結果的に，あなたは想定される作為ないし不作為がこれらの人びとに影響を及ぼすことを念頭に置きながら，合理的と考えられる範囲内で行動しなければならない[15]。」

このアトキン卿による法的ルールに関する定式化の試みは，残念ながら，その正確な意味内容を確定することができない。アトキン卿は，この定式をジンジャー・ビールにカタツムリが混入した事件に適用する際に，二つの問題点が存在することを指摘している。けれども，この二つの問題は，残念ながら隣人に関する原則との関係では明確な判断基準として機能しえない。第一の問題は，消費者はその商品を購入する前に，ビール瓶の中身を検査することができないという事実である。実際に消費者にとって，ビールに混入したカタツムリは，時間的に見れば相当に手遅れの事態に至ってから発見できるに過ぎない。第二の問題は，その販売者は小売業者であれ製造業者であれ，そのビール瓶を品質保証付きで販売していると想定する必要があるという事実である。そうでなければ，本件のビール消費者である原告の女性は，この隣人の注意義務により訴訟提起が妨げられる効果が派生することで，結果的に法的救済を受けられない立場に置かれる可能性がある。このアトキン卿の指摘する二つの問題は相互に関連しているが，そのいずれの問題についても，彼の論理は説得力に欠ける結論を導くことになる。商品の購入者は，実際にそれを使用する前に品質検査をすることができないという事実によって，その商品が品質保証付きで販売されていると信じるに足る合理性があると推定すべきである。この商品の購入者は，いかなる場合にも法的救済を受けられる立場に置かれる必要がある。この事件でのジンジャー・ビールは，被害者のために彼女の友人によって購入された商品であった[16]。けれども，この事件の判決では，この売買に際してこの商品が品質保証付きで販売されたか否か，またその保証の対象範囲に彼女が含まれるか否かという問題について全く議論されていない。アトキン卿による非常に長文の意見は，それ以外の論点に焦点を合わせつつ，その全ての議論が先例に関する検討のために充てられている。過失による不法行為をめぐる民事責任については，先例の比重が非常に大きいことは確かである。けれども，アトキン卿は，たとえ髪

15　[1932] A.C. 580 (H.L.).
16　Id. at 562.

の毛ほどの小さな違いであったとしても[17]，それらの先例の中から何らかの相違を発見する努力を払う余地があったと思われる。けれども，彼の意見には，ジンジャー・ビールの製造業者に消費者に対する民事責任を認める議論は全く示されていない。

　カルドーゾもアトキン卿も，裁判所において製造業者の品質保証責任が認められる立証責任について，実務的レベルで機能しうる明確な判断基準を示してはいない。たとえば，消費者が小売業者を相手方として契約上の品質保証責任を理由に損害賠償訴訟を提起した仮設的な事例を考えてみよう。この事例において，この小売業者もまた製造業者に対して，第三者被告（third-party defendant）としての品質保証責任として損失填補を求めたと仮定してみよう。あるいは，この事例における小売業者が無資力であって，判決の執行力付与が不能な場合も想定しておく必要がある。マクファーソン事件判決は，ドナヒュー事件判決と同じく理論的な判断枠組みとして裁判所の見解を示したに過ぎず，品質保証をめぐる民事責任での「義務の制約（duty limitation）」をめぐる判例理論の発展に寄与する安定的基礎を提供したとは言えない。

　イギリスでもアメリカと同様に，民事責任をめぐる義務の制約を緩和して，その責任の対象範囲を拡大する方向で判例理論は発展してきた。たとえば，企業の監査役による業務報告書が誤解を招いたことで投資家が損失を被った事件では，投資家と監査役との間に契約関係が存在しないとしても，監査役に民事損害賠償責任を認める貴族院の判例も出現している[18]。ここでは，これらの判例の検討から離れて，極めて興味深いホワイト対ジョーンズ（*White v. Jones*）事件[19]の検討に移りたいと思う。この事件では，78歳の男性がその遺言状で娘たちを相続人の対象から除外していたが，その後に彼女たちの相続人としての地位を回復するために，事務弁護士に対して遺言状の書

17　著名な先例として，以下の判決がある。*Winterbottom v. Wright* 10 M. & W. 109, 152 Eng. Rep. 402 (Ex. 1842). この判決は，製造物責任をめぐる契約当事者としての責任を実質的に認めた最初の判決と考えられている。

18　しかし，監査役の民事責任をめぐるイギリスの最近の判例では，その責任範囲を縮減する傾向が見受けられる。たとえば，以下の判例を参照。*Caparo Industries PLC v. Dickman* [1990] 2 A.C. 605 (H.L.). アメリカでも同様の傾向を示す証拠として，連邦証券取引法をめぐる訴訟での監査役の責任範囲を縮小する立法が制定されている。See Private Securities Litigation Reform Act of 1995, 109 Stat. 737.

19　[1995] 1 All E. R. 691 (H.L.).

き直しを依頼した。けれども，事務弁護士が新規の遺言状作成に手間取っている間に，その男性は事務弁護士への依頼から2ヵ月後に死亡した。結果的に，新規の遺言状は作成されないままに終わったために，娘たちは全く遺産相続が認められない結果となった。このため，彼女たちは事務弁護士を相手方として，民事損害賠償訴訟を提起した。貴族院は，本件では遺言者と事務弁護士の遺言の書き直しという委任契約が彼の死亡によって失効したと仮定しても，娘たちに対する事務弁護士の過失による不法行為責任は認められるべきであると判決した。ゴフ卿は，この結論を支持する意見として，「実務的正義を実現化する効力(the impulse to do practical justice)」と呼ばれる理論に依拠する判断を示した。彼は，「このような効力が認められないとすれば，特定個人やその保有する訴訟上の請求権(たとえば遺言者やその相続財産)が実際に損失を被ることはないとしても，損失を被る他の特定個人(たとえば相続人の地位を喪失した受益者)は裁判上の請求権が全く認められない結果となる[20]」と述べている。

　このゴフ卿による実務的正義という主張は，彼がその数年前にイギリス学士院で講演した際の発言の趣旨に調和する法理論である。このゴフ卿は，実務的正義という主張について，これはデヴリン卿の意見とは対照的な考え方であるが，学士院の講演では以下のように説明している。

　　「裁判所は，法的原則の定式化を通じて影響力を行使するための条件整備を考えるならば，……特定の訴訟事件において望ましい帰結をもたらすように法的原則を適用すべきである。われわれは，いかなる訴訟事件にも適用できる法的原則の望ましい帰結やその効果を考えるならば，特定の文脈を超えて適用可能な法的原則を定式化することもできる。裁判所は，訴訟における具体的な事実関係のレベルでは，無慈悲と思われるような結論を導き出す場合もありうる。たとえば，原告が全ての金銭を失った貧しい寡婦であるとか，それに類似する状況がその実例となる。このような場面では，直観的な対応が決定的な影響力を及ぼす場合もありうる。けれども，実務レベルでの法的な紛争解決を考えるならば，もっと洗練された問題の解決策を考えることが必要である。この洗練された解決策とは，直観的でありかつ知性的でもあるという二つのレ

---

[20] Id. at 702.

ベルで満足しうる法的解決策と位置づけられるべきである[21]。」

ゴフ卿は，ホワイト対ジョーンズ事件においても貧しい寡婦について言及しているが，おそらく単純な事実関係をめぐる誤認とは言えないだろう。彼は，本件での事務弁護士による事務処理の遅延は，通常でも派生する財産管理上での単純な間違いに過ぎないという証拠(この証拠はもちろん完全に認められている)を認定している。その上で彼は，通常でも派生する財産管理上の間違いは，「資産を持った人びとでも，金銭的にかなり窮迫して悩んでいる場合に一般的に生じると認められる[22]」という見解を提示しているからである。けれどもゴフ卿は，本件での遺産の寄贈対象が教会の地下納骨堂ではなくその側壁部分に過ぎなかった事実を取り上げて，事務弁護士の過失による不法行為責任を認める判断を支持している。しかし，私はこの判断を支持することはできない。本来あるべき法的原則は，第三者の過失による不法行為で損害を被った，全ての人びとが等しく損失補填を受ける資格が認められるべきだという原則だろう。

この法的原則は，おそらく法律家よりも経済学者にとってより明確な原則であるが，この原則とは競合する法的原則もまた存在する。この競合する法的原則とは，この事件におけるマスティル卿の反対意見と最終的にゴフ卿の意見に同意したノーラン卿の補足意見に見うけられる，ホワイト対ジョーンズ事件では採用されなかった法的原則である。彼らが主張した競合する法的原則とは，法的救済に際して適用されるべき評価基準として，「総合的な」判断を考慮に入れなければならないという原則である。この主張は，一般的に見れば，「経済的な損失」をめぐる事件での損害賠償金額を算定する場合に常に議論の対象とされる法的原則である。たとえば，被告の過失による不法行為によって原告の小売店舗へのアクセスが妨害された結果，原告の顧客がこの妨害行為によって取引回避行動を余儀なくされたような事例にも適用される。この場合に原告の被った経済的損失は，この妨害行為によって派生した顧客の取引回避行動によって利益を得た競合店舗の利得に相当すると見なすこともできる。けれども，実際に被告の妨害行為によって発生したネットでの社会的損失は，原告が被った損失よりもかなり少ない可能性もあり，

---

21 Robert Goff, 'Maccabean Lecture in Jurisprudence: The Search for Principle' 69 *Proceedings of the British Academy* 169, 183 (1983).

22 [1995] 1 All E. R. at 702.

実質的な損失はゼロかもしれない[23]。ホワイト対ジョーンズ事件でも，このような状況と同様に考えるべきかもしれない。けれども，この事件の遺贈者である故人が意図した遺産の受贈者が被った損失は，事務弁護士に全ての民事損害賠償責任を課すことで遺産総額を増加させるとともに，故人の遺産相続人である遺族や受贈者に対しても超過利得を付与する可能性がある。なぜなら，この事件で遺言状が変更されていたならば，従前の遺言状での受贈者に対する贈与の意思表示は，新たな遺言状によって減額または撤回される可能性があったからである。けれども，遺産の受贈者に対して事務弁護士への民事損害賠償の請求権を認めるならば，かりに故人が新たな遺言状で受贈者に対する贈与の減額や撤回の意思を示したとしても，実質的には受贈者への贈与金額は全く影響を受けないからである。

　私が仮定している前述の営業妨害行為で商店が損害を受けたという事例でも，その理想的な解決方法は[24]，この妨害行為によって営業利益を享受した他の店舗から原告に対して全ての利得を返還させるという方法になる。けれどもこの方法は，実務的に見れば実現可能な救済手段とは言えない。かりに，原告の被った営業利益の損失が特定の一つの店舗ではなく複数のそれに分散していたと仮定すれば，その損失填補は実質的に見て実現不可能と見るべきだろう。結果的に，このような事態が発生した場合には，原告は損失発生を予測して事前に保険をかけておくべきであったと考える必要がある。実際に，企業取引の実務ではそのような現実的対応がなされている。このよう

23　See Landes and Posner, note 7 above, at 251-255. 実際には，損失がゼロになることはありえない。デイヴィッド・フリードマンは，ランデスと私の著書に対してこれと同様の指摘を行っている。たとえば，他の競合店舗が原告のそれよりも非効率に運営されている場合もあるし，その競合店舗に経営上の充分な余力がない場合や原告の顧客にとって不便な立地条件にある場合も想定しうる。そうでなければ，原告の顧客たちは，通常の市場における取引過程ですでにその取引回避行動を完了している可能性がある。この仮定的事件では，営業妨害行為のために生じた取引回避行動により，原告の顧客が負担する費用総額は(顧客が直接負担している交通費その他の費用を含めると)おそらく上昇すると予測できる。結果的に見れば，ホワイト対ジョーンズ事件の判決は，イギリスの裁判所での一般的な法的原則の適用レベルで見れば，例外的な判断を示す判決であったと考えるべきだろう。See John Bell, *Policy Arguments in Judicial Decisions* 57-60 (1983); B. S. Markesinis and S. F. Deakin, *Tort Law* 83-118 (3d ed. 1994).

24　当然のことながら，ほとんど空想的な解決方法である。前掲注23の説明を参照。

な事件に際しては，裁判官は，企業取引の実務慣行の存在を前提として対処することが最良の判断となっている。前述の事務弁護士の事件でも，この仮定的事例の処理を参考として，実務的に対処可能な救済手段を想定することは容易である。つまり，本件における実務的に最適な救済方法は，故人による遺言状の修正を認めて，従前の遺言状で想定されていた受贈者に対して，故人が新たに指定した相続人にその贈与された遺産を全て返還する（あるいは故人の意思で認められる限度まで減額して返還する）ことを命じる判決である。このような救済命令は，従前の受贈者にとって不都合な結果が生じると仮定しても，その結果について心配する必要はない。彼らには，故人の遺言状で贈与を受けたという事実に依拠しつつ受贈者としての地位を変更することなしに，事務弁護士に対して損失補填のための訴訟を提起する方途が残されているからである。この民事上の損害賠償請求は，事務弁護士の過失による不法行為に由来するネットでの社会的損失を救済する手段として極めて有益な手段である。この救済手段は，過大または過小な損害賠償請求の発生を抑制する方法としても適切かつ合理的な解決方法である。けれども，ホワイト対ジョーンズ事件の判決では，このような解決方法については全く言及されていない。この解決方法は，イギリスの裁判所にとっては，あまりに過激な法的救済手段だと思われているのだろう。けれども，裁判所がそのように考える必然性は全く存在しない。よく知られているように，従来から詐欺による資産の譲渡に対する法的救済手段は，その類推適用を通じて他の訴訟事件の類型でも法的救済手段を拡張するために利用されてきた。私の所属している裁判所では，最近の訴訟事件において，ある慈善的な寄付行為をめぐる民事裁判上の紛争を同様の方法で処理している。この事件では，全ての当事者たちが知らない間に，有価証券の詐欺行為の結果として金銭を受けとった男性による慈善的な寄付行為が問題となった。われわれは，この事件での慈善的な寄付行為は約因（consideration）の付与を意味しない（ホワイト対ジョーンズ事件での従前の受益者の場合と相違しない）という理由で，その慈善団体に全ての寄付金を返還するように命じている[25]。この問題について付言するならば，イギリスの控訴院はかなり以前の判決で，遺言執行人の錯誤による慈善的寄付行為を無効とする判断を示した上で，遺言者の近親者が

25　*Scholes v. Lehmann*, 56 F. 3d 750 (7th Cir. 1995).

喪失した全ての金銭的損害の回復を認める判決を出している[26]。

　ゴフ卿は，マスティル卿が本件での多数意見の論理的帰結として示唆した補足意見に直接的に言及することはなかった。マスティル卿の補足意見は，本件の多数意見を前提とした上で，新しい遺言が適切な方式で書き直されていたと仮定すれば，以下のような事態が発生する可能性があったと示唆している。たとえば，不注意な自動車の運転手が遺言執行の直前に故人を轢き殺した場合でも，この不注意な運転手は故人の意図した遺産の受贈者に対して民事責任を負担しなければならない事態が派生すると示唆している。けれども，本件の事実関係は，このマスティル卿の推論するような事実関係とは明らかに異なっている。本件では，事務弁護士は故人から娘たちへの特定遺産の分与のために遺言の書き直しを依頼されていたのだから，彼は潜在的な民事損害賠償の請求総額について事前告知を受けていたと推定できる。けれども，遺言執行人である事務弁護士とは異なり，遺言者の娘たちにはいかなる事前通告もなされていない。ホワイト対ジョーンズ事件では，いかなる意見もこの事前通告の有無という争点には触れていないから，この争点は問題とする余地は存在しないのかもしれない。それゆえ，本件で議論の対象とすべき争点は，遺言執行人はその定義により通常人より多くの注意義務を負担すべきであり，その民事責任の有無は自身の不注意な行為で生じた実質的損害の程度によって影響を受けないという議論の当否である。たとえば，本件における事務弁護士は，依頼者の遺言で意図された受益者の利益を実現するために，過失による不法行為によって依頼者の意図を侵害しないように注意する義務があると仮定しても，民事責任という法的威嚇によってその義務履行を強制されるべきではないという議論もありうる。さらに事務弁護士の業務に対しては，依頼者から委託を受けた義務を履行する以上の「苛酷な」または「予見不能な」民事責任を負担させられるべきではないという主張もありうる。この議論や主張が正しいと仮定するならば，彼らの職業資格に基づく義務履行について，法的ルールによってこれを強制することはほとんど不可能である。けれども，この議論が不適切であることは，完全な意味ではない

---

[26] *In re Diplock's Estate*, [1948] 2 All E. R. 318 (A.C.). aff'd sub nom. *Ministry of Health v. Simpson* [1951] A. C. 251 (H.L.). この事件では，故人の遺産の受贈者である慈善団体の選定について遺言執行人に全ての裁量権を付与する旨の遺言による指示があった。しかし，その遺言の指示内容は極めて曖昧であることを理由に無効とされ，結果的にその遺言による贈与は全て無効と判断されている。

が、ある程度満足すべき理由が存在する事実を証拠によって示すことができる[27]。私は、ここでは、この論点についてこれ以上は取り上げない。けれども、後ほど懲罰的損害賠償について議論する際に、再びこの問題に立ち戻る予定である。ここでは、このイギリスでの議論については、私には異論がある旨を示唆しておくに留める。その異論の趣旨は、過失による不法行為をめぐる法的救済手段については、全ての事情を考慮の対象とするとともに、経済学的なアプローチの導入が有効である事実を強調するという趣旨である。この経済学的アプローチに対しては、アメリカでも多くの批判的な議論が展開されていることも事実である。けれども、不法行為法の分野では、法律学以外の学術領域とりわけ経済学に対して門戸を開くことが議論の実質的意義を強化する事実をここでは強調しておきたい。

ホワイト対ジョーンズ事件では、事務弁護士に対して過失による不法行為に由来する社会的費用のみならず、故人の遺産相続に関する娘たちの損失の全額について損害賠償責任を認めたことは適切な判断であった。この判決によって裁判所は、事務弁護士に対して適切な注意義務を果たすインセンティブを付与するという重要な法的ルールを創出したのである。けれども不法行為者は、同様の事件に直面した際に、彼が引き起こした社会的損害レベルを超える不法行為責任を負担すべきか否かという一般問題は相変わらず残されている。この問題は、帰納的ないし経済学的な視点から考えると、実質的な損失補填的な損害賠償に加えて懲罰的損害賠償(punitive damages)をも認めるべきか否かという問題に還元する結果になる。この懲罰的損害賠償に対しては、イギリスの通常の法理論では否定的な回答をしてきたが、この問題については少しのちに再び議論する。

私は、ここでは不法行為による損害賠償責任をめぐる二つの議論に言及することを通じて、アメリカにおける経済学的アプローチの重要性について紹介しておきたい。第一の議論は、「機会の喪失(loss of a chance)」と呼ばれる概念と関連している。たとえば、イギリスの判例で見るならば、ホトソン対イースト・バークシャー地区保健局(*Hotson v. East Berkshire Area Health Authority*)事件[28]を素材として考えてみよう。この事件での原告は13歳の少

27　私は、この点について、以下の判例における私の意見を提示している。*Edwards v. Honeywell, Inc.*, 50 F. 3d 484 (7th Cir. 1995).
28　[1987] 2 All E. R. 909 (H. L.).

年であるが，彼は木登り遊びでの落下事故によって腰部を負傷した。彼は，この事故での負傷治療のために病院を受診したが，本件被告である病院の不適切な治療によって症状を悪化させた結果，彼の腰部には重大な後遺障害が残るとことを余儀なくされた。この後遺障害をめぐる民事損害賠償の請求事件では，事実審の裁判官は，原告の腰部変形はその落下事故の際に75％の確率で既に発生しており，病院の過失による不法行為はその変形という後遺障害を固定させたに過ぎないと判断した。結果的に，この裁判官は，病院の治療による腰部変形という過失による不法行為責任は，彼の障害に起因する損害賠償金額の25％に相当すると判断したのである。本件の上訴審で貴族院は，この原審判決を破棄する判断を示した。貴族院は，本件における適切な損害賠償の範囲については，被告の過失による不法行為が原告の腰部変形の後遺障害にどの程度まで影響を及ぼしたのかという具体的判断いかんに依存すると判示した。その上で貴族院は，原告が被告の病院側の過失による不法行為をめぐる立証責任を充分に果たしていないとして，原告の上訴を全面的に棄却する判決を下している。本件における原告の後遺障害の発生をめぐる因果関係という争点は，本件での落下事故と病院の治療行為とのそれぞれの確率的な寄与度についての評価いかんに依存することは確かである。事実審の裁判官は，この因果関係の判断について，病院の過失による不法行為に由来する寄与度を原告に不利な確率的評価で認定した。また上訴審では，病院による原告の後遺障害に対する過失による不法行為という民事責任を全面的に否定する判断が示されている。これらの判決における論理的な理由づけは，いささか不器用であることは確かである。われわれは，この議論の論点について，ホワイト対ジョーンズ事件に立ち戻って考えてみる必要がある。この事件では，確実とは言えない蓋然的な確率で考えるならば，原告の立場は事務弁護士の行為によって改善された可能性もある。なぜなら，故人は自身の遺言を再度変更して，新しい遺言の執行を停止した可能性もあるからである。かりに，その確率は蓋然的な推測に過ぎないとしても，人生で派生する多くの他の出来事と同様に，事故に由来する蓋然的確率に伴う損失は現実に発生する。人生での不運な出来事は，事故に由来する人びとの死亡や障害状態の発生によって，将来における稼得喪失という計算可能な損害賠償金額に換算されて認識される。この損害賠償金額は，事故による被害者の生存期待値である確率的な計算結果として実質的な損害賠償金額に反映される。前述のホトスン事件での原告は，このような視点から考えるならば，彼の腰部

変形という重大な後遺障害を回避する25％という確率的な期待値と比較すれば，より多くの損害賠償金額(彼が多額の稼得を将来に得られると仮定すれば)が認められた可能性もある。経済学者の視点から見るならば，彼らはしばしば支払意欲によって「価値」(あるいは留保価格，つまり財の所有者がそれを手放すための最低価格)を評価する。この視点から見れば，ホトスンは，障害状態を回避するための支払意欲を示す機会を失ったという意味で，より多くの損失を被ったと説明できるかもしれない。

　このホトスン事件では，現実にあり得ない仮定ではないが，原告の腰部変形という後遺障害について病院側に過失による不法行為責任が全く存在しなかったと仮定してみよう。このように仮定した場合，過失による不法行為で奪われた原告の価値ある(100％の確率で評価されるべき)無形資産は，重大な損失を回避するために25％の機会しか残されていなかったことを意味する。私には，たとえその確率が25％であったとしても，原告による機会費用の損失が損害賠償の対象とならないという貴族院の判断は全く理解できない。このような事故による損失を損害賠償の対象とすべきだと仮定するならば，医療事故その他の事故(事故による放射能排出も典型的なその他の事例の一つである)による被害者への損害賠償額が，統計的に見れば一般的に低額の補償金額を示すという傾向も問題となりうる。これらの事故は，人びとに重大な障害状態をもたらす確率が充分に高い場合でも，従来から損失補償額は請求金額の50％に満たない程度の賠償が認められてきたに過ぎない。アメリカでは，全ての裁判所がこの事実を知っているわけではないが，多くの裁判所はこの事実を熟知している[29]。私は，アメリカ以外の裁判所でも，多くの裁判官がこの種の判決結果がもたらす経済学的な帰結を理解できるようになれば，従来の判断基準を変更する判決が出現することを期待できると考えている。

　けれども，このような損失補填を認める判例が出現するためには，以下のような前提条件の充足が必要となる。たとえば，ある種の機会喪失に対して損失補填が認められると仮定すれば，裁判所はそれなりに首尾一貫した判断

29　たとえば，以下参照。*Brown v. Doll*, 75 F. 3d 1200, 1205-1207 (7th Cir. 1996); *Delaney v. Cade*, 873 P. 2d 175, 186-187 (Kan. 1994); *McKellips v. Saint Francis Hospital, Inc.*, 741 P. 2d 467, 475-477 (Okla. 1987); *Herskovits v. Group Health Cooperative*, 664 P. 2d 474 (Wash. 1983); Joseph H. King Jr., 'Causation, Valuation, and Chance in Personal Injury Torts Involving Preexisting Conditions and Future Consequences' 90 *Yale Law Journal* 1353 (1981).

基準を採用しなければならない。たとえば，原告が事故によって51％の確率で後遺障害を負った事実を証明した場合，彼の機会喪失に対して100％の損害賠償金額を認めてはならない。そうでなければ，原告が実際に被った損失に対して過剰な損害賠償を認めてしまう結果となるからである。アメリカの多くの裁判所は，この事実を理解していない。裁判所にとって，原告の機会喪失に由来する損害賠償の回復のために，全ての事件に適用可能な一般的判断基準を策定することは複雑すぎると想定してみよう。あるいは，原告の後遺障害と過失による不法行為の因果関係に疑問の余地がある事件に限定した場合でも，機会喪失について損害賠償を認めることには疑問が残る可能性もある。イギリスの貴族院が考慮に入れたのは，おそらくこのような事情であると思われる。けれども，このような推測が正しいか否かについて確言することは不可能である。

　私がここで提示する第二の議論は，イギリスの不法行為に対する損害賠償請求をめぐるルークス対バーナード（*Rookes v. Barnard*）事件[30]の判決で問題となった懲罰的損害賠償に関連する議論である。イギリスの貴族院は，この事件の判決で，不法行為に対する懲罰的損害賠償が適用できる範囲を極めて制限的に解釈する判断を示した。この判決は，イギリスでの不法行為に関するその後の判例傾向に大きな影響を及ぼしている[31]。この事件の原告は，労働組合から脱退したことを理由として，労働組合が使用者に対して彼を解雇しなければストライキ（クローズド・ショップ協約による組合員の雇用契約違反を理由とする）を実行すると脅迫したために，結果的に使用者によって解雇された労働者である。貴族院は，使用者による彼の解雇は明らかに故意による不法行為に該当すると判断した。けれども，貴族院は，原告が求めた懲罰的な（「今後の模範となる」ような）損害賠償の請求を認めなかった。デヴリン卿は，この論点について，多数意見を代表して以下のように説明している。彼による多数意見では，原告が請求する「損失補償的な」損害賠償金額を評価する際に，事実関係を判断する裁判官は「不法行為による権利侵害が原告にもたらした結果に対する被告の動機と行為態様を考慮に入れなければならない[32]」という判断を示した。彼は，この説明の際に，犬でさえも蹴飛

30　[1964] 1 All E. R. 367（H. L.）.
31　たとえば，以下参照。*AB v. South West Water Services Ltd.* [1993] 1 All E. R. 609（A. C.）.
32　[1964] 1 All E. R. at 407.

ばされたのか自分で躓いたのかという相違を自覚的に区別している[33]、というホームズ判事による有名な表現を引用している。デヴリン卿は、いくつかの先例を検討した後に、イギリスのコモン・ローは以下の二つの場合についてのみ懲罰的損害賠償を認めるに過ぎないと結論した。第一の類型は、「政府に雇用された公務員による抑圧的かつ一方的で、憲法レベルでも不適正な行為による場合」である。第二の類型は、「被告の行為が自身の利益のために計算された上で計画的に実行されたもので、被告の獲得した利益が原告に支払われるべき損害賠償の範囲を著しく超過する」場合である[34]。結果的に、本件の被告に関する事件は、このいずれの類型にも該当しないから、原告には懲罰的損害賠償を請求する法的権利は認められないと結論している。

　デヴリン卿の指摘する第二の類型は、容易に理解することができる。この場合には、被告が不当に得た利益を吐き出させないならば、不法行為訴訟という威嚇によって彼の行為を抑制できない結果となるからである。しかし、第一の類型は、公法上の行為と私法上の行為の間における絶対的な区分設定に関連しており、その類型設定が恣意的であるように見える。デヴリン卿が提示している唯一の判断基準は、「政府が雇用する公務員は国民に対する奉仕者であるから、彼らの保有する権力行使について公務という義務履行を常に優先させなければならない[35]」という理由のみである。私には、彼の提示するその「理由」には全く説得力が感じられない。

　デヴリン卿は、彼の提示する二つの類型以外の領域に属する事件でも、イギリスでは懲罰的損害賠償が認められた先例があることに全く言及していない。われわれは、彼がこの二つの類型にのみ懲罰的損害賠償をめぐる請求原因を限定した、その理由について考える必要がある。デヴリン卿が提示した理由は、民事損害賠償をめぐる不法行為法の役割と、そのような行為を抑制する刑事法の役割を区別する必要性があるという理由である。けれども、デヴリン卿は、不法行為法における懲罰的損害賠償の適用範囲について、法の役割を限定すべきだとする理由については全く説明していない。デヴリン卿は、その理由はあたかも自明であるかのように扱っているが、その理由は必ずしも自明とは言えない。とりわけ、刑事法は不法行為に対する抑止的効果

33　Oliver Wendell Holmes, Jr., *The Common Law* 3 (1881)
34　[1964] 1 All E.R. at 410.
35　Id.

を目的としているが，不法行為法は当事者間での損害賠償責任の当否を判断する目的であるという役割区分は，法律専門職の実務処理でもその理解の仕方は必ずしも一致してはいない。あるいは，ルークス対バーナード事件に示された故意による不法行為と刑事法の役割区分について言えば，法律専門職の理解の一致はより困難な状況にある。このような問題状況は，当然のことながら，裁判官の間でもその理解の仕方には相違がある。デヴリン卿による不法行為法と刑事法による違法行為の抑制効果との役割区分という考え方は，彼の第二類型に含まれる訴訟事件での懲罰的損害賠償の正当性を承認する見解とも矛盾する。彼の主張によれば，原告に対して彼が喪失した損失以上の損害賠償を認めることは，被告の得た全ての利益の原告への返還を認めることを意味する。デヴリン卿によれば，被告が与えた損害を超過する請求権を原告に認めて超過利益の全額返還を命じることは，不法行為をめぐる損害賠償に関する一般原則から逸脱する結果となると述べている。このデヴリン卿の見解を認めるとしても，懲罰的損害賠償の不法行為に対する抑制効果については別の理論的根拠も考えられる。たとえば，不法行為者が不正行為によって利益を享受することに対する被害者の憤りの感情を慰謝する必要性があるという説明も可能である。けれども，デヴリン卿が示唆した限りでは，その不法行為の抑制効果はたった一つの目的にあるに過ぎない。つまり，懲罰的損害賠償は，「不法行為者に対して，不法行為が割に合わないことを教えるために必要と認められる限りで，適切な懲罰的損害賠償の金額が認められる必要がある[36]」というに過ぎないのである。

　ここでは懲罰的損害賠償について，不法行為に対する抑制効果を重視する見解について検討してみよう。経済学者は，市場における非効率な行動回避というインセンティブの創出効果を真っ先に考えるから，この見解を採用しやすい傾向がある。結果的に，この見解では，懲罰的損害賠償が認められる適用範囲も，被告に「利益」が生じた場合に限定する傾向が現れる。この場合の被告の利益という概念は，デヴリン卿の説明するように金銭的利益のみならず非金銭的利益も含む広義の概念として，被告の損失を超える超過利益にまで拡張することができる。この懲罰的損害賠償の適用対象の拡張は，デヴリン卿の説明による第二類型に該当する事件に対しても，懲罰的損害賠償が適用可能となることを意味している。この類型に該当しない事件では，一

36　[1964] 1 All E. R. at 411.

般的に見れば不法行為に対する抑制効果は，通常の損失補償的な損害賠償で充分と判断されることになる。この種の事件では，被告が不法行為によって獲得した利得は，原告の損失よりも少ないと仮定されている。結果的に，原告が被った全ての損失について被告に損害賠償責任を負担させるとすれば，被告には自身の行為によってネットでの費用負担が発生していると想定されることになる。

　懲罰的損害賠償については，一定の適用対象の限定が必要なことは確かである。たとえば，ある種の不法行為が検知不能ないし証明不能であるような事件を想定してみよう。具体的に言えば，原告と想定される被害者である運転者が事故に遭遇した折に現場から離れていて加害者を特定できなければ，被告と想定される加害者はネットでの「期待的」利得を得ている可能性がある。さらに，原告が被告を特定できた上でその不法行為責任を立証できたとしても，不法行為に由来する原告の損失補填請求は割り引かれる可能性がある。この場合でも，原告による不法行為に由来する損害賠償請求に対しては，被告の不法行為を立証できる確率によって割り引かれる可能性があるからである。経済学者は，不法行為をめぐる最適な損害賠償金額の割引率について，以下のように考える。すなわち，被告の不法行為による損害賠償金額は，被告が原告に対して実際に損害賠償を強制される確率によって割り引かれる。この場合，Pはここまでに議論してきた損害賠償に関する立証可能な確率，Dは支払いを実際に強制される損害賠償金額，そしてLは原告が実際に被った損失金額を示すと考えてみよう。結果的に，DはL/Pに等しい損害賠償金額の集合として表示できる。実際に，Pが1よりも小さい値をとると仮定すれば，DはLを超過する結果となる。この結果として生じる損害賠償金額の相違は，判決によって認容される懲罰的損害賠償の構成要素の相違を示すことになる。たとえば，ある事故によって原告に惹起された損害賠償金額が100ドルに相当するとして，加害者がその損失の結果に対して支払うべき確率が0.5であると仮定して，損害賠償金額が200ドルと判決される場合を考えてみよう。この判決による損害賠償金額は，事故に由来する損害に等しい期待的費用（200ドル×0.5＝100ドル）を算出する根拠を示すことを意味している。結果的に，200ドルの損害賠償金額の中で，その半分の金額が懲罰的損害賠償の構成要素となる。なぜなら，被害者の現実の損失補填に必

要な金額は100ドルに過ぎないからである[37]。

　デヴリン卿の提示する第二類型に属する訴訟事件をめぐるイギリスの判例は、懲罰的損害賠償を極端なまでに制限的に解釈する傾向を示してきた[38]。この類型は、私が示唆したような事例を考えるならば、経済学的な意味では懲罰的損害賠償が認められるべき多くの事件がそこに含まれている可能性がある。イギリスでの懲罰的損害賠償を制限的に解釈する判例の背景には、民事事件で懲罰を課すことは「異常」と感じる法文化が存在する可能性がある。けれども、この異常という感情が生じる社会的背景は、必ずしも充分な説明がなされてきたわけではない。私は、この民事事件で懲罰を課すことを異常と考える法文化は、必ずしも自明の存在であると証明されていない事実をここでは強調しておきたい。

　これとは別の議論として、懲罰的損害賠償の金額に上限が定められていないことを問題とする主張を取り上げたい。この主張によれば、懲罰的損害賠償は(刑事罰としての罰金刑とは異なり)、将来における潜在的な原告の意思決定に望ましくない不安定性をもたらす可能性があるという主張になる。この議論は、ひるがえって考えてみると、私が以前に検討した「義務の制限(duty limitation)」という議論と同じ問題を提起する[39]。民事事件の被告は、その定義からしても明らかなように、法の要求している規範を遵守することを通じて故意の不法行為による事故発生に由来する責任を回避できる。それゆえ、故意の不法行為を惹起した被告は、懲罰的損害賠償が課せられることで何らかの予期せぬ新たな危害を受けたと言えるのだろうか。この問題については、いくつかの回答を考えることができる。これらの回答には、錯誤による意思決定の場合には、被告は損害リスクを回避できないという回答も含まれる可能性がある。また、この問題に関する別の回答には、潜在的な原告という部分集合を相対的に縮小するために、不法行為法における注意義務の範囲を制限する必要があるという主張も含まれる。けれども、合理的なレベルまで懲罰的損害賠償の適用範囲を制約するならば、これらの問題はそれほ

37　懲罰的な損害賠償をめぐる経済学的な議論については、以下の文献参照。Landes and Posner, note 7 above, at 160-163.

38　See Alan Reed, 'The End of the Line for Exemplary Damages?' 143 *New Law Journal* 929 (1993).

39　この議論は、経済学的分析によって、表面的には無関係に見える法的理論の相互関連性をいかに分析的に解明できるかを証明する例証の一つである。

ど重要とは言えない。私の理解に従えば，これらの問題は，デヴリン卿による第二類型に該当する事件として処理することができる。この類型では，懲罰的な損害賠償金額についてある種の上限を設定することで対処可能だからである。たとえば，被告がその不法行為から受けた利益をその上限とすることも考慮に入れることができる。この上限設定によって，かりに前述の $D=L／P$ という定式を採用する場合でも，懲罰的損害賠償金額の上昇を抑制できる。多くの不法行為事件では，加害行為に関する事実を部分的ないし全面的に隠蔽することは不可能である。結果的に，D が L を大きく上回ることはほとんどありえない。

ここでは，イギリスにおけるルークス対バーナード事件判決とそれ以降の判例傾向を振り返ってみよう。デヴリン卿による第二類型の判例では，イギリスの民事事件では懲罰的損害賠償を認めることは異例であるという不明瞭な主張によって，実質的にその適用範囲を制限する判例傾向が顕在化している。ここでは，＜講義１＞で取り上げた，ジャフェ教授に対する私の少し大胆な問題提起をめぐって，再度にわたってこの問題について議論してみたい。この問題に関する私の示唆は，イギリスの不法行為に関するコモン・ローの役割について考えるならば，経済学的分析アプローチを導入することで法的ルールの適用範囲を拡大できるという示唆を含んでいる。

ルークス対バーナード事件判決は，イギリスにおける伝統的な二項対立的な思考様式を極端にまで拡張する特徴を示している。このイギリスの伝統的な思考様式は，民事法と刑事法の対立のみならず不法行為法と契約法の対立としても，極端なまでに鋭角的な対抗的図式を描き出してきた。この判例の傾向は，部分的に見れば，機能主義的な分析アプローチを回避する態度にも反映しているのかもしれない。機能主義的な分析アプローチでは，民事法と刑事法の機能を類似的に扱うとともに，不法行為法と契約法の機能をも類似的に取り扱う傾向がある。つまり，法によって抑制すべき行為とか少なくとも規制すべき行為については，あらかじめ違法行為にある種の「価格」を設定してコントロールするのが機能主義的アプローチの特徴である。この場合の最適価格は，しばしば被害者に加えられた実質的損害の程度を超過するレベルに設定されることもある。この最適価格が効率的な方法で設定されるならば，被告による損害賠償責任の負担上限金額は固定されることなく，実際の損失填補のための損害賠償金額に加えて懲罰的損害賠償金額の上乗せが認められる結果となる。経済学者の多くは，このような機能主義的な分析アプ

ローチを前提として法的規制の効果を検討するから，懲罰的損害賠償を認めることが異常であるという主張を理解できないと感じているのである。

　法学的な思考様式と経済学的なそれとの相違を理解するための別の方法として，＜講義１＞で議論した「法とは何か」という議論に立ち返って考えてみる必要がある。たとえば，刑事法の役割は不法行為を事前に予防する手段であるのに対して，民事法の役割は不法行為に対する事後の損害賠償請求を認める手段であるという思考様式も存在する。このような思考様式の相違は，法律学における共通の概念構成や思考態度の相違として把握することができる。この概念構成や思考様式の相違は，「法」を定義するための基礎的な思考態度の相違を表現している。民事法と刑事法の役割および不法行為法と契約法の役割をそれぞれで二項対立的に把握する思考様式は，それらの概念を道具的に把握する思考様式としても共通する。これに対して経済学の思考様式は，その思考対象の焦点を異なる視点に空間的に移動させるとともに，その焦点移動を通じて裁判官がしばしば陥る視野狭窄という疾病症状を修正する役割を担っているのである。

2　契約法

　ここからは，イギリスにおける問題の多い不法行為法をめぐるコモン・ローの検証から，より複雑で問題が多い契約法をめぐるコモン・ローの検証に移行しよう。最初に，アメリカにおける現代的な法的潮流を形成する契機となった契約法の争点をめぐる，カルドーゾの議論から検討を始めたい。この問題が争点とされた訴訟事件として有名な例は，欠陥商品の売買契約が問題となった，ジェイコブ＆ヤングス会社対ケント（*Jacob & Youngs, Inc. v. Kent*）事件である[40]。この事件では，建築物の請負契約に関連して，契約の不完全履行をめぐる法的責任範囲が争点になった。裁判所は，建築物のための補修費用がその欠陥によって生じた建築物の市場価値の低下と比べて不相当に高額になる場合には，買主には建築物の補修を請求する権利は認められないとする判断を示した。イギリスでは，この法的争点をめぐる最近の類似事件として，ラクスレイ電子・建築会社対フォーサイス（*Ruxley Electronics & Construction Ltd. v. Forsyth*）事件[41]がある。この事件では，被告会社は原告と

40　129 N.E. 889（N.Y. 1921）．
41　[1995] 3 All E.R. 268（H.L.）．

の水泳競技用プールを建設する請負契約の際に，プールの最深部を7フィート6インチとすることで合意していた。原告は，被告からプールの建設と引き渡しを受けた後に，その最深部が6フィート9インチの深さしかなく，またプールに飛び込む部分の深さは6フィートに過ぎない事実を発見した。原告は，契約で合意した基準通りのプールの再建設を求める訴訟を提起したが，裁判所はこの請求を否定して損害賠償請求のみを認容した。しかし，その損害賠償の認容金額は，契約書で合意された深さのプールの再建設費用と比較すると極めて少額な損害賠償金額に過ぎなかった。この事件の上告審判決でも，貴族院は，原告によるプールの再建設請求を棄却する判決を下している。貴族院が示した請求棄却理由は，その再建設請求金額が契約違反の結果として生じたその資産価値の減少と比較して不相当な金額になるという理由を挙げている。確かに，いささか信じがたい事実ではあるが，原告の被った損害は実際にはゼロかもしれない。少し深度の浅いプールは，その運営費や維持費などを考慮すれば，かえって安上がりである可能性すらある。結果的に，そのプールの購入者にとっての安上がりな経費は，その利用に伴う娯楽的要素の喪失と相殺できる可能性もある。裁判所が認めた損害賠償金額は，原告が期待したプールの深さに伴う娯楽的要素の喪失を補償する程度の金額に過ぎなかった。そのプールは，確かに，飛び込むためには浅すぎるかもしれない。これに対して，アメリカでのジェイコブ＆ヤングス事件の争点は，単純な娯楽的要素の喪失というレベルの問題ではなかった。この事件での当事者間における建築請負契約をめぐる契約違反としては，間違ったブランドの水道管の敷設という問題が法的争点として争われた。この水道管は，実際には壁面で遮蔽されており，またこの間違ったブランドの水道管もまた契約で特定されたそれと品質面では何ら遜色のないものであった。この事件では，原告の損失は実質的にゼロであった可能性もある。

ラクスレイ事件での原告は，契約法に関する従来のコモン・ローは，このような名目的な損害賠償のみを認める法的判断を許容してはいないと主張した。原告の主張は，契約通りのプールの再建設かその請求棄却かという二者択一の選択肢の下で，裁判所による法的判断が下されるべきであるという主張にある。この原告の大胆な主張によって，本件は貴族院に上告される結果となった。

貴族院でのブリッジス卿による短い意見は，以下の印象的な記述によって注目されることになった。「人びとは，裁判官は老人病という疾病に冒され

た特殊社会に居住しているという，世間で一般的に流布されているイメージを受け入れてきた。このような裁判官の印象は，現実の裁判官という職業世界の実態を適切に反映するイメージではない。このイメージは，裁判官は75歳という年齢で無能力状態に陥るという，制定法で想定された年齢要件を反映するイメージであるに過ぎない。本件訴訟での私の発言は，貴族院での最後の発言となると予想できる。私は，裁判官として臨む最後の機会である本件でも，コモン・センスとコモン・ローが相携えて法的に機能する事実に対して，確信を以てこれを支持する発言ができることをわが貴族院の同僚裁判官とともに喜びたいと思っている[42]。」この事件では，このブリッジス卿の印象的な発言以外にも，さまざまな解決困難な法的争点について議論されている。この事件では，最終的に見れば，プール使用に関する快適性の喪失というレベルでの名目的な損害賠償金額のみが認容されている。けれども，この結論は，原告の財産的喪失がゼロであるという判断とプール再建設の費用全額の請求との二者択一で考えるならば，中間的な損失填補レベルという意味で望ましい結論であるように見える。しかし，この「主観的な」損害賠償金額の評価は，法的な意味での不確実性に対する懸念を内包している。かりに，個人の主観的嗜好が特異であることを前提として契約内容が特定されていた場合，マスティル卿がその意見で述べたように，その契約違反に対する損害賠償の認容額は「実際に契約当事者が喪失した真実の損失補填額」としてその請求の全額が認められる必要がある[43]。けれども，この場合における損害賠償請求の全額の認容という判断には，裁判官による恣意的な評価を許容するという懸念があることも確かである。

　マスティル卿の意見は，これを経済学者が「消費者余剰(consumer surplus)」と表現する概念を用いるならば，この争点をより明確に提示することができる。生産物の販売によって生み出される消費者余剰は，需要曲線と生産物の価格との間に生み出される，需要曲線の下部領域として表現される。需要曲線は，生産物の価格と数量の間の関係を表現しているが，右下がりの曲線で描くことができる。この需要曲線は，その生産物を購入する消費者にとって，それが豊富である時よりもそれが希少である時に多くの購買意欲を示す

42　[1995] 3 All E.R. at 271.
43　Id. at 277.

図1　消費者余剰

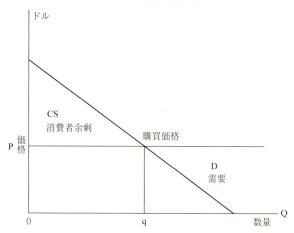

ことを示唆している[44]。かりに，ある生産物が厳しい市場競争という条件の下で販売されるならば，その需要曲線と市場価格の間の領域は，極めて大きな境界領域を形成することになる。この境界領域は，＜図1＞で示すように，消費者余剰の総量を表現している（この図でCSと表示されている領域が消費者余剰である）。この消費者余剰は，その生産物の消費者が競争的価格の下で生産物を購入できることから獲得される便益を計算するための尺度となる。たとえば，水泳用のプールが競争的な市場で販売されたならば，消費者はその価格以上にそのプールの使用価値を認めたことを意味している。この消費者余剰は，「多くの」消費者の意思を反映する市場機能が生み出すその結果でもある。この図では，需要曲線と市場価格が交わる交点は，限界的消費者による購買価格の位置を示唆している。この限界的消費者は，そのプールがもたらす費用と同額の使用価値しかそのプールに見出さない消費者である。彼にとってみれば，そのプールの購入からいかなる消費者余剰も見出せないことを意味している。

44　この想定は，その生産物が全ての消費者に対して同一価格で販売されることを前提としている。すなわちその商品の販売者は，その購入者が個人であれ集団であれ，その販売価格を差別しない状況を想定している。完全に価格差別が可能な市場取引では，需要曲線はその価格の名目値と一致するから，消費者余剰は生み出されない。

ラクスレイ事件における原告らは，その主張が適切であるか否かはともかくとして，プールの建設によって市場価格を超える非金銭的な便益を生み出すことを期待していたと想定できる。彼らにとって市場におけるプールの資産価格は，被告が提供した底の浅いプールという代替品によって影響を受けることはないという事実は記憶されるべきであろう。彼らは，ある種の代替的なプールの提供を受けたことは事実である。結果的に，現実の市場におけるプールとしての資産価値の損失評価額は，彼らが期待していた通りの本来のプールが提供された場合の消費者余剰と，この代替的プールが提供された場合の消費者余剰の間でのいずれかの位置の間に存在する。

　マスティル卿が指摘するように，この事件での法的判断の困難性は，市場における消費者余剰という価値を評価することが難しいという事実にある。消費者余剰の適切な価値評価のためには，基本的なパラメーターの一つとして需要曲線を求める必要がある。この需要曲線は，現実の市場価格ではなく仮説的な市場価格によって表現される曲線である。また，消費者余剰とは，主観的価値（ネットでの価格）の集合である。全ての消費者は，その製造物から何らかの消費者余剰という価値を得ている。その消費者余剰の集合である価値の総体は，本件の原告のような特別の消費者余剰とは異なり，極めて簡単に測定できる。けれども，製造物の需要曲線が示す右下がりの曲線は，個別の消費者の主観的評価によって個別の消費者余剰が大きく変動することを示唆している。それぞれの個別の消費者余剰は，その計量のための分析アプローチの方法によっても変動するし，場合によってその評価はゼロに収斂する場合もありうる。

　この事件では，マスティル卿とその他の裁判官による多数意見として採用された法的判断でも，消費者余剰の概念を不可欠な判断要素とするという意見は示唆されてはいない。この事件の判決を通じて示唆できる事実は，消費者余剰という概念を利用することを通じて，経済学的な思考方法がいかに法的な思考方法を強化するに役立つかを説明できるという事実に過ぎない。もちろん，消費者余剰という概念は，この事件で示された法的問題を解決するための必須の概念ではない。解決すべき問題は，市場取引における不確実性の発生確率を抑制することではなく，不確実性に伴う現実の損害発生という事実に対して法的手段を通じてこれを調整することにある。裁判所は，実際の市場取引での損害発生が不確実であるならば，その訴訟事件の審理に陪審員が出席していなければ，その損害額を低めに見積もるという錯誤を犯す傾

向がある。その理由は，原告側に対して損害賠償に関する立証責任が課せられているからである。私は，陪審員が参加しないイギリスの裁判所では，この傾向はより強く作用していると考えている。たとえば，建築物の請負契約における主観的価値の喪失をめぐる多くの損害賠償請求事件では，契約違反の事実が存在したとしても，それが財産の市場価値を減少させる結果を伴うものではないと評価している判例が圧倒的に多い[45]。また，損害賠償が認められたラクスレイ事件でも，損害賠償金額は2,500ポンド（約4,000ドル）という控えめな金額に過ぎなかった。けれども，私は，この事件での認容金額が不合理なまでに低額だと言うつもりはない。

　ここでは，別の議論が成立する余地も考えられる。たとえば，裁判所は，原告が主張する主観的な価値評価額と建設業者が契約違反によって獲得した経済的な利得金額のどちらかの選択を原告に認めるという考え方もありうる。ここでは仮説的事例として，「現実的」ではあるけれども実際には知りえない主観的な価値の損失額として，たとえば500ドルの損害賠償が請求された事件を想定してみよう。この仮説的事件では，建設業者が契約違反によって獲得した利得が400ドルであると仮定して，裁判所は原告の主観的損失額（ラクスレイ事件では2,500ポンド）を300ドル相当と判断したと仮定してみよう。建設業者は，事前に裁判の結果を正確に予測できるならば，この契約違反によって100ドルの利得が得られると知っている。けれども，私が示唆したような方法で，裁判所が原告に対して選択肢を提示するならば，建設業者は契約違反を通じて利得を得るという誘惑に駆られる可能性は低くなる。この想定は，ラクスレイ事件にみられるような原告の残酷とも言える被告会社への厳しい原状回復の請求と比較すれば，相対的に望ましい解決であるように見える[46]。結果的に，プールの建設契約における些細な契約違反をめぐる不可避的な紛争の救済方法としては，実務的に見ても妥当な解決を

---

[45] 裁判所は，そのプールの市場価値が減少したことを知っているならば，主観的価値の喪失に伴う損害賠償金額を追加することを通じて，原告に対してより寛大な判決を認めた可能性がある。裁判所は，この訴訟事件では，適切な損害賠償金額を算定するための判断基準は存在しないと感じているからである。裁判所は，原告が物質的な意味で損失を受けていないならば，情緒的な悲しみのみに対する損害賠償は認められないとする古い判例ルールが存在することを知っているのである。

[46] 私の仮説的な事件では，プールの再建費用を1,000ドルと想定すれば，その総額は原告の現実の損失額である500ドルを大きく超過する金額となる。

導くことが可能となる[47]。けれども，私の提示する仮説的な事例は，救済手段として見るならばセカンド・ベストの解決方法であるに過ぎない。なぜなら，そこでは消費者余剰の損失は存在しないと仮定しているからである。この仮説的な救済方法は，消費者余剰に伴う購入者の損失補填という問題よりも，詐欺的行為を予防する原状回復的な救済方法の導入として意図されているに過ぎない。

　ラクスレイ事件の判決は，原告の損失に対する救済方法として考えるならば，結果的に見ると中途半端な結論を示したと言えるだろう。けれども，私は，イギリスの契約法がアメリカのそれよりも経済学的アプローチとして劣っていると述べているわけではない。この判決は，アメリカの経済学的アプローチと比較するとむしろ前進していると言えるかもしれない。私は，ここでは「かもしれない」と表現している。その理由は，イギリスの契約法とアメリカのそれとの経済学的アプローチの比較優位性を評価する基準について，この講義を準備する過程で必要かつ充分な設計図を描けなかったという自覚が私にはあるからである。ここでは，イギリスの裁判所が契約に対する執行力の付与を否定する際に，その理由として「非良心性（unconscionability）」の概念や「交渉力の不平等性」という概念の導入を拒絶するその姿勢について考えてみよう。別の表現をするならば，たとえば相対的に「強い」一方当事者が相対的に「弱い」相手方当事者に対して，経済的損失を与えるような方法でその取引を停止する事件を想定してみよう。このような事件では，イギリスの裁判所は，相手方による強迫という被告の抗弁を退ける傾向がある[48]。交渉力の不平等性という主張は，契約に対する執

47　トッド・D・レイコフは，以下の文献で次のように説明している。'The Implied Terms of Contracts: Of "Default Rules" and "Situation-Sense"' in *Good Faith and Fault in Contract Law* 191, 209 (Jack Beatson and Daniel Friedmann eds. 1995). 彼によれば，実際の建築契約での機能的部分をめぐる細部の設計については，「依頼者の指示による明確な目的を表現しているのではなく，むしろ彼の気まぐれな感情を表現している場合が多い。建築契約における約款は，建築家と依頼者とのコミュニケーション手段として役立つことは確かである。けれども，契約内容の詳細な内容は，その建築過程の全般を通じて，建築家に委ねられた権限の範囲内で変更可能とされるのが通常の状態である。」

48　たとえば，以下の文献参照。*Hart v. O'Connor* [1985] 2 All E. R. 880 (Privy Council); *CTN Cash & Carry Ltd v. Gallaher Ltd* [1994] 4 All E. R. 714 (A.C.); A. H. Angelo and E. P. Ellinger, 'Unconscionable Contracts: A Comparative Study of the Approaches in England,

行力の付与を否認する根拠として，経済学的な理由に立脚する主張ではない[49]。私は，イギリスでの最近の判例傾向を考えるならば，契約違反に対する制裁や没収に関する契約約款の効力を否定してきた実例をその根拠として示すこともできる[50]。これらの契約約款には，契約自由を尊重すべきであるという一般的理由と同様な意味で，重要な経済学的な意味がある。このような契約約款の効力を否定的に解釈するイギリスの判例傾向については，説得力のある経済学的な根拠を見出すことは困難である[51]。

　イギリスの契約法の体系は，アメリカのそれと比較すると相対的に効率的に機能していると評価できるだろうか。この比較法的な評価のためには，私が前提とする以下のような見解を修正する必要があるだろうか。私の前提とする見解とは，この両国の契約法の体系を比較すると，アメリカでは経済学が法律学に深く浸透している結果としてイギリスよりも効率的に機能していると評価する考え方である。この考え方に対する私の分析結果は，概して言えば否定的である。イギリスの裁判官は，アメリカの非良心性に関する法的ルールのような不健全な理論に対して，経済学的に不健全という理由ではなく新規な理論という理由でその採用を拒否してきた事実は評価されるべきである。この事実は，イギリスとアメリカの裁判官による法理論の形成に対する関与の仕方に相違があるという，私の＜講義１＞での分析結果とも矛盾しない。けれども，この比較法的分析の最終的結論を導くためには，それぞれの個別領域での法理論についてもさらに多くの比較法的な考察が必要であろう。この考察に関連して，アティア教授による契約法の教科書の最新版（この版も７年前の出版である）における，以下の記述に注目すべきであろう。

　　「契約法理論の振り子は，現在，契約の自由というイデオロギーに沿って勢いよく戻り始めている。この契約法理論をめぐる政治経済的な変動による効果やその影響は，契約法の学術研究者のみならずそれを学習する学生にとっても，その評価こそが必要不可欠な判断対象になっている。……契約法に関する書籍は，このような教科書であっても，その序文において経済学的な議論を紹介することが必要不可欠である。この

France, Germany, and the United States' 14 *Loyola of Los Angeles International and Comparative Law Journal* 455, 460-472 (1992).

49　See Posner, note 12 above, at 113-117.
50　See P. S. Atiyah, *An Introduction to the Law of Contract* 452-457 (4th ed. 1989).
51　See Posner, note 12 above, at 128-130.

ため，本書のこの版では，経済的な商品交換のためのツールである契約法の機能について，従来よりも大きな比重を置いて記述している。結果的に，本書における経済学的な議論は，さまざまな争点にわたって広汎に展開されている[52]。」

アティア教授は，その著書の「序文」で約束した通り，この教科書では契約法をめぐるさまざまな争点について，経済学的な用語を使って明確な形式で一貫した記述を展開している。彼の契約法のアプローチは，イギリスの不法行為法をめぐる法理論に見出される，経済学的なアプローチを回避する判例理論とは明らかに異なる対照的なアプローチとなっている[53]。アティア教授の分析結果によれば，最近のイギリスの判例に見受けられる自由な市場機能を尊重する理念の回復は，経済学的な意味での自由主義への回帰傾向に起因している。彼によれば，この経済学的な自由主義への回帰傾向は，契約法をめぐる経済学的な分析アプローチによってもたらされた判例傾向の出現に加えて，現在もなお引き続くその影響の持続という両者の帰結を表現するものである。

多くの学術研究者の見解とは異なるけれども，コモン・ローによる契約法の判例傾向が経済学的な意味で適切な帰結に達するという事実は，われわれが格別に驚くべき帰結ではない。実際の事実とは異なるとしても，裁判官はあたかも彼らが経済的効率性の最大化を試みるかのように行動していると想定することがコモン・ローによる法的理論に対する最善の理解であるという議論が長年にわたって行われてきた[54]。これらの議論の対象には，イギリスの不法行為法や契約法に関する古典的なコモン・ローの判例理論も含まれて

52　Atiyah, note 50 above, at vi - vii. See also id. at 454.
53　たとえば，以下の文献を参照。Markesinis and Deakin, note 23 above, at 22-35.
54　たとえば，以下の文献を参照。Posner, note 12 above, esp. pts.1 and 2. この議論は，ロナルド・コースが以下の論文で，イギリスの過失による不法行為に関するコモン・ローの評価で初めて示した見解である。Ronald Coase 'The Problem of Social Cost' 3 *Journal of Law and Economics* 1 (1960). この論文の温和な表現では，経済学的な知識に基づく直観は，コモン・ローの原則の形成とその適用に際して極めて重要な影響力を及ぼしてきたという点にある。その中でも，初期の注目すべき判例として，たとえば以下の文献と判例を参照。この点については，私は，A・W・ブライアン・シンプソンの研究成果に多く依存している。See Jones v. Powell (1629), reprinted in J. H. Barker and S. F. C. Milsom, *Sources of English Legal History: Private Law to 1750*, 601-605 (1986).

いる。その背景には，法と経済学をめぐる理論的影響とは無関係に，イギリスではアメリカと比較すると契約法をめぐるコモン・ローがより効率的に機能しているという別の理由も存在している。ここでは，近代のイギリスにおける裁判官はアメリカの裁判官と比較すると，政治的な影響をあまり強く受けていないという事実を思い出す必要がある。契約法をめぐるコモン・ローは，その大部分が19世紀のイギリスの裁判官によって生み出されてきた。この時期におけるイギリスの裁判官は，現代の裁判官と比較すると相対的に見れば「創造的」であった。これを少し政治的表現に代えるならば，当時の支配的な統治イデオロギーは自由放任（laissez-faire）思想であった。近代におけるイギリスの裁判官は，立法議会に対して法律を変更するための大きな権限を委ねていた。結果的に，1960年代から1970年代にかけて，西欧諸国では福祉国家的ないし平等主義的な意味での改革に向けた政治的潮流が強まっていたが，イギリスの契約法をめぐるコモン・ローはその影響をほとんど受けることはなかった。イギリスの契約法をめぐるコモン・ローは，裁判官の解釈に委ねられた法としての基本的性格を維持していたからである。同じ時期のアメリカの裁判官は，イギリスの裁判官と比較すると，立法議会に対して法システム改革の主導権を委ねる傾向は少なかった。アメリカの裁判官は，契約法をめぐるコモン・ローに対して，ほんの少しだけ自由主義的な傾向を反映させる修正を施したに過ぎなかったのである[55]。

　われわれの経済的な意思決定にとって，直観的な知覚の果たす役割は，確実な指針というには程遠い性質のものである。この時代のアメリカにおける契約をめぐる「自由主義的な」判例の役割は，契約法分野における受益者たちに助力する性格を有するものではなく，彼らを逆に傷つける性格のものであった。これらの判例は，たとえば信用供与者が破産者に対して強制執行するとか土地所有者が賃貸人を立ち退かせる場合には，その法的執行のための費用を上昇させる効果をもたらした。結果的に見れば，これらの判例の効力は，信用供与の契約や家屋の賃貸借契約を締結するための費用を上昇させる効果を伴った。実務的な視点から考えれば，その法的効果は，契約当事者にとって逆累進的な課税と同様な効果となって現れる。法理学の思考様式に一

55　その実例として，以下の判例におけるスケリー・ライト判事の意見を参照のこと。*Williams v. Walker-Thomas Furniture Co.*, 350 F. 2d 445 (D.C. Cir. 1965). 彼の意見は，貧しい債務者に対する信用保証契約については，厳しい契約約款の効力に対する執行力の付与を否定すべきだと論じている。

般的傾向として見受けられる，経済的な影響について直観的な知覚に依存する危険性は，アメリカの反トラスト法の歴史によっても充分に説明できる。この反トラスト法の領域では，しばしば混沌とした危険なメタファーによってその理論が構成されている。たとえば，「梃子の作用による影響力」，「略奪的な価格設定」，「譲渡担保の実行手続」などがその具体例となる。イギリスの裁判官は，不法行為法領域ではしばしばその判断で間違いを犯したけれども，経済学的なアプローチの助けを借りてそのバランスを回復させてきた。これに対して彼らは，契約法領域では，経済学的に見ても適切と思われるような重要な判例を生み出す役割を果たしてきた。けれども，契約法領域での経済学的分析の重要性を考慮に入れるならば，ラクスレイ事件判決で示された法的論理を超えてさらに前進してゆく必要がある。われわれは，アティア教授が指摘しているように，契約法領域の法理論についてもしばらく立ち止まって考える必要がある。イギリスの契約法領域では，不法行為の責任論をめぐる主題との関連で，さまざまな議論が行われているからである。これらの議論は，ハドレー対バクセンデール（*Hadley v. Baxendale*）事件[56]での法的原則の非効率な適用をめぐって展開された，さまざまな批判的議論がその典型例である。この事件の判決は，契約法をめぐる経済学的な意味で効率的なコモン・ローを発展させた記念碑的な判決と位置づけられる。

　この事件では，ある運送業者が工場経営者との間で工作機械のシャフト修理のための運送契約を締結した。けれども，この運送業者によるシャフト輸送業務が遅延した結果，この遅延のために工場は予定よりも長期にわたる操業停止を余儀なくされた。このため，工場経営者は運送業者に対して，彼の被った営業利益の損失を含む全ての損失補填を求める訴訟を提起した。この訴訟では，まさに経済学的な理由に基づいて，被告である運送業者が勝訴する結果となった。その判決理由では，運送業者には顧客の営業利益を計算した上で，顧客の営業利益損失を回避する費用に相当するレベルでの注意義務を負担する法的責任はないと指摘している。この判決によれば，運送業者の立場と比較すると，顧客である工場経営者は相対的に低い費用負担でその運送契約による遅延に由来する営業損失を回避することができた。この判決では，顧客である工場経営者は，単純に言えば工作機械のシャフトのスペアを準備しておくだけで事前に対処できたはずだという判断が示されたのであ

---

[56]　9 Ex. 341, 156 Eng. Rep. 145 (1854).

る。本件の顧客である工場経営者は，この論理を受け入れがたいと判断するならば，運送業者に対して運送契約遵守ための割増料金を設定するという別途の事前対応も可能であった。この割増料金の事前設定は，運送業者に対しても通常生じる運送遅延行為を回避するために，より多くの努力を追求すべきであるというシグナルを発する効果があることを意味している。

　実務的なレベルで見れば，契約における約束者(promisor)に対して，契約当初には予見できない契約違反に対する結果責任を免責すべきだという強い主張も存在する。これと同様の主張は，この講義の最初の部分で述べたように，不法行為者に対する免責対象の拡張を主張する見解にも見受けられる。契約違反の場合と同様に不法行為の場合についても，事前に充分な注意を払うことによって結果責任の回避が可能だと考えられるからである。けれども契約違反の場合には，多くの不法行為の場合とは異なり，「厳格責任(strict liability)」に関する法的ルールの適用が問題となる可能性がある。従来の判例では，契約当初に想定されなかった結果としての契約違反の発生を理由として，約束者が単純に免責されることにはならないからである。契約法における約束者の責任に関する法的ルールは，充分な注意をはらっても損失発生を予見できなかった場合にも，結果的に約束者に過剰な注意義務を負担させる結果となる。この場合と同様に，ハドレー事件でも予見可能な注意義務の範囲について考慮する必要がある。ハドレー事件では，運送契約における約束者の工場経営者は，受約者である運送業者よりも低い費用で契約違反の責任を回避することが可能であった。この判決の出現によって，約束者はこのような契約法上の法的ルールを遵守することが求められるようになったのである。

　不幸なことに，「予見不可能性」という判断基準は，極めて曖昧で実際にも誤解を招きやすい概念である。現実の市場取引に際しては，実際に予見不可能であったという状態はほとんど例外的な場合にしか存在しない。アティア教授は，不適切な損害賠償請求を認める判断基準を採用した実例として，イギリスのいくつかの判例を取り上げている[57]。たとえば，ヘロン2号事件(*The Heron II*)[58]は，ハドレー事件と同様に，運送業者による遅延行為をめぐるもう一つの実例として取り上げられている。この事件では，運送業者

57　Atiyah, note 50 above, at 480-484.
58　*Koufos v. C. Czarnikow Ltd* [1969] 1 A. C. 350 (H.L., 1967)

の責任とされた運送遅延行為によって，船積みされていた商品(砂糖)の市場価格が下落するという結果が派生した。砂糖の市場価格は，船積みされた時点と到着して荷卸しされた時点の間で変動することはもちろん当事者には予見可能である。けれども，荷主にとって先物取引契約という手段を通じて市場価格の変動から自らの利益を保護することは，運送業者が同様の保護措置を講じることと比較すれば，通常の商取引で見れば相対的に容易かつ安価な対応策である。さらに言えば，商品の市場価格は，上昇することもあれば下落することもある。かりに，商品価格が上昇すれば荷主にとっては好都合な結果となる。けれども，この場合にも運送業者は，契約違反の結果としてその荷主が利益を得たとしても損害賠償を請求することは認められない。結果的に，ヘロン2号事件で採用された法的ルールは，荷主に対して自動的に過剰な損害賠償請求を認める結果をもたらしている。おそらく，イギリスにおける最近の判例傾向での経済学的分析アプローチの普及を考慮に入れるならば，現在の時点でヘロン2号事件のような事件が発生すれば，その結論は全く異なる結果となるだろう。けれども，このような判例における適切な結論は，必ずしも確実に生じるとは言えない。たとえば，ベーツ対バロー会社事件(*Bates v. Barrow Ltd*)事件にみられるように，「予見可能性」という判断基準は，厳密な意味での確率的問題として把握される可能性があるからである[59]。

　私は，現代のイギリス契約法をめぐる議論について，否定的に評価するつもりはない。ここでは，最近の注目すべき判例であるデ・バルカニー対クリスティー・マンソン＆ウッズ会社(*de Balkany v. Christie Manson & Woods Ltd*)事件[60]を取り上げて，イギリスの契約法におけるコモン・ローの役割について検討してみたい。この事件の事実関係は極めて複雑で理解困難な部分もあ

59　[1995] 1 Lloyd's Rep. 680 (Q.B. 1994). 最近のヘロン2号事件と同様の事件で同一の結論に至った事件として，ザ・バリアース(The Baleares)事件がある(*Geogas S. A. v. Trammo Gas Ltd* [1993] 1 Lloyd's Rep. 215 (C.A. 1992))。また，相対的に見れば改善された判断を示した判決として，セブン・シーズ・プロパティーズ会社対アル・エッサ事件(*Seven Seas Properties Ltd v. Al-Essa* [1993] All E. R. 577 (Ch. 1992))の判決がある。この事件では，原告の被害に関する特殊な感受性の強さが問題となった。この判決では，原告が責任を負担するリスクを引き受けるか否かについて事前の意思決定を求められていなければ，事後的に損害賠償責任を負担する責任はないという判断が下されている。

60　Published in *The Independent*, 19 Jan. 1995, p. 8 (Q. B.).

るが，この魅力的な事実関係をめぐる議論を検証することを通じてこの講義での私の役割を締めくくろうと思っている。この事件は，世界的規模で芸術作品の評価をめぐって極めて大きな注目を集めた事件でもある。この事件の原告は，被告であるオークション会社のクリスティーズから，ある絵画を500,000ポンド以上の価格で購入した。この絵画は，クリスティーズの発行したカタログでは，オーストリアの有名画家であるエゴン・シーレによって描かれた作品として紹介されていた。けれども，シーレは自身で最初にこのキャンバスに絵を描いたことは確かであるが，その後に何者かがシーレの原画のほとんど94％を描き換えている事実が明らかになった（シーレの描いた部分は，結果的に全体の画面のわずか6％程度に過ぎなかった）。この絵画は，実際にシーレが描いたことを証明するために，当初のシーレの署名部分が消し去られた上で新たに別人の手で彼の署名が描き加えられていた。原告は，この事実が明らかになった結果，この絵画の売買契約の取消を請求した。けれども，クリスティーズはこの売買契約の取消請求を拒否して，原告に対して訴訟で紛争解決を求めるように勧告した。本件における原告が購入した絵画の売買契約書では，この絵画が「贋作」である場合には，原告に契約の取消請求を認める旨の約款が記載されていた。この売買契約約款における贋作の定義としては，「現実にまたは実質的に，著作者を誤認させる意図のもとに制作されたものであって，……カタログにその旨の記載がなされていない」ことが明らかな作品とされていた[61]。これに加えて，この約款では「カタログでの記載内容の真偽については，その時点での学術研究者によって一般的に受け入れられている事実に合致していること」を条件とする旨の記載がなされていた。

　クリスティーズは，この絵画が贋作であるという原告の主張に対する抗弁として，加筆した人物はシーレによるオリジナル作品を修復する（色彩を含めて）ことを目的としていたと主張した。このクリスティーズ側が主張した加筆者によるオリジナル作品の修復という抗弁は，結果的には訴訟手続の進行に伴って事態を悪化させた可能性がある。シーレによる絵画のオリジナル作品は，1907年に制作されている。これに対して，氏名不詳者による加筆

61　この約款の記載は，その絵画が贋作であることが周知の事実であるならば，その名目的な価値が全くないことを前提条件として記載されている。けれども，この約款における前提条件の充足が売買契約の取消原因となるか否かについては，裁判上では全く議論の対象とはされていない。

は，1918年から1968年の間に行われている。多くの古い絵画は（およびそれほど古くない絵画も），かなり頻繁に修復作業を受けていることは事実である。この修復作業の過程では，通常の修復作業である加筆や汚染の除去に加えて，時には贋作とみなされない範囲での何らかの加筆作業が行われることもありうる。本件において裁判官は，主として署名部分を贋作であることの根拠として，クリスティーズの修復作業の結果という主張を退けた。裁判官は，加筆者は署名の贋作行為によって，著作者についても世間を欺罔することを意図したと判断したのである。これに加えて，裁判官は，この絵画の加筆者がオリジナルの署名を遺すか追加的な加筆によって署名を強調するかという二つの選択肢を持っていた事実を指摘した。その上で，彼の署名に対する加筆行為は，明らかに職業的に訓練された贋作者の行為であることは明らかであると判断した。裁判官は，一般的な絵画の修復家とは異なり，彼の行った加筆行為は実質的に絵画の全体に及んでいることを考えると，本件における彼による加筆による隠蔽工作も驚くべき行為とは言えないと指摘している。

　本件における裁判官による事実関係の分析には，それなりに説得力があることは確かである。けれども，この事実関係の分析に関しては，絵画の贋作に関する市場テストという経済学的分析アプローチを追加することによってその説得力を一層補強することができる。一般的に言えば，修復された絵画は修復されていない同等の品質の絵画と比較すれば，価格面でも低下することはなくかえって高額になると想定できる。その理由は，未修復の絵画を購入した人びとは，その絵画の修復を希望する場合も多くて追加的費用をそれなりに負担する必要があるからである。けれども有名な芸術家の贋作は，本物の作品と比較すればその価格が相当に低くなることが予測できる。本件でも，裁判官はこの判決の別の個所で，この絵画の市場価格は40,000ポンドに過ぎないと述べている。この価格は，その絵画がシーレの真実の作品として想定される価格と比較すると，実際の販売価格の8％程度に過ぎない[62]。私の推奨する経済学的な市場アプローチは，絵画の贋作をめぐる紛争に関して

62　この裁判官の議論では，お粗末な結果ではあるが，この絵画に対する加筆部分が除去されてシーレの原作である絵画の状態に修復される可能性には全く言及されていない。この修復が可能であれば，絵画の価値は40,000ポンド以上の価値を持つことになる。その価値は，実際には500,000ポンドから修復費用を引いた金額と予測できる。

も別の法的解決方法を開発する契機となりうる。この経済学的な市場アプローチは，この絵画に対する加筆行為は，この絵画の「状態」に影響を及ぼしているに過ぎないというクリスティーズ側の抗弁への対抗手段としても充分に機能しうる。クリスティーズの絵画オークションでは，その全ての絵画は「現状」のままで販売されている。このため，絵画の潜在的な購入者に対しては，オークションの前に事前チェックを行う機会が保証されている。それゆえ，通常の理解による絵画の状態は，物質的な意味での品質評価がその前提にされている。結果的に，その絵画が物質的な意味で劣化していなければ「良好な状態」とされ，その絵画が真正なものか贋作であるかは問われない結果となる。

　この絵画が「本当に」シーレの描いたものか，それとも「本当に」贋作なのかという問題について，ここでも際限のない議論を続けることは可能である。けれども，この絵画をめぐる市場価格を参照することで，絵画の真贋という形而上学的な議論から実務的レベルの議論に還元して，本来の議論すべき評価のレベルに裁判手続を引き戻すことができる。

　この事件の裁判官は，本件カタログに記載されていた「仮定法での否定形」（もし「カタログに記載された評価がその当時の学術研究者の間で一般的に受け入れられている評価と合致して」いなければ）について，以下のような実務的な意味を持っていると解釈している。彼の解釈によれば，クリスティーズはカタログにおいてこの絵画がエゴン・シーレによって描かれたものであると記載したことに過失がなかったならば，原告が贋作を購入したことに対して民事責任を負担しないと判断できる。本件では，裁判官がクリスティーズの側に過失を認めた結果，最終的には原告側が勝訴している。けれども，本件における事実関係においては，一見したところでは，契約における過失の有無という争点は全く無関係であるように思われる。クリスティーズは，本件で原告が被った経済的損失に関しては「相対的に安価な費用回避者」であったと判断できる。この事実は，クリスティーズと原告を比較すると，相対的に低い費用負担で贋作であるか否かについて判断できる立場にあるという意味でも，また市場におけるリスク負担者（保証人）としても優越的な立場に立っているという意味でも，相対的に安価な費用回避者という意味での評価は全く変化しない。クリスティーズは，経営的な損失をそのビジネス全体に拡散させることでリスク回避ができるのに対して，原告は極めて裕福であるとしても，個人という立場でしか経済的損失リスクをカバーで

きない。この絵画の売買契約は，絵画の真贋評価という趣旨での品質保証責任の否定という明示的な契約約款の上に成立している。この品質保証責任を否定する約款の存在によって，誰が相対的に安価な費用回避者であるのかという問題について，裁判所の関心の方向性には決着がついているように見える。経済学的な観点からこの問題についてさらに議論を続けるならば，クリスティーズが売買契約に品質保証約款を付ける場合には，その販売手数料としてさらに一定額を上乗せしていた（たとえば販売価格の10％の手数料）という予測を追加して議論することも可能である。これに対して顧客側についても，裕福な人びとは専門的な顧問の助言を求めるのが通例だから，クリスティーズに追加的手数料を支払う意欲を持っていない可能性があるという主張も存在しうる。彼らは，クリスティーズと同じ費用またはそれより安い費用で，贋作を購入するという市場リスクから自身を保護することができるかもしれない。このデ・バルカニー事件におけるモリソン判事の意見は，非常に立派な文章で表現されている。この表現は，イギリスの裁判実務を前提にすれば，実際には「語られている」と表現すべきかもしれない。このモリソン判事の判決は，裁判官としての私の判断では，最終的な判断としても正当かつ適切な結論が導かれている。本件判決の結論は，実務的に見ても充分に適切かつ妥当ではあるが，経済学的な意味ではもう少し装飾を施すことも可能であった。私は，本件における判決内容とその結論を見て評価する限りでは，アメリカの裁判官がイギリスの裁判官に対して実務的な視点から契約法分野で貢献する余地が充分にあるとは考えていない。

3 救済手段に関する考察

最後に，イギリスでの証券詐欺をめぐる損害賠償に関する興味深い事件を素材として，損害賠償とその救済手段について検討してみたい。損害賠償に関する法は，アメリカでは経済学が最も大きな影響を及ぼしてきた法領域である[63]。ここで取り上げるイギリスの判例は，スミス・ニュー・コートセキュリティ会社対スクリンガー・ヴィッカース（資産管理）会社（*Smith New*

---

63 Donald Harris, *Remedies in Contract and Tort* (1988). ハリスは，経済学の概念をイギリスにおける救済手段をめぐる法的ルールを説明するために拡張的に使用している。このハリスの著書は，私が知りえた限りでは，他のイギリスの法律学の文献と比較すると最も経済学の考え方を取り入れている。

Court Securities Ltd v. Scrimgeour Vickers (Asset Management) Ltd)事件[64]である。ここでは、簡単な本件の事実関係の概要についての説明から始めよう。この事件では、原告である投資家が被告である資産管理会社の営業担当者による勧誘により、ある会社の株式を購入した。その株式の表示価格は、ここではかりに50ドルということにしておくが、これは不実表示であって実際の市場での価格は40ドルに過ぎなかった。原告は、その株式購入から少し時間を経過した時点で、それでも事実審の開始前の時期であるが、その不実表示とは無関係な理由によりその株式の市場価格が原告の購入時には過大評価されていた事実を知らされた。原告による株式の購入時点では、この株式の過大評価が市場で周知されていたと仮定すれば、その株式はわずか20ドルに過ぎなかった。本件では、この事実が明らかになった時点で、この株式の20ドルという市場価値をどのように評価するかという法的判断が問題となった。原告は、損害賠償として30ドル(掛ける彼の購入した株式総数)相当の請求が認められるべきだろうか。この場合、彼が不実表示によって購入した価格とその株式の「実際の」価値との間の相違を損害賠償の対象とすることを意味している。あるいは、原告の請求が認められる金額はわずか10ドルに過ぎないと考えることもできる。この場合には、原告がその不実表示によって株式を購入した価格と、その同じ日付における実際の市場価格との差額がこの金額に相当する。控訴院は、本件の事実関係について、この後者の金額を損害賠償の適切な判断基準として採用した。控訴院は、その理由として、市場の機能は必ずしも「全知全能」とは想定できないと説明している。この控訴院の説明は、必ずしも明快とは言えないが、結果的には完全に正しい結論を導いている。この控訴院の判断は、不実表示がなかったならば原告はこの株式を購入しなかったと仮定しても、またその結果として彼がさらに余分の20ドルの損失を被らなかったと仮定しても、結果的には正しい結論と言うべきだろう。原告に対して多くの損失をもたらした市場の不確実な効果は、被告に対して制御不能な市場の変動についてある種の保証責任を負担させる結果になる。結果的に、契約に関する経済学的な分析アプローチは、これは極めて稀な事例であるとしても、このような保証責任をめぐる当事者間の黙示的な約款についても相当に詳細な説明を与える根拠が存在する

---

64 [1994] 4 All E. R. 225 (A.C.).

ことを明らかにしている[65]。本件は，イギリスの控訴院が実際に正しい結論を導いた典型的な事件の一つである。けれども，この控訴院の判断については，法の経済分析というアプローチの助けを借りるならばもっと適切で説得力のある説明をすることも可能であったように私には思われる。

---

65 以下の判決における，私自身の意見を参照。*Bastian v. Petren Resources Corp.*, 892 F. 2d 680 (7th Cir. 1990).

<講義3>
法システムの機能的・システム的な比較

1 法システムの比較論

　今回の講義は，イギリスとアメリカの法システムの比較をめぐる議論としては，前回の<講義2>と比べると極めて特徴的かつ対照的な内容となる。前回および今回の講義における主題は，イギリスとアメリカ両国の法システムに相違をもたらした社会的背景について，相互に相手方を理解する手がかりとなる比較法的アプローチを提示することにある。前回の<講義2>では，比較法分野における二つの伝統的主題である契約法と不法行為法を取り上げ，主としてイギリスの判例を素材としてその状況依存的な法理論の展開について議論した。その上で，イギリスとアメリカの裁判所による判例の特徴とその他の法的実務に現れる特徴の比較を通じて，それぞれの法理論と法文化の相違についても比較法的に検証した。この比較法的な検証に際しては，経済学的アプローチの有効性についてさまざまな角度から議論した。けれども，経済学的アプローチのために活用した素材である判例は，その多くが法律学の専門家にとって親しみやすい範囲に止められていた。

　今回の講義における議論の焦点は，前回のそれとは異なるものとなる。この講義では，イギリスとアメリカ両国で実際に機能している法システムの比較に焦点が置かれている。ここで私が言及する「システム」という概念は，個別のシステムがそれぞれのシステムを機能させるために，関連しつつその構成要素が相互に影響を及ぼす「システム」という集合的な概念を意味している。このシステムの集合は，それ自体としてそれぞれの社会に固有の内在的機能を保持している。結果的に，それぞれの社会におけるシステムとその機能は，相互に関連する概念によって統合可能になっているのである。私は<講義1>において，イギリスの「裁判官」には法廷弁護士を含めて，またアメリカの「裁判官」にはロー・クラークを含めて考えるべきであると指摘

することで，「裁判官」という概念を定義する際に彼らが体現するその機能の重要性について強調した。この定義によって，「裁判官」という公式的な定義に対して，これを機能的な定義によって代替できることを示唆した。法システムにおける作動レベルでの機能を考慮に入れない思考態度は，法律学の学術研究における伝統的な短絡的な思考態度を示す結果でもある。比較法領域では，その最も嘆かわしい典型例を挙げれば，「社会主義法」という概念の受容という実例にこれを見ることができる。この概念は，ソビエト帝国が崩壊する以前の虚偽的な法システムを，その額面通りに受け入れる思考態度と考えることができる。それぞれの社会に内在する法システムの相互作用に対する学術的関心は，主として経済学における伝統的な思考態度に見受けられる指向性である。この経済学による集合的なシステムの相互作用に関する思考態度こそ，経済学が社会的システムの研究にもたらした圧倒的威力の源泉の一つとなっている[1]。

　この法システムの相互作用は，システムに内在する単純な機構や手続に由来する性質のものではない。法理論もまた，法システムを作動させる構成要素の一つであるが，法理論以外のシステム的な構成要素とともに相互作用を果たしている。イギリスとアメリカ両国における共通の法システムとしてよく知られている例を挙げるならば，証拠に関するルールの相互作用をその実例として挙げることができる。この証拠に関するルールは，法理論の一部であるとともに，それ自体が法システムとして位置づけられる陪審システムの要素をも構成している。この証拠に関するルールは，法システムにおける相互作用の極めて明瞭な構成要素の実例である。けれども，システム論的な比較アプローチが意味する重要な価値は，通常では見過ごされやすい社会関係に照明を当てることにある。たとえば，イギリスでの法律学の教育研究領域において法理学が占める重要性は，アメリカにおけるそれとは比較できないほどの重みを持っている。このような事情は，イギリスでの法学教育の位置づけが学部レベルに位置づけられている事実に深く関係している。これに対して，アメリカでの法律学を学ぶ学生は，彼らが学部レベルの学習を習得した時点では，人文学的な教育をすでに履修していることを前提としている。彼らは，ロー・スクールに入学する時点で，すでに法律学での技術的な専門

---

[1] Ronald H. Coase, 'Economics and Contiguous Disciplines' 7 *Journal of Legal Studies* 201, 209 (1978).

領域に集中する状態が事前にでき上がっていると想定されている。この想定は，イギリスの法学部の学生の場合には全く異なる想定状況となる。イギリスでも，法律学の教育を受ける際に，少なくとも部分的に人文学の履修が必要であると判断されている。このイギリスの法学教育の事情には，学部段階での学生たちの健康を維持するために必要な服用薬として法理学が用意されていることを意味している。この場合，法理学の役割は，一般教養としての哲学の延長上における学問領域としての法律学の学習と位置づけられることになる。

　私は，この講義では，機能主義的なアプローチを採用したいと思っている。この機能主義的なアプローチは，イギリスの法システムに関する最近の漸進的改革について，システム論的な比較法的研究アプローチを通じて議論することを意味している。このイギリスにおける法システムの漸進的改革は，極めて大きなリスク要因をはらんでいる。この法システムの比較研究アプローチは，イギリスとアメリカの法システムの比較あるいはそれ以外のいかなる二国間の法システムの比較においても，法律家にとってはあまりなじみのない技術的アプローチかもしれない。私は，この技術的アプローチを通じて，イギリスとアメリカ両国における法システムの相違をある程度まで説明することを試みる。その上で，イギリスとアメリカ両国における法システムの相違がそれぞれの法文化の相違に依存するという私の推論について，ある程度の根拠を示したいと思っている。

2　漸進的な法システム改革の危険性

　イギリスの専門雑誌である『エコノミスト』(*Economist*)は，極めて優れたニュースを配信する雑誌として知られている。この雑誌は，アメリカにおける同種の雑誌を圧倒するレベルで，編集部の頭脳と努力の成果の一部として人的資本に関する経済学をはじめとする技術的にも優れた論文や記事を公表している。この雑誌は最近になって，イギリスの法システム改革を主題とする論文を掲載している[2]。彼らが唱道するイギリスの法システム改革は，以下

---

[2] 以下の文献を参照。'Bring the Balance Back' *Economist,* 14 Jan. 1995, p. 13; 'Civil Justice in Britain: Trial and Error: Using the Civil Courts in Britain is Now Too Expensive and Too Risky for All But the Very Poor and the Very Wealthy' id., p. 29; 'Britain's Antiquated Courts: They Are Excluding Too Many People and Costing the Taxpayers a Fortune' *Economist*, 16 Sept. 1995, p. 20.

の二つの特定領域の改革をめぐる主題を含んでいる。第一の主題は，イギリスでの成功報酬契約を禁止する法的ルールの廃止である[3]。第二の主題は，イギリスでの訴訟における「敗訴者負担」に関する法的ルールの廃止である。この敗訴者負担ルールは，訴訟において敗訴者になった場合には，勝訴者側の弁護士費用を含む合理的な訴訟費用を負担しなければならないことを意味している。この二つの法的ルールは，『エコノミスト』によれば，民事訴訟における請求原因を有する人びとによる，裁判所へのアクセスを制限する役割を果たしてきた。あるいは，もう少し中立的な表現を採用すれば，人びとにとって民事訴訟という訴訟類型の魅力を抑制する役割を果たしてきた。これらの指摘は，成功報酬禁止ルールについて言うならば，明らかに適切な表現と言えるだろう。これに対して，敗訴者負担ルールについて考えるならば，この指摘が真実か否かはそれほど明瞭とは言えない。このルールは，勝訴確率の低い事件については訴訟提起を抑制する効果があるけれども，勝訴確率の高い事件についても訴訟による防御活動を弱める効果を伴うからである。結果的に，この敗訴者負担ルールの存在によって，実際に民事訴訟の提起率が減少する効果が生じているとは言えないのかもしれない。この問題の背景には，結論にはほど遠いかもしれないが，別の理由が存在する可能性もある。たとえば，イギリスにおける民事訴訟の増加現象にも拘わらず，和解比率が実際には低下しているという事実について考えてみよう。イギリスの裁判所における民事訴訟事件の件数は，アメリカのそれと比較すると実際には増加する傾向が顕著に現れている。紛争当事者は，両者ともに勝訴確率が高いと考えている場合を除けば，裁判所に訴訟を持ち込むよりも和解を選択する可能性(訴訟提起以前での和解を含めて)が高くなる。結果的に見れば，イギリスにおける民事訴訟での和解比率の低下傾向は，当事者双方とも裁判による勝訴という結果について楽観的であることを示唆している。当事者双方がその訴訟の結果について悲観的であるならば，裁判所での訴訟は和解と比較すると費用が高くなるから，和解に向けてより積極的に行動すると想定できるからである。敗訴者負担ルールは，楽観主義的な当事者に対して訴

---

[3] ここで取り上げられている法システム改革の提案は，＜講義1＞で指摘したように，部分的にはすでに実施されている。この改革案は，大法官によって提出された「緑書(green paper)」で示唆されていた提案に沿った改革である。Lord Chancellor's Department, 'Contingency Fees' (Her Majesty's Stationery Office, Cm 571, Jan. 1989).

訟費用(和解の場合には負担しない)についても楽観的に考えさせる効果がある。結果的に見れば，この効果は楽観主義的な当事者に対して，訴訟提起を促進する効果をもたらす可能性がある。けれども，後に指摘するように，敗訴者負担ルールに伴う訴訟費用を増大させる効果によって，結果的にはこの楽観主義的な効果は相殺されている可能性もある[4]。

　ここでは，私は，これらの問題をしばらく脇に置いておきたい。その上で，『エコノミスト』がこの敗訴者負担ルールと成功報酬契約の禁止ルール(現在では準禁止と言うべきかもしれない)という二つの法的ルールについて，彼らが見逃している事実に焦点を合わせて検討したい。この二つの法的ルールは，法システムにおける機能的部分を構成しているために，その法システムの作動環境への影響を検証することなしにその機能的部分のみを変更することは回避すべきだろう。たとえば，航空機のバッテリーが相対的に安全であるという理由のみで，それを自動車のバッテリーとして転用するように示唆することは馬鹿げた態度である。航空機のバッテリーは，自動車のバッテリーとしては機能的に適合しない可能性があるからである。イギリスとアメリカの法システムは，この自動車と飛行機のバッテリーの例に類似している。成功報酬ルールとともに，勝訴者が自身の法的費用を全て負担するというルールは，アメリカの法システムの機能的特徴を体現している。『エコノミスト』は，イギリスの法システムもそれを借用すべきだと考えているのである。彼らは，これらの法的ルールがイギリス法システムに適合するか否かを考えていない可能性がある。われわれは，＜講義1＞において敗訴者負担ルールと成功報酬禁止ルールについて，他のイギリス法システムの特徴と比較しながらその整合性について慎重に検討を重ねてきた。たとえば，法廷弁護士が裁判官の機能の一部を担っているために，イギリスの司法システムは相対的に少数の正規裁判官による司法システムという機能を維持できて

---

[4] この敗訴者負担ルールに関する経済分析は，極めて広範囲に及ぶことになる。たとえば，以下の文献を参照。Richard A. Posner, *Economic Analysis of Law* 570-574 (4th ed. 1992); Steven Shavell, 'Suit, Settlement, and Trial: A Theoretical Analysis under Alternative Methods for the Allocation of Legal Costs' 11 *Journal of Legal Studies* 55 (1982); James W. Hughes and Edward A. Snyder, 'Litigation and Settlement under the English and American Rules: Theory and Evidence' 38 *Journal of Law and Economics* 225, 227-228 (1995); John C. Hause, 'Indemnity, Settlement, and Litigation, or I'll Be Suing You' 18 *Journal of Legal Studies* 157 (1989).

いる事実がその例である。このため，かりにイギリスの法廷弁護士がアメリカの弁護士たちと同様のインセンティブや法的規制の下で活動することになれば，より多くの正規裁判官を補充する必要が出てくる可能性がある。結果的に，『エコノミスト』は，この二つの法的ルールの採用や廃止を提唱する前に，イギリスの裁判官の人数を増加させることや，彼らにロー・クラークを配分することが実現可能で望ましい事態であるか否かについて考慮する必要がある。あるいは，より一般的に言えば，そもそもイギリスの司法システムそれ自体をアメリカのモデルに従って再構築することの実現可能性や望ましい方向性であるか否かを検討すべきであろう。

　この『エコノミスト』の提案する二つの法的ルールの採用は，イギリス法システムの他の領域にも影響を及ぼすのみならず，その法的ルールの相互間でも互いに影響を及ぼすことになる。たとえば，成功報酬システムが存在しなければ，個人や零細企業が訴訟当事者である場合には，民事訴訟の費用負担が困難になる場合も多いかもしれない。これに対して，敗訴者負担ルールは，部分的に見ればその費用負担に関する代替効果をもたらす可能性がある。敗訴者負担ルールは，少なくとも勝訴確率が高い訴訟については，訴訟提起を促進する効果を伴っているからである。この勝訴確率が高い訴訟の場合には，原告側の弁護士は，その報酬を被告側の負担で支払ってもらえる合理的な確率が高いと判断する。結果的に，弁護士費用は，原告側の獲得する損害賠償金額の外枠として位置づけられる。けれども，イギリスでも成功報酬契約が許容されると仮定した場合，敗訴者負担ルールが従来通りに維持されるならば，民事訴訟は爆発的に増加するかもしれない。すでに私が示唆したように，敗訴者負担ルールは民事訴訟の発生確率を増加させる効果があるからである。結果的に見れば，成功報酬ルールの導入は，イギリスにおける民事訴訟に関する費用負担を倍増させるかもしれない。この点に鑑みれば，世界中の多くの国で敗訴者負担ルール「とともに」成功報酬の禁止ルールが採用されている事実は，格別に驚くべき現象ではないように思われる。

　私は，イギリスの上級裁判所における法廷弁護士の独占的地位の廃止論についても，ある程度の留保を付した上で，今後の検討課題としておきたい。イギリスの法廷弁護士は，その主要な動機が金銭的な所得保障であるとしても（アダム・スミスはC・ディケンズに言及してはいないがそう考えていただろう），公益的理由を掲げて自らの特権的地位を防衛したいと考えている。また，法廷弁護士の実際の活動では，＜講義1＞で素描したように，イギリ

ス法の理念から見れば，司法システム的な意味で補助裁判官と位置づけるには問題があることは確かである[5]。けれども，彼らにアメリカの弁護士と同様の活動をするように仕向けるには，イギリスの司法システムにおける人員構成や実務手続の大きな変更が必要である事実には疑問の余地はない。

　イギリスにおける法律専門職の規制緩和に向けた提案が表面的なそれに過ぎない理由は，法律サービスをめぐる市場での競争には二重の意味での重要な効果があるという点にある。一方では，法律サービスをめぐる市場競争は，顧客に対するサービスの改善に貢献するという効果がある。他方では，法律サービスをめぐる市場競争の活性化は，弁護士にとって裁判官ないし裁判システムの利益実現のために協力する費用と比較すると，依頼者の利益実現のための費用を増加させる効果を伴っている。あるいは，別の表現をすれば，法廷弁護士が依頼者の利益実現のために努力する費用は，彼が将来において裁判官もしくは勅選弁護士になる利益よりも高くつくと想定される。イギリスの法律専門職による市場競争の結果，生き残った法廷弁護士の独占的利益が解体されるならば，最近のアメリカで生じている法律専門職をめぐる市場競争の激化から派生している状況と同様の事態が生じると予測できる。すなわち，法廷弁護士たちは，彼らの依頼者のより良い代理人となることを通じて，結果的には裁判所に対するより対抗的な代理人となる可能性が大きくなる。ある国の法システムが少ない人数の裁判官で維持されているならば，その法システムの機能は，依頼者に対する献身的なサービスを唯一の目的として追求する弁護士数の増加を結果的に抑制する効果をもたらすことになる。

　私は，『エコノミスト』と同様の間違いを犯すべきではないと考えている。彼らは，法システム全体に及ぶその影響を考慮に入れることなしに，その法システムの改革を提案しているからである。私は，＜講義２＞において，イ

---

[5] Robert J. Martineau, *Appellate Justice in England and the United States: A Comparative Analysis* 123-127 (1990). マティノーの指摘する問題は，私自身が経験したイギリスの上級裁判所で見聞した法廷弁護士の活動に関する数少ない印象とも一致している。けれども，それは法廷弁護士が信頼に値しないという意味ではなく，彼らはそれほど印象的な弁論活動をしていないという事実である。この問題は，相互に関連している可能性がある。法廷弁護士の裁判所に対する協力的態度は，彼らの潜在的な活力を削減するとともに，その弁論活動の迫力をそぐ結果となっている可能性がある。

ギリスの裁判官に対して経済学により多くの関心を向けるように促した。ここでは，裁判官による経済学への関心がイギリス法の他のシステムにいかなる影響を及ぼすのかという問題に言及したい。イギリスでは，少なくとも法学教育の分野では，何らかの改革が必要であることに疑間の余地はないだろう。この法学教育の改革には，教育コースの改革のみならず，その教育を担当する教師の選抜方法にも改革が必要であろう。アメリカにおける経験からの示唆を前提とするならば，イギリスでの法学教育のシステム改革によって，極めて重大な社会的変動の派生することが予測できる。さらに重要な問題は，裁判官が経済学的な理論やそれに対応する証拠原則を重視するアプローチを採用する場合に，裁判実務においても何らかの支障が生じるか否かという問題である。この懸念は，アメリカでも，法と経済学のアプローチに批判的な研究者からしばしば指摘されてきた。私は，このような懸念には充分な根拠が示されていないと考えている。アメリカでは，経済学的な考え方やアプローチを採用する裁判官は，一般的には極めて高く評価されている[6]。これらの裁判官には，ホームズ，ブランダイス，ハンドなどとともに，最近に至って連邦上訴審の裁判官になった数多くの「法と経済学」に関心を寄せる私の同僚たちを追加することができる。裁判官による経済学的な推論は，従来型の分析アプローチの基本的な性格を変更することなしに法システムを効果的に機能させることができる。この法と経済学による分析アプローチの性格は，経済学的な思考と法学的なそれが同質の思考方法として相互にその実質を共有しているからである。アメリカにおける法と経済学の分析アプローチという思考方法については，裁判官のみならず法理論や法システムの構築や企画業務に携わる法律専門職の大多数も，少なくとも広い意味での経済的効率性を高める効果をもたらす思考方法であることを受け入れて活動している[7]。実際には，この主題こそが＜講義2＞で私がお話ししたいと思った主題なのである。

　イギリスの法システムにおけるもう一つの漸進的な改革は，危険がないとは言えないけれども，その危険回避は充分に可能であるように見える。イギリスの裁判過程に見られる「口頭弁論主義」の偏愛傾向は，司法システムの

---

[6] 私は，この考察が不合理なほどに，裁判官である自分にとって都合の良い判断であることを自覚している。

[7] 以下の文献を参照。*Economic Analysis of Law*, note 4 above.

機能を著しく損ねており，また弁護士や訴訟当事者に多大な不利益をもたらしている[8]。けれども，この裁判における口頭弁論主義という傾向は，最近では急速に改善されつつある[9]。その改善効果は，とくに刑事事件における裁判所の実務処理において顕著に見受けられる。イギリスの上訴審での刑事事件の審理手続では，上訴許可の申請とこれに対する答弁などの手続は，実質的には不利益な効果を伴うことなく，そのほとんどの手続が書面審査によって処理されている。私の判断する限りでは，この分野での漸進的改革は，結果的に見れば法システム機能の改善効果として貢献しているように思われる。イギリスの裁判所における口頭弁論や口頭による証拠提出という実務手続は，裁判官による口頭での意見表明や判決手続も含めて，司法的プロセスでの価値ある構成要素であることも確かである。けれども，この口頭弁論主義の行き過ぎに伴う弊害もまた存在する。イギリスでは，裁判における上訴事件の増加傾向に伴って，もはや口頭主義による長時間審理という弊害を是正する他の手段は残されていない[10]。イギリスの上訴審での裁判官は，口頭弁論の聴取に極めて多くの時間を費やしているように見える。1986年の比較データで見ると，イギリス上訴審の裁判官一人当たりの判決件数は年平均で38.1件であるが，アメリカの連邦裁判所の上訴審でのそれは118.5件に相当する[11]。私自身の裁判官としての経験を振り返って見ると，訴訟当事者の一方の代理人による20分以上の弁論から便益が得られることは極めて稀な場合に過ぎない。加えて，イギリスの法廷弁護士に機能的に類似するアメリカのロー・クラークの業務量から考えても，この口頭弁論主義による訴訟の遅延効果は明らかであろう。アメリカでは，一般的にロー・クラークと裁判官の間の実務的な情報伝達手段は，口頭によるよりも書面で行われる比率が圧倒的に多い。これらの情報伝達には，メモランダムや法廷意見の草案提出という形式で行われている事実も付け加えておく必要がある。

　アメリカの裁判所実務と比較すると，イギリスでの裁判所実務では，最近では口頭弁論手続の時間的な短縮が顕著になっているように見受けられる。

8　Martineau, note 5 above, ch. 3; Patrick Devlin, *The Judge* 59 (1979).
9　たとえば，以下の文献を参照。Martineau, note 5 above, at 245-248. その原因は，急速に増加し続ける訴訟件数という重圧にあることは疑問の余地がない。なお，詳細については，この<講義3>の後半部分を参照。
10　Martineau, note 5 above, at 247-248.
11　Id. at 161-162, the U.S. figure is for 1987.

この口頭弁論の時間的な短縮は，裁判官と法廷弁護士の弁論でのやりとりが短縮される結果として，法廷弁護士がロー・クラークに類似的な役割を果たす場面が多くなるという効果が現れている。われわれは，＜講義1＞で検討したように，ウルフ卿による口頭弁論の短縮とロー・クラークの採用という改革に向けた提案をここで思い起こす必要がある。

このウルフ卿の提案は，イギリスの司法システムにおける別の政策選択とも結合している。イギリスの裁判所における口頭弁論を抑制する必要があるという議論は，主として訴訟事件の増加傾向と密接に関連して展開されている。この訴訟事件の増加傾向は，裁判官の人員増加を伴うことなしに司法システムの生産性を向上させるために，イギリスでもロー・クラークを採用すべきであるという議論と密接に結合している。けれども，口頭弁論の抑制とロー・クラークの採用を結びつける考え方は，イギリスにおける訴訟事件の増加傾向に対処するための完全な解決策とは言えない。この訴訟事件の増加傾向という問題は，アメリカの司法システムをめぐる実務的な問題状況についても当然当てはまる。われわれは，＜講義1＞で議論したように，イギリスにおける司法システムの政治的正当性の欠如という，国民の非代表的な裁判所の性格を思い起こすべきだろう。その論理的帰結の一つは，われわれがすでに見てきたように，法実証主義的な法理論の採用という問題状況とも密接に結びついている。もう一つの論理的帰結は，口頭弁論主義という裁判所における実務処理に関連する問題である。イギリスの口頭弁論主義について，ここでは裁判所における全ての審理場面が公開で行われると想定してみよう。この想定場面では，準備書面は全く用いられず，また裁判官は裁量による職権調査を行わずに，またロー・クラークのような補助職員も全く存在しないと仮定している。結果的に，裁判官は，口頭弁論の終結時にも合議することはなく，判決に際しての裁判官の意見は直接的に争点ごとに順次に表現される結果になる。このような公開法廷での口頭弁論という想定では，裁判所における審理場面での公衆による監視機能が促進される裁判官は，彼らが正義にかなった行動を行っているか否か，全ての場面で公衆の判断に委ねられる結果となるからである。このような公衆による監視機能の促進という想定は，口頭弁論主義に対する伝統的な擁護論の根拠の一つである[12]。か

12　たとえば，以下の文献を参照。Devlin, note 8 above, at 58; Jack I. Jacob, *The Fabric of English Civil Justice* 19-23（1987）。大法官府の訴訟手続は，現在では必ずしもそ

りに，裁判官は，ロー・クラークを採用して準備書面を提出させた上で非公開の審理を行うことが可能になるならば，司法過程の大部分を公衆の面前から隠蔽することができる。このような場面では，公衆は裁判官に対して司法過程における説明責任を果たすための代替手段の採用を求めるだろう。ヨーロッパ大陸型の司法システムに内在する明白な官僚主義的構造は，結果的に見ればイギリスの口頭弁論主義による司法システムの代替物とみなすことができる。これはまた，別の表現をするならば，アメリカの司法過程における政治的な意味で合法化された裁判官の任命システムもまたその代替物とみることができる。アメリカの裁判官は，選挙による選出手続や上院司法委員会による審査手続を経て選任されることになっているからである。

3　イギリスとアメリカの司法システムはどちらが適切か

『エコノミスト』によるイギリス法システムへの批判に対する最大の疑問は，アメリカ法システムがイギリスのそれよりも本当に良好だと評価できるのかという疑問である。アメリカ法システムは，過去というよりも現在でもなお，さまざまな意味で嘲笑の対象とされている。けれども，これらアメリカ法システムに対する嘲笑のほとんどは，信頼に値しない誤解や明らかに偽造された逸話に加えて例外的に判断を間違った裁判所の判例などで構成されている。『エコノミスト』自身も，マスコミが年間で数百万件に及ぶ多くの裁判所の判例の中から見出しを飾るような非常識な判例を取り上げて，アメリカ法システムを批判する報道姿勢をとっていることに対して正当な警告を発している[13]。それでは，イギリス法システムとアメリカのそれとの機能的

うではないが，極めて例外的なケースで口頭弁論に委ねられてきた事件もある。しかし，従来の大法官府の実務慣行は，そのほとんどが「書面化された」訴訟手続であった。

13　'The Way Those Crazy Americans Do It' *Economist*, 14 Jan. 1995, p. 31. この記事とは矛盾するが，『エコノミスト』は，イギリスのある裁判例の修正を支持する逸話的事例として以下の事件を取り上げている。この事件は，隣接する数平方フィートの境界地をめぐる隣人訴訟である。この事件で裁判所の判決は，敗訴者の所有権の半分以上の価格に相当する，8万5,000ポンドの訴訟費用を敗訴者が勝訴者に支払うという請求を認容している。'Justice in Britain' note 2 above, p. 29. なお，この逸話的な訴訟事件の詳細は，必ずしも明らかではない。この事件での敗訴者は，彼にとって争うに値しない訴訟で防御するための費用負担を強いられた。けれども，敗訴者が支払を求められた金額は，全く不合理な金額とは言えな

な比較はどのような方法によって可能となるのだろうか。私の回答は、それはデータ解析という方法によって可能となるという回答である。

A 訴訟に伴う費用負担

イギリス法システムに対する批判は、訴訟提起の費用が極めて高額であるために、結果的に多くの価値ある社会的紛争が裁判所に持ち込まれずに終わるという事実に向けられている。世界のいかなる国においても、訴訟に関する費用について充分なデータが存在するわけではない。その理由は、部分的に見れば、各国における訴訟システムの極端なまでの不均質性にある。結果的に、イギリスでの訴訟提起の費用は、実際にアメリカにおけるそれよりも本当に高額であるか否かについても正確に把握することは困難である。私の印象のみを言うならば、この両国でも実質的に似たような事実関係での訴訟を比較するならば、その費用はおそらく似たような金額になるだろうと考えている。けれども、イギリスの裁判所は、アメリカの裁判所と比較すると損害賠償を認容する判決を示すことにそれほど寛容ではないという印象がある。その理由の一部には、すでに＜講義２＞で触れたように、法システムの相違というよりも法理論の相違に起因する部分がある。たとえば、イギリスの裁判所では、民事訴訟において懲罰的損害賠償が認められる事件はほとんど存在しない。別の理由を挙げるならば、イギリスでは民事陪審がほとんど採用されていないという事実もある。さらに付言するならば、イギリスの人びとの所得は、アメリカのそれと比較すると相対的に低いという社会的背景も存在する[14]。結果的に見れば、イギリスの不法行為や雇用契約をめぐる多くの訴訟では、損害賠償をめぐる最も大きな構成要素を占める請求内容に関

い可能性がある。この『エコノミスト』の指摘は、敗訴者負担ルールの廃止を主導するその意図によって曖昧にされているけれども、訴訟で争う経済的価値が金銭的に見て低い訴訟に関して、訴訟を提起するために多くの費用を費やすべきではないとする主張にある。私自身は、二人の私人が互いの遺恨による訴訟で彼ら自身の経済的資源を浪費することを希望するならば、彼らにその浪費を認めてやるべきだと思っている。ただし、この場合には、彼らにその訴訟のために司法システムが費やす費用を含めて、訴訟費用の全額を負担させるべきである。

14 イギリスの一人当たりの国内総生産(GDP)は、為替交換比率で比較すれば、アメリカのそれの74.3％であり、購買力平価で比較すれば73.8％である。*Human Development Report* 1994, 184（United Nations Development Programme 1994）(tab. 28) (1991 figures).

しても，それほど多額の損害賠償金額が認められない結果となっている可能性がある。これらの理由により，民事訴訟での損失填補のために負担すべき訴訟費用は，アメリカと比較すると，イギリスでは相対的に高くなっている可能性がある。イギリスの高等法院に係属した訴訟事件で見れば，その弁護士費用を含む訴訟費用は，認容された損害賠償金額のおよそ50％から75％程度に相当すると見積もられている。この金額は，これに相当するアメリカの統計資料でのデータと比較すると，それほど大きな金額の相違ではないかもしれない[15]。けれども，県裁判所に提起された訴訟事件で比較すると，その金額は125％にまで拡大する[16]。イギリスでは，ほとんどの民事訴訟事件は，この県裁判所で初審としての事実審が開始されている[17]。この統計データは，イギリスの裁判所で訴訟によって期待できるネットでの獲得可能な金額は，その訴訟における請求金額が大きくて勝訴の見込みが高い場合以外には相対的に低くなることを示唆している。この事実は，イギリスではアメリカと比較すると，民事訴訟を提起する費用が相対的に高いことを意味するわけではない。むしろ，訴訟を通じて期待できる損害補填の金額が訴訟費用と比較すると相対的に少ないがゆえに，イギリスでの民事訴訟を提起する価値

---

15 James S. Kakalik and Nicholas M. Pace, *Costs and Compensation Paid in Tort Litigation* (RAND Institute for Civil Justice R-3391-ICJ 1986).

16 これらの統計データは，大法官府によってイギリス議会に提出された報告書から引用している。*Civil Justice Review: Report of the Review Body on Civil Justice* 80 (Her Majesty's Stationary Office, Cm 394, June 1988).

17 その他の調査結果でも，その傾向に変化はない。この点については，以下の文献での概説的な要約を参照。Timothy M.Swanson, 'The Inportance of Contingency Fee Agreements' 11 *Oxford Journal of Legal Studies* 193, 195-200 (1991); Lord Woolf, *Access to Justice: Interim Report to the Lord Chancellor on the Civil Justice System in England and Wales* 10, 251-260 (June 1995). ウルフ卿の報告書によれば，彼が分析対象とした事件の32％では，勝訴した当事者の訴訟費用についてのみであるが，裁判所が認容した訴訟費用金額はその事件での請求金額の50％以上に相当すると指摘している。Id. at 256. 訴訟提起のための初期費用もまた，イギリスの裁判所では，アメリカのそれと比較すると相対的に高額になっている。たとえば，高等法院での訴訟提起の費用は，120ポンド（およそ192ドル）に相当する。これに対して，アメリカの連邦地区裁判所での訴訟提起費用は120ドルに過ぎない。なお，ウルフ卿の報告書をめぐる興味深い議論については，以下の文献を参照。Richard L. Marcus, "Déjà vu All Over Again ?" なお，ウルフ卿の報告書に対するアメリカでの反響については，以下の文献を参照。*Reform of Civil Procedure: Essays on 'Access to Justice'* 219 (A. A. S. Zuckerman and Ross Cranston eds. 1995).

が相対的に低くなっていることを示唆している。

　イギリスの司法システムについて考えるならば，このような否定的評価を相殺する要素として，その寛大な法律扶助の規模を考慮に入れる必要がある。イギリスの法律扶助は，1994年度でネットでの受給金額を見ると5億9,000万ポンドに達している[18]。この金額は，アメリカドルに換算した場合では約9億ドルに相当する。この金額は，アメリカにおける民事訴訟扶助に関する連邦政府の支出を管轄する，法的扶助サービス公社（the Legal Service Corporation）による支出総額の約2倍に相当する[19]。アメリカでは，連邦政府の管轄しない公的法律扶助システムも少しではあるが存在している。たとえば，慈善団体による寄付や民間弁護士たちの時間単位での寄付行為（通常は「公益のための（pro vono）」事業と呼ばれている）という民間の法律扶助システムも存在している[20]。このような民間の法律扶助は，イギリスでも同様に行われているが，アメリカのそれと比較すると相当に低いレベルに止まっていると推測できる。けれども，私は，イギリスでの民間法律扶助に関する統計的なデータを持っていない。『エコノミスト』は，イギリスでの法律扶助は極めて浪費的な方法で運用されているために，貧困層やそれに近い人びとにはほとんど活用されていないと主張している[21]。私の手持ちの資料では，イギリスでのこの議論の正当性について評価することはできない。イギリスでも，貧困層に属するとは言えない人びとは，通常では法律扶助の受給資格を得られない場合が多い。それゆえ，中間層の原告による民事訴訟に対する財政的支援の手段として考えるならば，成功報酬システムの採用は適切なその代替手段とはなりえない可能性がある。多くの事故による犠牲者は，潜在的な民事訴訟の原告に共通する属性であるが，一般的に言えば，その大部分は富裕層でも貧困層でもない中間層に属する人びとによって構成されているのである。

18　大法官府による，以下の資料から推計している。*Judicial Statistics, England and Wales, for the Year 1994* 102（Her Majesty's Stationary Office, Cm 2891, July 1995）.

19　一般的には，以下の文献を参照。Marianne Wilder Young, 'The Need for Legal Aid Reform: A Comparison of English and American Legal Aid' 24 *Cornell International Law Journal* 379（1991）（student note）.

20　Alan Paterson, 'Financing Legal Services: A Comparative Perspective' in *The Option of Litigating in Europe* 149, 150（D. L. Carey Miller and Paul R. Beaumont eds. 1993）.

21　'Justice in Britain' note 2 above.

この分析結果は，敗訴者負担ルールによって，いっそう複雑な様相を呈することになる。この敗訴者負担ルールの下では，かりに原告側が勝訴確率の高い強固な法的根拠を持っている場合には，訴訟費用という問題は実質的に議論の対象から除外される。彼は，訴訟で勝訴したならば，その費用の全額を回収できるからである。けれども，この敗訴者負担ルールは，原告が強固な法的根拠を示しえない場合には，極めて重大な訴訟提起に対する妨害物となる可能性がある。イギリスでは，実務的に考えるならば，被告勝訴の場合には原告の約40％のみが被告の訴訟費用を負担できる条件を充たしているに過ぎない。これ以外の原告の多くは，彼らの加盟する労働組合の訴訟支援や法律扶助保険が適用される法律扶助の受給者などによって構成されている[22]。私は，イギリスの法廷弁護士がこのような法的根拠の薄弱な訴訟依頼者のために，アメリカの典型的な弁護士たちのように強い熱意を持って戦うことは期待できないと考えているわけではない[23]。アメリカの事実審における弁護士は，イギリスの裁判所における法廷弁護士よりも，原告の勝訴確率を高めるように行動していることは確かである。イギリスでの敗訴者負担ルールに限定して議論するならば，被告の法廷弁護士が訴訟で消極的に対応するような，ある種の利益相反効果が法システム自体に内在していると想定できる。イギリスでの民事訴訟(とくに不法行為訴訟ではその多くの原告が中間層であるからその影響を強く受ける可能性がある)の提起率が低い最大の原因は，成功報酬システムの不存在にあると思われる。なぜなら，成功報

---

[22] Herbert M. Kritzer, 'The English Experience with the English Rule: How "Losers Pays" Works, What Difference It Makes, and What Might Happen Here' 4-6 (University of Wisconsin-Madison, Institute for Legal Studies, Disputes Processing Research Program, Working Paper DPRP 11-4, July 1992).不法行為事件において，損害賠償を請求する原告を考慮に入れた場合，被告が勝訴した場合に被告の訴訟費用を負担しなければならない原告の比率はこれよりも高くなる可能性がある。これらの原告の多くは，実際には，裁判外の和解によってその請求権を放棄するか，極めて低額の賠償金額で泣き寝入りさせられるケースが多いと思われる。Id. at 7.

[23] この問題は，敗訴者負担ルールの存在ゆえに問題となるわけではない。たとえば，イギリスの法廷弁護士が熱心に訴訟に取り組むためのインセンティブとして，その訴訟において何らかの報酬が別途に期待できる理由が存在するならばこの問題は解決可能である。イギリスの法廷弁護士がアメリカの事実審での弁護士のように熱心に訴訟に取り組むことを期待できない理由は，その司法システムにおける彼らの裁判官に対する補助的な役割にある。この問題については，すでに＜講義１＞で議論した通りである。

酬システムの不存在の結果として，民事訴訟の原告は，弁護士にその訴訟費用を一時的に立て替えてもらう行為を抑制するからである。成功報酬システムは，これを訴訟遂行のための資金調達という側面から考えることが重要である。成功報酬システムの効果は，成功確率で見た場合に限界的な訴訟を拾い出すという効果（＜講義１＞を参照）とともに，長期的に見れば訴訟自体を減少させるという両者の効果を内包させている。とくに後者の効果は，近年に至って訴訟件数の増加傾向を招いているイギリスの現状を考慮すれば，過失による不法行為とその他の不法行為をめぐる多様な訴訟の抑制効果として重要な選択肢になると思われる[24]。

　イギリスの国民一人当たりの所得は，アメリカのそれと比較すると相対的に低い水準にあることは確かである。また，弁護士費用は，訴訟における最も多くの比重を占める費用負担である。結果的に，私の推測が正しければ，訴訟のための費用負担の比率はこの両国ではほぼ等しいと考えることができる。それゆえ，イギリスの法律専門職は，アメリカのそれと比較するとより多くの独占的地位を享受していると考えられる。これは，もちろん私の推測に過ぎない。けれども，これとは反対の推測として，イギリスでの敗訴者負担ルールの存在は，訴訟件数との対比で見ると費用負担をより増加させている可能性があることについても検討しなければならない。ここでは，合理的な紛争当事者は，両者ともに裁判による決着が裁判外の和解よりも良好な結果をもたらすと考えない限り，紛争を和解によって解決する可能性が高いという想定を思い出してみよう。当事者のそれぞれが勝訴の見込みについて楽観的であればあるほど，勝訴のための努力の追加的費用は（敗訴者負担ルールの下では）相対的に低下する。結果的に，楽観的な訴訟当事者にとって，追加的な費用負担を通じて成果を求める期待便益は相対的に大きくなる可能性がある[25]。

B　法システムの規模の相対性

　イギリスでは，当事者の訴訟に対する全ての判断要素を考慮に入れた場合

---

[24] この第二の効果については，以下の文献を参照。Thomas J. Miceli and Kathleen Segerson, 'Contingent Fees for Lawyers: The Impact on Litigation and Accident Prevention' 20 *Journal of Legal Studies* 381 (1991), and in Neil Rickman, 'The Economics of Contingency Fees in Personal Injury Litigation' 10 *Oxford Review of Economic Policy* 34, 47 (1994).

[25] Hughes and Snyder, note 4 above, at 227.

でも，アメリカと比較すると訴訟提起に対するインセンティブが相対的に弱いと推測できる。この推測は，両国の法システムを比較すると，イギリスの法システムの規模が不均衡なまでに小さい事実によってこれを補強できる。ここで「不均衡なまでに」という限定を付したことに極めて重要な意味がある。イギリスの総人口は，アメリカのそれと比較するとその約20％程度に過ぎない[26]。イギリスの人びとは，アメリカとの比較で考えるならば，大規模な法システムを維持する必要がないと考えているのかもしれない。私の推測では，イギリスの法システムの規模は，アメリカと比較するとその人口対比で考えるよりも相対的にその規模が小さいと考えられる。このような両国の法システムの相対的な規模の比較という方法は，そのアプローチが粗雑であるという指摘も事実である。両国における人口と法システムの規模の相違は，人口一人当たりの所得と法システムの規模の相違と同様に，統計的な意味での明確な相関関係が存在しないことは明らかである。また，訴訟は極めて時間集中的な活動であるから，訴訟のための時間的価値を上昇させる効果は，人びとの訴訟提起のための活動を不均衡なまでに多くの費用を消費する活動とする。相対的に大きな人口の国では，社会的な相互作用を増加させるとともに社会的事故の発生確率にも影響を及ぼすから，潜在的な法的紛争の発生確率をも増加させる。けれども，人びとによる訴訟提起の頻度という要素は，実際には法的権利の規定様式や訴訟遂行のために必要とされる費用の程度，および法システムに内在する不確実性の程度などによって決定的な影響を受けている。この要素は，アメリカ人の「訴訟好き」という性癖とは全く別の事柄である。これらの要素は，人口規模の相違などの問題をほとんど排除するほどに大きな影響力を持っている。アメリカでは，1960年までの約100年間で見ると(禁酒法時代の一時的な変動を除外すれば)，連邦レベルでの訴訟件数の増加率にはほとんど大きな変動は見受けられなかった。この時期は，アメリカでは，人口とともに人口一人当たりの所得も急激に上昇した時代でもあった。これに対して1960年代以降では，人口増加率と経済発展の効果は両者とも縮小したにも拘わらず，連邦レベルでの訴訟件数は爆発的に増加した[27]。現在でも，イギリスの人口とアメリカのそれと比較すると，

---

[26] 私がイギリスに言及する場合，すでに「まえがき」で記述したように，イングランドとウェールズのみを対象とすることを意味している。その人口は，5,100万人であって，アメリカの2億5,500万人と比較するとこの数値となる。

[27] その詳細については，以下の文献参照。 Richard A. Posner, *The Federal Courts:*

それぞれの訴訟提起の頻度には相当に大きな差異が存在している。この両国での訴訟提起の頻度は，イギリス法システムとアメリカ法のそれを比較すると，人口規模の相対比で比較する以上に大きな社会的格差をもたらしていると推測できる。

けれども，実際の両国の間での法システムの規模の格差は，推測よりも相当に小さいのかもしれない。われわれは，すでに＜講義１＞で見たように，イギリスの法律専門職の人口はアメリカのそれと比較すると人口規模に対応する約20％ではなく，むしろその半分である10％程度に過ぎないことを知っている。各国の法律専門職人口の国際比較データによれば，ある国では弁護士によって遂行されている業務が，他の国では別の職名で呼ばれる人びとによって遂行されていることが明らかになっている。この指摘によって，法律専門職人口の比較データの信頼性に対しても疑念が持たれているのは事実である[28]。この法律専門職人口の比較データに対する信頼性いかんという問題は，イギリスの法廷弁護士を裁判官の補助職と規定する私の機能的な法律専門職の再分類という分析視点も，ある種の共通点を持つ批判的議論の対象となりうる。けれどもこの批判的議論によっても，イギリスの法システムはアメリカのそれと比較すると，その外見よりも規模の大きいシステムであるという推測が保証されるわけではない。私の議論が根拠としている推論は，アメリカでもイギリスと同様であるが，法的サービスの多くの構成部分は弁護士と呼ばれる人びとによってではなく，むしろ準法律職(paralegals)と呼ばれる人びとによって提供されているという推論にある。これらの人びとには，たとえば租税調整人(tax preparers)，労働組合の苦情処理メンバー，一般市民である法的権利擁護者(lay advocators)，監獄内の非公式弁護人(jailhouse lawyers)，ロー・スクールの学生，オンブズマン，および信託財産の管理者などが含まれる。この議論は，私の推論に過ぎないことは確かであ

 Challenge and Reform, ch. 3 (Harverd University Press, 1996). なお，連邦地区裁判所に訴訟提起された件数については，最初に統計的データが公表された1904年から1960年までの期間では，年度ごとに集計された訴訟件数の増加率を年平均で見るとわずか1.8％に過ぎなかった。

28 この問題についての優れた議論を紹介する文献として，以下を参照。Dietrich Rueschemeyer,'Comparing Legal Professions: A State-Centered Approach'in *Lawyers in Society*, vol. 3 : *Comparative Theories* 289 (Richard L. Abel and Philip S.C. Lewis eds. 1989).

る。けれどもイギリスでは，少なくとも1970年代までは，「法的実務者(legal executives)」と呼ばれる準法律職の人びとの比率はアメリカにおけるその比率を上回っていたと言われている[29]。

　ここからは，イギリスとアメリカにおける訴訟件数と法律専門職の対比について，上訴審裁判所の段階での比率から見ていこう。イギリスでの上訴審裁判所には，枢密院(Privy Council)，貴族院(House of Lords)，控訴院(Court of Appeal)，高等法院(High Court)が含まれる[30]。これらの上訴審裁判所に提出された上訴件数は，1994年度では1万3,562件に相当する[31]。これに対して，アメリカ連邦レベルの上訴審裁判所のデータで対比すると，その件数はイギリスの4倍以上の件数に達している[32]。アメリカの連邦裁判所は，その司法システム全体の中でごく少数の管轄部分を担当しているに過ぎない。アメリカの各州の裁判官総数は，連邦裁判官の総数の30倍以上に達している[33]。また，州の裁判官は，連邦裁判官と比較すると，相対的には多くの訴訟件数を担当している。結果的に見れば，連邦上訴裁判所の訴訟件数に各州の中間的な控訴審裁判所と最終審裁判所の上訴件数を加えれば[34]，その上訴件数の総数は30万件以上に相当する。この上訴件数をイギリスのそれと比較すると，その比率は人口比の5対1というよりも，実質的に見れば約25対1という

29　Quintin Johnstone and John A. Flood, in their article 'Paralegals in English and American Law Officers' 2 *Windsor Yearbook of Access to Justice* 152, 155, 174 (1982). この論文では，1970年代におけるアメリカの準法律職の人数を約3万人から8万人程度とした上で，イギリスのそれを2万人程度と推測している。これに対して，アメリカでは，1992年のデータでは準法律職の人数は約9万5,000人に達している。American Bar Association Commission on Nonlawyer Practice, *Nonlawyer Activity in Law-Related Situations: A Report with Recommendations* 51 (Aug. 1995). 私は，残念ながら，イギリスでの現在の状況を示すデータを発見できなかった。

30　高等法院は，事実審であるとともに，上訴審としての裁判管轄権を保持している。なお，本書における＜付録資料Ａ＞を参照。

31　*Judicial Statistics, England and Wales, for the Year 1994*, note 18 above, at 17 (tab. 1.17).

32　Posner, note 27 above,. なお，ここで使用しているデータは，全て連邦裁判所の裁判管轄に属する統計データである。その基礎となる統計データは，以下を参照。Id., ch. 3, esp. tabs. 3.1-3.3.

33　以下の文献とポズナーの注(27)の引用資料(ch. 1, tab. 1.1)を比較参照のこと。Brian J. Ostrom et al., *State Court Caseload Statistics: Annual Report* 1992　9 (National Center for State Courts Feb. 1994).

34　259, 276 in 1992. Ostrom et al., note 33 above, at 50.

驚くべき倍率に相当する。

　イギリスとアメリカ両国の司法システムの比較は，事実審レベルでの比較を考えるならば，極端なまでにそのデータによる比較が困難となる。その理由を示すならば，以下の通りである。アメリカの州レベルで設置されている郡裁判所（county courts）の管轄権は，制限的な特定管轄権のみが認められる裁判所から一般的管轄権が認められる独立型の裁判所まで，幅広い範囲にわたってその裁判管轄権が分断されている。これに対してイギリスの裁判所は，アメリカの連邦および州レベルでの事実審裁判所に対応して考えるならば，その全ての裁判所が一般的な裁判管轄権を保有している。具体的に言えば，高等法院の大法官部と女王座部および刑事法院は，訴訟が提起された全ての事件での事実審裁判所として訴訟を担当する。イギリスの1994年度での統計データで見ると，これらの三つの裁判所では，上訴事件および破産事件を除外して，合計で16万7,221件の民事事件を審理している[35]。加えて，これらの裁判所では8万9,301件の刑事事件も審理している[36]。このイギリスでの訴訟件数は，同じ年度におけるアメリカの連邦地区裁判所に提起された訴訟件数とほぼ同じ件数である。けれども，アメリカの連邦地区裁判所は，全てのアメリカの一般的管轄権を有する裁判所に提起された訴訟件数の中で，わずかな管轄部分についてのみ審理対象としているに過ぎない。アメリカでは，1992年度で見れば，一般的管轄権を有する州裁判所に提起された訴訟件数は，合計では2,200万件に及んでいる[37]。イギリスでは，同じ1992年で見れば，県裁判所に提起された訴訟件数は370万件であるが，そのうちの340

---

[35] ここでは，破産事件をその対象から除外している。その理由は，アメリカでは多くの破産事件が制限的な管轄権を有する特別裁判所で審理されているからである。この裁判所は，連邦地区裁判所の管轄部門として設置されている破産裁判所（bankruptcy courts）である。統計上のデータでは，地区裁判所に提起された訴訟事件から，破産裁判所に提起された事件数を除外して作成されている。

[36] *Judicial Statistics, England and Wales, for the Year 1994*, note 18 above, at 20 (tab. 2.1), 27, 63 (tab. 6.1). ここでは，刑事法院が管轄する，ある種の事実審理の対象とはされない刑事事件をその統計データの対象から除外している。See id. at 62-63. また，これと同様に，治安判事によって審理される，膨大な数の軽犯罪や軽微な法律違反（主として交通事故に関連する犯罪など）もその対象から除外している。これらの事件は，アメリカでは制限的な管轄権を保有する裁判所によって審理されているからである。その大部分は交通事故に関する事件であるが，その総数が数千万件にも及ぶこれらの事件も対象から除外している。

[37] Ostrom et al., note 33 above, at 6.

万件は「金銭訴訟」である[38]。イギリスでは，金銭訴訟のみを主題とする訴訟の統計的なデータは存在しない。けれども，少なくともその90％は，請求書に対する不払いをめぐる裁判所への召喚状の申立であって，その多くが実際には審理手続に入ることなく解決されていると言われている[39]。これらの金銭訴訟事件の90％を除外した上で，大法官部と女王座部および刑事法院の訴訟事件を加えるならば，イギリスの統計的な訴訟に関する数値データは約90万件にまで減少する。このイギリスでの実質的な訴訟事件の件数は，アメリカの一般的管轄権を保有する裁判所に提起された2,200万件という訴訟事件と比較すると，アメリカとイギリスの訴訟事件の対比では23対1の比率にほぼ相当する。

これとは別に，イギリスとアメリカの法システムをその規模の相違として比較検証するために，事実審である裁判所での訴訟事件の実質的解決件数を数量的に比較する方法も考えられる。この比較では，イギリスでは訴訟が事実審の判決によって解決する比率は少ないから，訴訟事件全体の数量的な比較よりもむしろ実質的にはその相違が大きくなる。たとえば，1994年度の女王座部では，その訴訟を受理した事実審で解決した比率は，0.0036対1と極めて低率である。この比率をアメリカの連邦地区裁判所のそれが0.0442対1であることと比較してみると，その相違は10倍以上に達していることが明らかになる[40]。両国のこのような相違は，イギリスでの民事訴訟における実質的な賭金である損害賠償金額がアメリカのそれと比較して平均的に低額であるという背景があるのかもしれない。けれども，事実審での訴訟費用の負担は両国の間でそれほど相違はないから，イギリスではこの訴訟費用の支出が必要となる前に紛争を解決するインセンティブが大きい可能性がある。

---

38 *Judicial Statistics, England and Wales, for the Year 1994*, note 18 above, at 39 (tab. 4.1).
39 この推計は，以下の資料とも一致している。*Civil Justice Review*, note 16 above, at 111. なお，この資料では，県裁判所での金銭訴訟の74％は，500ポンド以下の少額訴訟であると指摘している。
40 これらの統計的なデータの数値の出所は，以下の資料を参照。*Judicial Statistics, England and Wales, for the Year 1994*, note 18 above, at 29-30 (tabs. 3.1, 3.4), and Posner, note 27 above, ch. 3, tabs. 3.2, 3.3.

C 法システムの実務的運用
(1) 一般的考察

　法システムの定量的比較というアプローチを採用するためには，ある程度の抑制的態度を維持しなければならない。けれども，法システムの定量的比較の困難性を考慮に入れた上で，イギリスの法システムをアメリカのそれと比較すると，イギリスのそれが不均衡なほどに小さいという推論を批判することは難しい。この推論は，その法システムを支える法律専門職の人的構成から見ても，また彼らの実際の活動面から考えても（少なくとも訴訟事件をめぐる活動では），この推論を覆すことは困難である。イギリスの法システムが相対的に小さいという推論の帰結は，良いことなのか悪いことなのか，ここではそれを問題として考えてみよう。その回答は，イギリスの法システムがアメリカのそれと比較して，人口対比で見ても不均衡なほどに小さいというその理由いかんに依存する。その理由として，相互に排他的ではない，以下の三つのもっともらしい説明を提示することができる。第一の説明は，イギリスでは，訴訟提起によって獲得できる期待利益が相対的に少ないという説明である。第二の説明は，イギリスでの訴訟提起は，成功報酬システムが存在しないために訴訟費用の調達が相対的に困難であるという説明である。第三の説明は，イギリスでは，司法システムを通じて実現できる実体的権利それ自体が少ないという説明である。なお，イギリス法システムはアメリカのそれと比較すると，相対的に単純かつ明快なことを前提として，以下の議論を進めてゆくことにする。

　私は，第一の説明についてはすでに議論したと思っている。ここでは，その議論では解明されなかったその規範的な効果について補足しよう。イギリスの社会において，価値のある訴訟が提起できないとすれば，法による不正行為に対する抑止効果やその他の法目的の実現は阻害される結果となる。これに対してイギリスの社会では，相対的に価値の少ない訴訟が抑制されていると仮定すれば，それは法目的を促進する効果を伴っていると評価できる。イギリスの法システムは，この両者のタイプの訴訟抑制効果を伴っているように見える。けれども後者の効果は，敗訴者負担ルールの存在によって不均衡なほどに訴訟が抑制されている可能性がある。この議論は，かなり荒っぽい推論であるが，この後で比較的詳細な証拠を示すつもりである。

　つぎに，イギリスの人びとはアメリカの人びとと比較すると，保障されている実体的権利の対象範囲が相対的に狭いという議論について考えてみ

よう。この議論は，イギリスでは成文で書かれ裁判を通じて執行可能な憲法上の権利保障条項が存在しないという理由のみに基礎を置くものではない。むしろイギリスでは，制定法およびコモン・ロー上で認められた権利自体が少ないという問題こそが重要である[41]。この事実は，それが良いことか悪いことかはともかく，アメリカとイギリスにおける全体の法的ルール集成 (corpus juris) を通じて，それぞれの権利や法的ルールごとに比較検証が必要となる。この比較論は，それぞれの個別の権利や法的ルールが社会的厚生に効果を及ぼす程度を評価することを意味する。このガルガンチュアのような途方もない試みのもたらす帰結が何を意味するのか，現時点では必ずしも明らかではない。けれども，アメリカでは馬鹿げたほどに多くの訴訟が頻発する訴訟社会が出現しており，イギリスでもその予備的な兆候が現れている[42]。しかし，この両国の法システムの比較分析を通じて，全体的な法的ルールのバランスがどのような帰結を導くのか現時点では判断できない。

　第三の予測可能な説明として，イギリスにおける相対的に低い訴訟提起率という現象については，社会的厚生という視点からは明確に良い結果をもたらしたと評価できる。イギリスにおける相対的に単純かつ明快な法システムという構造は，法的紛争の発生を抑制する効果をもたらしている。この場合，事実審に関与する法廷弁護士を除外して考えても，法的ルールを明確にすることに誰が反対できるだろうか。すでに指摘したように，法的紛争をめぐる各当事者がその訴訟での勝訴確率について楽観的であるならば，訴訟事件として裁判所に提起される以前に和解によって解決される可能性が大きく

41　これは，一般的に言えば，全ての状況に該当するわけではない。たとえば，イギリスの労働者はアメリカの労働者とは異なり，職場における労災事故について使用者に対してコモン・ロー上の訴訟を提起することができる。詳細については，以下参照。P.W. J. Bartrip, *Workmen's Compensation in Twentieth Century Britain: Law, History and Social Policy*, ch. 10 (1987). また，イギリスの名誉毀損に関する法は，アメリカよりも厳格な法的ルールである。私が主張しているのは，法的に正当化される権利についての議論である。両国の法システムでは，紛争解決のための別個の手段の存否や，裁判所の利用を通じて請求権に執行力を付与する方法についても相互に相違がある。

42　その顕著な例としては，アメリカの雇用における年齢差別禁止法 (ADEA) を挙げることができる。イギリスには，これに対応するような制定法は存在しない。なお，詳細については，以下を参照。Posner, *Aging and Old Age*, ch. 13 (1995)（國武輝久訳『加齢現象と高齢者』木鐸社，2015年）。

なる。また，法的ルールが相対的に明快であるならば，当事者の相互的な楽観主義という態度が実際に派生しなくなる可能性が大きくなる。当事者双方は，楽観主義的にではなく現実的に対応することで，それぞれの勝訴確率を冷静に判断するようになるからである。

ここでは，私が小さな前提条件を置くことを許容していただきたい。その前提条件とは，イギリス法システムは，アメリカのそれと比較すると，相対的に単純かつ明快であるという条件である。その若干の証拠は，後掲する＜表3－1＞で示すように，両国における判決の引用年数の比較によって明らかにできる。イギリスの控訴院レベルでは，貴族院による判決の平均引用年数(18.62年)は，アメリカの連邦最高裁判所の判決が連邦控訴裁判所で引用される平均年数(19.10年)とほぼ同一である。けれども，イギリスの控訴院判決が他の裁判所で引用される平均年数(28.38年)は，これに相当するアメリカの連邦控訴裁判所の判決が他の裁判所で引用される平均年数(9.9年)の数倍におよんでいる[43]。結果的に，イギリスの上訴裁判所における判決の「破棄」率は，アメリカのそれよりも低い比率に止まっている。それゆえ，イギリスの法システムは，アメリカのそれと比較すると長期的に安定している。これとは別の説明として，イギリスの判決における引用平均年数での相対的な長さは，最近における判決の総数自体が少ないという理由によっても説明可能である。

アメリカの連邦控訴裁判所とイギリスの控訴院では，それぞれの裁判管轄権の配分が異なっている。けれども，＜表3－2＞で示すように，両国でもその管轄権が重複する領域が存在している。たとえば，不法行為，契約法，海事法，知的財産法，刑事法，および破産法がこれらの領域に該当する。さらに，＜表3－1＞で見たように，イギリスの上級審における「他の裁判所」による引用年数のサンプルを対象として比較すると，これらの管轄領域でのサンプルもまた相当の比率で重複している事実が見受けられる。

イギリス法システムの単純かつ明快性という問題を考えるためのもう一つ

---

[43] アメリカの統計データは，連邦控訴裁判所における1974年度と1975年度における事件での判決をめぐる，以下のサンプル調査の結果から引用している。William M. Landes and Richard A. Posner, 'Legal Precedent: A Theoretical and Empirical Analysis' 19 *Journal of Law and Economics* 249, 256 (1976) (tab. 2). なお，イギリスの統計データは，1994年度における控訴院の200件に及ぶ判決のランダム・サンプルを基礎として作成されている。

表3−1 イギリスとアメリカの裁判所判決に対する引用の平均年数

	イギリスの上訴審事件 (1994年)			アメリカの連邦上訴審事件 (1974年〜1975年)	
	引用対象裁判所			引用対象裁判所	
	全裁判所	高等法院	その他の裁判所	連邦最高裁	他の裁判所
主題別の事件分類	引用年数(加重平均) [標準偏差] [引用数]	[引用数]	[引用数]	引用年数(加重平均) [引用数]	[引用数]
コモン・ロー	26.04 [33.64]	28.9 [10]	25.8 [119]	33.8 [213]	14.8 [1061]
不法行為と契約法	25.53 [34.7]	20.5 [6]	25.81 [105]	35.6 [137]	15.7 [856]
海事法	29.17 [26.79]	41.5 [4]	25.65 [14]	30.6 [76]	10.9 [205]
経済的規制	25.43 [27.35]	6.8 [5]	27.95 [37]	19.5 [588]	10.3 [1660]
租税法	27.83 [21.35]	5 [1]	32.4 [5]	26.1 [66]	15.1 [324]
反トラスト法	0 [—]	0 [0]	0 [0]	19.1 [50]	6.5 [107]
労働法	10.14 [7.24]	12 [1]	9.83 [6]	14.9 [186]	8.3 [433]
政府の行政規制	16.9 [18.9]	13 [1]	17.39 [8]	19.2 [240]	8.0 [510]
特許・著作権・商標権	33.9 [33.6]	2 [2]	37.44 [18]	30.7 [46]	13.2 [286]
公民権法	32.5 [21.92]	0 [0]	32.5 [2]	10.1 [172]	4.0 [402]
憲法	16.2 [8.84]	0 [0]	16.2 [5]	12.6 [136]	5.5 [155]
刑事法	17.3 [26.96]	8.83 [6]	18.01 [72]	16.2 [999]	8.0 [2056]
破産法	93.79 [108.91]	0 [0]	93.97 [14]	37.4 [14]	14.7 [155]
軍事法	0 [—]	0 [0]	0 [0]	11.1 [31]	6.0 [82]
財産法	49.54 [46.7]	30.03 [3]	52.09 [23]	50.2 [60]	22,9 [61]
家族法	23.09 [29.82]	9 [2]	23.89 [35]	—	—
移民法	0.1 [0]	0 [0]	0.1 [2]		
分類不能	7 [2.77]	0 [0]	7 [7]	—	—
合計	27.65 [40.82]	18.62 [26]	28.38 [320]	19.1 [2278]	9.9 [5785]

(注)主題別分類の年数は，全ての引用判例の加重平均年数である。

のアプローチは，訴訟事件における上訴率を比較するという方法である。けれども残念なことに，この訴訟事件における上訴率に関する統計的なデータは公表されていないために，これを推測する以外に方法はない。けれども，訴訟における上訴可能な裁判所の判決総数についても統計的なデータは公表されていないから，この推測による方法も実際には困難である。このため，この上訴率に近似する極めて粗雑な方法ではあるが，事実審に提訴された訴訟事件数を基礎として，これと実際に上訴された訴訟件数を比較するという方法がある。この方法によって，アメリカの1994年における連邦裁判所での上訴率を推測すると，民事事件での上訴率は13.7％と推測できる[44]。このアメリカの連邦裁判所の上訴率と近似的に比較可能なデータを考えるならば，イギリスの上訴率は以下の方法によって推測できる。イギリスでは，女王座部（多くの高等法院の民事事件がここに提起される）に提訴された訴訟件数を基礎として，これを控訴院の民事部に上訴された事件数（終局的な上訴事件と中間的なそれの両者を含む）で割ることで求められる。この結果は，1994年度では，前者の事件数が15万7,453件に対して，後者の上訴事件数は合計で1,683件であるから[45]，その上訴率は極めて微少な1.1％という結果を求めることができる。

　イギリスとアメリカ両国における，裁判所の判決に対する上訴率を比較するために相対的により改善された方法は，結果的に見れば偶然でもあるが，両国の間での劇的な非対称性を緩和する方法でもある。それは，事実審において何らかの裁判所の職権的関与を通じて解決された事件の総数と，これが解決されずに上訴された事件数を比較するという方法である。この方法によれば，アメリカでは，1994年度の連邦裁判所における民事事件の上訴率は17.2％と見積もることができる[46]。

　この＜表3－1＞によれば，イギリスでの女王座部からの上訴件数の推定比率は，1994年度では9.5％である[47]。イギリスとアメリカ両国における上訴率の比率は，この推計では相対的に小さくなっている。けれども，イギリス

44　Posner, note 27 above, ch. 4, tab. 4.2.
45　*Judicial Statistics, England and Wales, for the Year 1994*, note 18 above, at 17（tab. 1.17），29（tab. 3.1）.
46　Posner, note 27 above, ch. 4 tab. 4.5.
47　以下の資料から推計している。*Judicial Statistics, England and Wales, for the Year 1994*, note 18 above, at 12-13（tabs. 1.9, 1.10）. 30（tabs. 3.3, 3.4）.

の法システムは，アメリカのそれと比較すると法的ルールがより明確であることを示唆する別の証拠も存在する。この証拠は，イギリスの控訴院ではアメリカの連邦控訴裁判所と比較すると，上訴された事件で原判決が破棄される可能性が相対的に高いという事実である[48]。この事実から推測できることは，イギリスでは実際にその法的判断が困難な事件のみが上訴されており，それ以外の事件の上訴を抑制するに充分なほど法的ルールが明確になっているという推測である。

　イギリスとアメリカ両国の法システムの比較では，その上訴率に不均衡な格差があることは確かである。この上訴率の格差には，イギリスでの敗訴者負担ルールが関与している可能性は存在しない。この敗訴者負担ルールは，一般的に言えば，上訴に対するインセンティブを増加させるからである。当事者が上訴する比率が高いという事実は，たとえばアメリカの裁判所で見られるように，上訴人にとって不利益な原審判決が上訴審で破棄されることによって利益を受けるという理由に由来するのみではない。上訴した当事者は（上訴審で勝訴したいと考えているならば），事実審での彼の訴訟費用の回収に加えて，相手方が事実審で獲得した賠償金額の回収も考慮に入れている可能性がある。彼は，当然のことながら，下級審判決が維持されるならば相手方の上訴審での訴訟費用まで負担しなければならないリスクを抱えている。けれども，彼の上訴費用が事実審の費用と比較してほんの一部に過ぎない程に低額であるならば，上訴人はその上訴審判決によって相対的に多くの利益を獲得できる可能性がある。結果的に見れば，イギリスの上訴事件では，アメリカのそれと比較すると下級審判決が破棄される見込みが相対的に高くなっている可能性がある[49]。

48　Burton Atkins, 'Interventions and Power in Judicial Hierarchies: Appellate Courts in England and the United States,' 24 *Law and Society Review* 71, 83-87 (1990).
49　ここでは，上訴人による上訴審での勝訴確率をPとした上で，彼が獲得できる勝訴判決（彼が事実審で敗北した被告であれば，原告を敗訴させる判決）での損害賠償金額をJと仮定してみよう。また，C_tを彼が事実審で負担した訴訟費用（ここでは相手方の訴訟費用を同額と仮定している），およびC_aを上訴審における彼の訴訟費用（相手方の上訴費用も同額であると仮定する）としてみよう。アメリカ法システムの下では，当事者がそれぞれ訴訟費用を負担する場合には，訴訟事件の上訴によってもたらされる期待便益は，単純に$PJ - C_a$となる。これに対して，敗訴者負担ルールの下では，$P(J + C_t + C_a) - C_a - (1-P)C_a$となる。なぜなら，かりに上訴人が勝訴した場合（その確率$=P$），彼は勝訴判決によって獲

表3-2 イギリスとアメリカ両国の上訴審で破棄された主題分類別の訴訟事件数

訴訟事件の主題分類	イギリスの上訴事件数 (1994年)		アメリカの上訴事件数 (1974年～1975年)	
	事件数	破棄率(%)	事件数	破棄率(%)
コモン・ロー	84	42.0	115	17.5
不法行為と契約法	82	41.0	94	14.3
海事法	2	1.0	21	3.2
経済的規制	21	10.5	183	27.8
租税法	3	1.5	36	5.5
反トラスト法	0	0.0	12	1.8
労働法	6	3.0	53	8.1
政府の行政規制	9	4.5	50	7.6
特許・著作権・商標権	3	1.5	32	4.9
公民権法	4	2.0	47	7.1
憲法	2	1.0	65	9.9
刑事法	42	21.0	239	36.3
破産法	2	1.0	17	2.6
軍事法	0	0.0	11	1.7
財産法	8	4.0	8	1.2
家族法	27	13.5	―	―
移民法	7	3.5	―	―
分類不能	3	1.5	19	2.9
合計	200		658	

＜表3-2＞におけるデータからの推論と上訴率の比較から，アメリカの裁判所で適用されている法的ルールは，イギリスのそれと比較すると流動的で変更可能な法的ルールが多いことが明らかになる。けれどもこの事実は，イギリス法システムがアメリカ法システムとの比較において優越的地位にある事実を証明しているわけではない。イギリスにおける法的義務づけの明確性や確実性は法的に見れば良いことであるが，法システムに内在する唯一の

得できる損害賠償金額のみならず，事実審と上訴審で負担した訴訟費用を全て回収することができるからである。一方で，彼が敗訴した場合(確率＝$1-P$)，彼は上訴審での自身の訴訟費用のみならず，相手方のそれをも費用として負担しなければならない。かりに，すでに以前の議論で指摘したように，$C_l=J$という状況も当然にありうる。けれども，全く不合理とは言えない状況として，C_aがC_lのわずか5分の1の負担に過ぎない場合を前提として，そのPが0.5であると仮定してみよう。この場合，アメリカの法的ルールの下での上訴による期待便益は，単純に$0.5J-0.2J=0.3J$として計算できる。これに対して，イギリスの法的ルールの下では，$0.5(J+J+0.2J)-0.2J-0.5(0.2J)=0.8J$として計算できる。このように，イギリスでの上訴に伴う当事者の期待便益は，相対的にアメリカよりも大きいことが示される。

良好な性質を意味するわけではない。イギリスにおける法的義務づけの明確性や確実性は，社会的な環境変化に対応する法的ルールとしての適合性との関係ではむしろトレード・オフの関係にあると見るべきである。けれども，イギリスでの法的義務づけの明確性や確実性は，裁判所での訴訟負担を軽減する司法システムの効率性を説明するにはかなり説得力のある証拠と言えるかもしれない。

　私は，イギリス法システムがアメリカ法のそれと比較すると，相対的に明確性や確実性が高いというその理由を知りたいと思っている。その理由は，司法システムとそれを支える法律専門職の同質性という要素にあると思われる。この要素には，法律専門職の相互理解とその結果としての予測可能性を高める効果があるからである。加えて，司法システムを通じて執行力が付与される成文憲法が存在しないという事情や[50]，アメリカと異なり連邦システムが採用されていない事情なども考慮に入れる必要がある。連邦国家の法システムは，法的義務づけの明確性や確実性という視点から考えると，連邦法と州法が相互間で重複し相矛盾した法的ルールを生み出すおそれがあることは確かである。これに対して中央集権化された議会システムの下で確立された立法権力の優越的地位は，明確な法的ルールを生み出すとともに，これらの法的ルールを時代的な環境変化に適合させるように修正することが可能となる。＜表3-3＞は，イギリスの裁判所における訴訟事件の処理件数の時系列的変化を示している。イギリスの裁判所における相対的に少ない訴訟事件の処理件数は，おそらく法的安定性に由来する付随的効果であるとともにその結果でもある。イギリスでは，第一次世界大戦の前年である1913年から近年に至るまでの間に，訴訟事件の上訴件数は約9倍に増加した。けれども，女王座部（当時は王座部）に提出された初審としての訴訟事件数は約2.5倍の増加に留まっており，県裁判所に対するそれも約3倍程度の増加率に過ぎなかった[51]。不幸なことに，アメリカでは全国規模の司法統計は，1980

50　この要素は，表面的な理由に過ぎないのかもしれない。イギリスの裁判官は，18世紀には，不文の「イギリス憲法」は裁判でも執行力が認められるとする見解を採用していたし，現に裁判所でも執行力を認めていたからである。詳細は，F. T. Plucknett, 'Bonham's Case and Judicial Review' 40 *Harvard Law Review* 30（1926）参照。
51　1913年の上訴事件数は，1,515件である。これに対して，王座部への提訴件数は6万4,568件，県裁判所へのそれは125万5,542件であった。結果的に，初審で

表3-3　イギリスの各裁判所における訴訟事件の処理件数(1860年〜1994年)

年	高等法院・女王座部 令状の発給件数	高等法院・大法官部 招喚状の発給件数	高等法院・大法官部（破産事件）破産申立の発給件数	県裁判所 訴訟申立の受理件数	家庭裁判所 離婚申立状の受理件数	合計
1860	30,778	764	2,551	782,326	293	816,712
1870	24,011	921	3,884	912,298	382	941,496
1880	53,333	953	1,831	1,095,869	662	1,152,648
1890	42,566	3,625	1,527	978,784	669	1,027,171
1900	43,784	3,441	1,459	1,180,908	611	1,230,203
1910	36,959	3,101	3,676	1,330,908	909	1,375,553
1920	44,130	2,821	1,099	457,312	4,182	509,544
1930	60,447	4,573	1,252	1,169,048	4,476	1,239,796
1940	戦時でデータ不明					
1950	60,260	7,745	778	496,439	29,868	595,090
1960	57,379	5,217	699	1,489,081	28,790	1,581,166
1970	98,428	9,931	1,624	1,791,870	71,939	1,973,792
1980	200,989	7,990	6,455	1,583,901	177,415	1,976,750
1990	376,757	19,107	9,376	3,311,257	191,615	3,905,112
1991	362,564	16,577	11,522	3,694,536	179,103	4,264,302
1992	269,668	13,139	13,845	3,506,052	189,329	3,992,033
1993	211,275	10,895	13,157	3,988,828	184,471	4,408,626
1994	157,453	9,768	11,595	2,658,416	175,510	3,012,742

年代以前には全く存在しなかった。統計データが存在する連邦裁判所のみのデータでは，上訴件数は82年間に約30倍に増加した(1913年の1,465件から1995年の4万2,983件)。その一方で同じ統計データで見ると，初審としての民事訴訟の件数は，同じ期間内で約15倍に増加したに過ぎない(1万4,935件から23万6,391件)[52]。

イギリスの裁判官に見られる内面的な謙虚さという特質もまた，イギリス法システムの安定性を支えている重要な要素の一つである。イギリスの裁判官は，アメリカの裁判官と比較すると，先行判例のルールを遵守するという意味での先例拘束性の原理により忠実な態度をとっている。先例拘束性の原

の(すなわち上訴事件以外の)事件数の合計は，135万3,637件であった。*Judicial Statistics, England and Wales, 1913*, pt. 2: *Civil Statistics* 9 (John Macdonell ed. 1915)。なお，これらの訴訟件数は，民事事件のみの件数である。また，＜表3-3＞のデータは，イギリスの裁判所サービス部のマーク・キャムレイ氏の好意によって提供されたものである。

52　Posner, note 27 above, app. A.2.

理は，過去の先例から将来の判決を予測するという人びとの信頼性を高める意味では，法的不安定性を減少させる役割を果たしている。イギリスの裁判官の謙虚さは，先例拘束性の原理を遵守する態度を通じて，その前提となる法的概念とともにイデオロギーとしての法実証主義という思考様式も受け入れてきた。先例は，法実証主義者によっても法源の一つとして認められている。先例に対して批判的な見解を採用する裁判官は，法実証主義に基づく思考方法を基礎として，法の外部に存在する何らかの法的根拠に従って判断することを試みる。このような裁判官は，先例を破棄する場合には，「立法行為」を行う必要があるという事実を自覚することになる。法実証主義に基づく思考方法では，先例を破棄する裁判官の行為は立法行為とみなされるからである。結果的に，イギリスの裁判官の多くは，立法行為よりも先例を遵守する行動を選択する方が相対的に良い結果をもたらすと判断するのである。

　イギリス法システムの法的安定性には，その敗訴者負担ルールも大きな役割を果たしている。イギリスにおける敗訴者負担ルールは，法的解決が困難な新規訴訟を抑制する効果をもたらしていることは確かである。これと同時に，イギリス法システムはアメリカ法のそれと比較すると，敗訴者負担ルールとは無関係な理由でより安定的であるように見える。イギリスの敗訴者負担ルールは，アメリカの状況と比較すると，勝訴確率の低い訴訟提起を抑制するという意味でも相対的に「適正」かつ効率的な効果を伴っている。なぜなら，イギリスの法廷弁護士は，アメリカの弁護士と比較すると，特定の請求原因やその抗弁が法廷で採用されるか否かを事前に予測することが容易だからである。偶然ではあるが，この実務的な予測可能性の高さは，システム分析の重要性と漸進的改革の危険性の両者を証明する具体的な実例となる。敗訴者負担ルールは，イギリスの法システムをアメリカのそれと比較すると，この意味では相対的に良好な結果をもたらしている。この事実は，法的システムは抽象的に評価されるべきではなく（法的ルールが抽象的に定義されるべきではないと同様に），特定の設定環境の下でのみ評価されるべき事情を明らかにしている。

　ここでは，イギリスに見られる法的義務づけの安定性こそが法的システムの良好であることの根拠として評価できると仮定してみよう。私は，この仮定は正しいと考えている。法的安定性は，イギリスのような小規模な法システムの下では必然的な帰結でもある。この帰結は当然のように見えるけれども，法システムが小規模であること自体が良いことであるのか否かという問

題は別途に考える必要がある。法システムが小規模で法的紛争が相対的に少なければ、その解決のために消費される資源は他の目的のために利用可能である。この問題は、たとえば国家防衛のために支出される財政支出が国民所得に占める比率が小さいほど、その余剰資源が他の消費目的のために利用可能となることと同様の関係である。けれども、これらの場合においても、他の目的のために支出された余剰資源が本来的に投入されるべき目的への資源投入と比較して、より多くの社会的価値をもたらしたか否かを問わなければならない。法システムの安定性に由来する法的部門の小規模化という効果は、たとえその資源投入の節約によって生まれた余剰資源が全く他の部門で利用されなかったとしても、社会的な価値生産に何らかの程度で寄与したという主張も当然にありうる。この分野でのいくつかの研究成果は、ある国家の法律専門職の増加は、他の条件が等しいと仮定すれば、経済成長率の低下をもたらすことを示唆している[53]。この研究成果は、イギリスにとって良いニュースと言えるだろうか。現実的に見れば、これは良いニュースとは言えない。この研究成果は、さまざまな欠陥を内包していることも事実であるが[54]、法律専門職が非市場的なアウトプットに寄与している事実を無視している。非市場的なアウトプットは、経済学者の定義を用いるならば、「経済的な」アウトプットの一つの形態である。けれども、非市場的なアウトプットは、経済学者によっても無視されるべき概念とは言えない。この研究成果の著者たちは、法律専門職の主要な活動領域が非生産的な富の再配分にある

---

[53] Kevin M. Murphy, Andrei Shleifer, and Robert W. Vishny, 'The Allocation of Talent: Implication for Growth' 106 *Quarterly Journal of Economics* 503 (1991); Samar K. Datta and Jeffrey B. Nugent, 'Adversary Activities and Per Capita Income Growth' 14 *World Development* 1457 (1986); Stephen P. Magee, William A. Brock, and Leslie Young, *Black Hole Tariffs and Endogenous Policy Theory: Political Economy in General Equilibrium* 111-121 (1989). Cf. Thomas J. Campbell, Daniel P. Kessler, and George B. Shepherd, 'The Causes and Effects of Liability Reform: Some Empirical Evidence' (National Bureau of Economic Research Working Paper No. 4989, Jan. 1995). この参考文献では、いくつかの州で制定された原告側に不利益な製造物責任に関する法改正は、その後に生産性と雇用率の上昇を生み出していると指摘している。

[54] たとえば、以下の文献を参照。Charles R. Epp, 'Do Lawyers Impair Economic Growth?' 17 *Law and Social Inquiry* 585 (1992); George L. Priest, 'Lawyers, Liability, and Law Reform: Effects on American Economic Growth and Trade Competitiveness' 71 *Denver University Law Review* 115 (1993).

と仮定している。けれども、以下のような事実を考えてみよう。たとえば、公害に対する規制が法律専門職にとって重要な活動であると仮定してみよう。この活動の主要なアウトプットである清浄な空気や清潔な飲み水は、伝統的な価値尺度としての経済的アウトプットの指標には含まれていない。他の例を挙げるならば、警察官による暴力行使を抑制する活動もまた、法律専門職がその重要な役割を果たすべき非市場的なアウトプットを生産する活動である。同様に、個人のプライバシーに対する侵害の除去も、法律専門職による非市場的なアウトプットの一例と考えることができる。さらに言えば、裁判所における訴訟手続は、人びとが法的救済を求める必要が生じた場合には、社会的に見れば潜在的に価値ある選択肢を付与する役割を果たしている。この選択肢の存在は、実際に人びとがそれを利用することとはその価値を分離して考えるべきである。人びとは、彼らの生活の中で法的訴訟に巻き込まれることがない場合でも、法的救済手段が選択肢として存在している事実を知っていることに価値を見出している。彼らは、その権利が侵害されるべきではなく、それが侵害された場合には容易に法律専門職に接触できて、それほどの時間が経過することなく裁判を通じて救済されることを知っていることに価値がある。この事実は、人びとが火災による損害をこうむることがない場合でも、火災保険契約の締結によって効用を獲得していることと同様な事実である。人びとにとって、他者からの法的責任の追及やある種の否定的な選択肢の提示あるいは課税による威嚇などに対しても、その法的紛争を裁判に持ち込むことができる点に価値を見出している。この場合、競合する二つの選択肢の価値について、誰がどのように評価すべきだろうか。私がここで強調する事実は、法律専門職の人数を増加させるという提案が国民の経済的な富を減少させるという議論には、実際にその根拠が証明されていないという事実である。これらの主張は、経済学者の間ではもはや流行遅れになっている主張である。これらの主張は、たとえば広告宣伝活動は資源の再配分効果を有するとしても社会的に見れば浪費に過ぎない等の主張と並列すべき類の主張である。アメリカの法システムは、イギリスのそれと比較すると、人びとに対して相対的に多くの選択肢を提供していることは確かである。結論的に言えば、今後より慎重な研究成果が示されない限り、イギリスの法システムがアメリカのそれよりも相対的に見てより良好なシステムであるか否かについて適切な評価を下すことはできないだろう。

　イギリス法システムの規模が相対的に小さいという問題は、他の問題と比

較すると不確実性は少ないものの，依然としてイギリス法システムの規範的側面を表現している。この法システムの規模が小さいという問題は，すでに＜講義1＞で見たように，アメリカの法システムと比較するとイギリスのそれは法的ルールが安定的で誤解される確率が低い原因の一つとなっている。

　この論点についてより高レベルでの一般化を図るには，イギリスの法システムとアメリカのそれとの比較という視点から見て，現時点ではどちらか一方を相対的に高く評価することは不可能だろう。イギリス法システムは，相対的に見れば明瞭でそれゆえ予見可能性が高いが，このような特徴は法的な柔軟性の欠如という欠陥（しかしこの事実を誰が知っているのだろうか）と相殺可能だと考えるべきであろう。イギリスの法システムは，アメリカのそれと比較すると相対的に見れば小規模であることは事実である。この事実は，イギリス法システムにおける予見可能性の高さの原因でありかつ結果でもあるという両面を持っている。この事実は，かりにアメリカの法律専門職が多すぎると仮定すれば，イギリスの法律専門職の小規模であるという事実は独立した価値を持っていると言えるかもしれない。けれども，再び指摘するならば，この事実によって何が解明できたのだろうか。イギリスはアメリカと比較すると，人びとにとって権利として認められる法源の対象範囲も相対的に少ないし，結果的に裁判所でこれらの権利に執行力が付与される可能性も相対的に少ない。けれども，両国の比較において，この事実が相対的に見て良いことなのか悪いことなのかを判断することは依然として困難である。なぜなら，権利を実現するためには，全ての法システムをめぐる直接的および間接的な費用負担を考慮に入れる必要があるからである。イギリスの裁判所は，アメリカのそれと比較すると，その判断に際して間違いを犯す確率が低いことは事実である。この事実は，相対的に見れば良いことであり，より価値のある追加的な法的権利を生み出していることも確かである。

　われわれは，イギリスとアメリカ両国の法システムの比較検証について，特定の法領域におけるその実態に踏み込んで更に考えてみよう。

(2) 契約法

　民事法システムにおける重要な機能は，民間企業や個人による経済的な生産活動を活性化させることにある。民事法システムの目的は，これらの民間企業や個人の活動に伴う社会的リスクに対して，信頼できる法的救済手段を多額の費用を費やすことなく保障することにある。たとえば，人びとの財産

権の保障や契約上の権利侵害に対する損失補償に加えて，過失による不法行為その他の非合理的な行為によって生じる人身事故への救済手段の保障もまた，民事法システムにおける目的達成のための重要な具体例である。人びとにとって，実際に利用可能な法的救済手段の存在は，潜在的な法的ルールの違反者に対する訴訟提起という威嚇によってその違法行為や侵害行為を抑制する役割を果たしている。私は，ここでは＜講義２＞で議論したように，民事法をめぐってこれらの救済手段について議論する前に，法システムに内在する適切な法的抑制効果について議論したいと思っている。たとえば，法的救済手段の費用がその不法行為の責任追及に値しないほど高額であるならば，潜在的な不法行為者は不法行為を回避するインセンティブを保持できないだろう。このような場合には，実質的に不法行為の発生件数は増加する可能性がある。

　外国人である投資家やビジネスマンは，これらの民事法システムの機能について，とりわけ敏感に反応すると推測できる。彼らは，自身の所属する国家以外の外国でも，さまざまな投資活動やビジネスを行っている。ここで取り上げる経営環境リスク情報社(BERI)という団体は，さまざまな企業経営に関するカントリー・リスクについて情報提供サービスを行う民間企業である。その提供する情報サービスの重要な要素の一つとして，それぞれの国家において契約に執行力が付与されないというカントリー・リスクに関する情報がある。現時点でのBERIのカントリー・リスクの比率では，比較対象とされている50ヵ国の中で「契約に対する執行力の付与」という項目については，イギリスはスイスに次いで２番目(アメリカと同順位)のレートに位置づけられている。なお，スイスのレート(０から４のスケールで評価している)は3.6であるが，イギリスとアメリカは3.5のレートと評価されている。また，日本とシンガポールおよび西ヨーロッパ諸国も3.5のレートで続いている。なお，イランとベネズエラおよびベトナムがそのリストの最後の位置に置かれており，それぞれのレートは1.4と1.3および1.4と評価されている[55]。このBERIの相対評価のレートが意味するところでは，外国における契

55　このBERIのレートによる順位付けの歴史は，1972年まで遡る。そこから現在に至るまで，イギリスとアメリカの順位はほとんど変化しておらず，そこにはいかなる意味での一般的な変動傾向も見出されない。ここでは，メリーランド大学の「制度改革と非公式部門研究センター(the Center for Institutional Reform and the Informal Sector)」のステファン・ナック(Stephen Knack)教授にお世話になった。

約に基づく経営活動のリスク評価という視点から考えると，イギリスの法システムはアメリカのそれと同程度での法的保護が認められており，その保護の程度は他の多くの諸外国よりも手厚い評価レベルであることを示唆している。この事実は，イギリスの法システムに対する信頼性について，相当程度の保証を提供する証拠を示すものである。けれども，この証拠は，イギリスでの他の法的リスク類型における当事者間の契約上の保護の手厚さまで保証するものではない。たとえば，イギリス国内での消費者保護に関する法的領域でのリスクからの保護レベルは充分とは言えない。

(3) 事故に対する損害賠償責任

『エコノミスト』は，イギリスにおける過失による不法行為で惹起された事故に対する法的救済手段について，現状は極めて不適切であるとする批判的信念に基づく編集記事を掲載している[56]。この記事は，過失による不法行為について，イギリスとアメリカの法システムの比較という視点に焦点を合わせて議論することが適切であると主張している。

『エコノミスト』の記事によれば，「イギリスの調査結果では，およそ85％の過失による不法行為の被害者が裁判による損害賠償請求という法的挑戦の試みさえも行っていない。その主要な理由の一つは，彼らはその訴訟費用が高額になることを恐れているからである」という解説を加えている[57]。けれども，この記事が引用している数値データは，実質的に見て無意味である。イギリスでの事故による人身傷害をめぐる訴訟では，加害者に過失がある場合についてのみ訴訟での損害賠償請求が可能とする法的ルールが採用さ

彼は，経営環境リスク情報社（BERI）の許可を得たうえで，これらのデータを私が利用できるように取り計らって下さった。ここに記して，同教授のご支援に感謝する。

56 イギリス法システムの下では，適切な注意が払われてもその事故を回避できなかった場合には，一般的には民事訴訟における適切な請求原因とは認められない。けれども，これらの事故について民事上の請求原因を認めないという経済学的に強固な証拠は，（イギリス法システムで認められる）以下の特別な厳格責任ルールに関するカテゴリーを除外すれば全く存在しない。これらの例外的なカテゴリーには，とりわけ危険な作業によって惹起された事故に対する厳格責任ルールの適用が含まれている。この論点については，以下の文献を参照。William M. Landes and Richard A. Posner, *The Economic Structure of Tort Law* (1987).

57 'Justice in Britain' note 2 above, p.29.

れている。結果的に，イギリスでの事故の被害者が損害賠償を請求する「全ての」事件について，たとえ訴訟提起の費用が相当に低額になったとしても，彼らには加害者による過失責任の立証という選択の余地が極めて少ない法的責任が課せられているのである。『エコノミスト』が見落としているもう一つの問題は，イギリスの司法システムに内在する極めて重要な主題であるが，裁判官をはじめとする法律専門職の人数が相対的に少ないという問題がある。それゆえ，イギリスでこの問題を適切に解決するためには，有能な裁判官の選抜を促進するとともに，彼らに対して事故の被害者救済のために最善の努力を尽くすように要請する必要がある。ここでは，裁判官にとって同僚からの圧力は，その集団の規模が小さいほどその圧力は大きくなるという指摘に止めておくことにする。もう一つの問題は，私が＜講義１＞で強調したように，イギリスの司法システムに内在する裁判官という職業特性に由来する問題である。彼らは，アメリカの司法システムの下での裁判官と比較すると，おそらく事実認定において過誤を犯すことが少ないし法的ルールを正しく適用しようとする職業特性がある。イギリスの民事訴訟で陪審システムが存在しないことは，この問題を考える上でのもう一つの理由として考慮すべき事情である。民事陪審が存在する法システムの下では，陪審員もその判断に戸惑う場面が多いから，裁判官に対する社会的圧力は相対的に小さくなる。イギリスでの敗訴者負担ルールもまた，法的根拠が脆弱な事件では当事者による訴訟提起を減少させるとともに，法的根拠の強固な事件でも当事者の法的防御を脆弱化させるように作用する。結果的に，イギリスでの敗訴者負担ルールは，裁判における過誤の発生を抑制する効果があると思われる。

　裁判官による法的判断をめぐる過誤の発生は，すでに示唆したように法的制裁に伴う威嚇効果を減少させるから，裁判官による過誤の抑制は極めて重要な課題である。極端な場合を挙げるならば，たとえば裁判所の判断によって，過失による不法行為責任がそれぞれの行為者に対してランダムに課せられる場合を想定してみよう。この場合には，過失による不法行為を犯した行為者の民事責任に関する期待費用は，過失による不法行為を犯さなかった行為者のそれよりも高いとは言えなくなる。この場合における法システムの機能は，人びとの過失による不法行為を回避するインセンティブを失ってしまう可能性がある。このような状況は，すでに示唆したように，過失による不法行為訴訟を増加させると効果を生み出すとともに，裁判官による過誤を抑

制するインセンティブとの間である種のトレードオフを生み出す可能性がある。イギリスにおける裁判所システムの機能は，過失による不法行為の抑止効果としては不適切であると仮定しても，裁判官による過誤を最小化するための期待費用と比較すると最適な規模と評価されるべきかもしれない。結果的に，イギリスの不法行為法に対する裁判所による抑止的効果は，寛大な過失による不法行為に対する裁判上の請求をより多く認める他の諸国の法システムと比較した場合にも，それと同程度の役割を果たしていると評価できるだろう。

ここでは，これらの問題状況を前提とした上で，以下の二つの仮定を設定して考えてみよう。一つの仮定は，イギリスの過失による不法行為の加害者は，アメリカにおけるそれと比較すると，過失による不法行為に伴う民事責任を実質的に免責されている可能性が高いという仮定である。この仮定では，イギリスでの過失による不法行為の加害者が民事訴訟で訴えられた場合，以下で説明する理由によって敗訴する確率が高いとしても，この事実によってその免責効果は相殺されないことを想定している。もう一つの仮定は，イギリスでの過失による不法行為以外の不法行為による加害者が民事訴訟で訴えられた場合には，アメリカにおける同種の訴訟での場合よりも勝訴する確率が高くなるという仮定である。イギリスでの過失による不法行為の多くの加害者が民事責任を免責されているという仮定は，明らかに推測的な想定に基づく議論である。合理的な推測として示唆できる事実は，イギリスの裁判所に提訴された過失による不法行為の訴訟事件数がアメリカのそれと比較すると不均衡なほど少ないという事実のみである。イギリスでは，1986年度で見ると，人身傷害に関する訴訟は（そのほとんどが過失による不法行為をめぐる訴訟である）5万1,283件しか提起されていない[58]。この訴訟件数は，イギリスにおける全ての不法行為をめぐる訴訟件数の約90％を占めている[59]。対照的に，アメリカの連邦裁判所と州裁判所に提起された不法行為をめぐる訴訟件数は，1985年度で91万1,000件に及んでいる[60]。これらの不

---

58 Lord Chancellor's Department, *Judicial Statistics, England and Wales, for the Year 1986* 25, 58（Her Majesty's Stationary Office, Cm 9864, July 1987. なお，1986年度は，現時点で統計的データが入手可能な最新の年度である．

59 Id.; なお，以下の文献も参照。P. S. Atiyah, 'Tort Law and the Alternatives; Some Anglo-American Comparisons' 1987 *Duke Law Journal* 1002, 1010 n. 34.

60 Kakalik and Pace, note 15 above, at 13.

法行為訴訟の大多数は，私の推測ではイギリスと同程度の90％と考えられるが，そのほとんどが過失による不法行為としての人身傷害事故をめぐる訴訟であると推測できる。イギリスはアメリカの約5分の1の人口比率であるが，致命的な人身傷害事故の訴訟件数比率は，後述するように人口対比で見てもその約2分の1以下に過ぎない。イギリスにおける人身傷害事故をめぐる過失による不法行為の訴訟事件の総数は，アメリカのそれの10分の1にまで引きあげられる「べき」だろう。現実の統計データが示す数値では，イギリスの過失による不法行為をめぐる訴訟件数の比率はアメリカの15分の1以下に過ぎない。

　アティア教授の分析によれば，1984年度の統計データでは，アメリカの自動車事故による被害者の約30％は不法行為訴訟での救済手続によってその損失填補がなされているが，イギリスでのその比率は9％程度に過ぎない。彼の分析によれば，1983年度の製造物責任をめぐる訴訟では，両国における救済件数の格差は約350倍にまで拡大している。さらに，医療過誤訴訟で比較すると，両国における不法行為訴訟による救済件数の格差は約20倍に相当する[61]。アティア教授は，イギリスの交通事故の被害者は，アメリカのそれと比較すると不法行為訴訟を提起する比率が極端に低いと結論している。彼によるこの結論は，両国における交通事故の被害者に関する訴訟行動をめぐる注意深い研究によって基礎づけられている。通常の場合，被害者ないしその代理人の弁護士は，訴訟を提起する前に加害者ないし彼が加入する保険会社に対して損害賠償を請求する。イギリスの被害者とその弁護士は，アメリカのそれと比較すると，保険会社に損害賠償請求を行う比率が相当に低いことは確かである[62]。この事実は，イギリスの被害者は，加害者に対する直接的な損害賠償請求が拒否された場合，加害者に対する訴訟提起によってこの損失を回復できる可能性が低いと想定していることを示唆している。ある経営コンサルタント会社による別の研究では，イギリスの不法行為の救済に関する以下のような統計データが存在することを明らかにしている。この研究では，1994年のイギリスの不法行為に関する費用分析の結果として，この「費用」には法的な訴訟費用のみならず請求者に対する保険

61　Atiyah, note 59 above, at 1013-1014; 詳細については，Donald Harris et al., *Compensation and Support for Illness and Injury* 327-328 (1984)参照。

62　Herbert M. Kritzer, 'Propensity to Sue in England and the United States of America: Blaming and Claiming in Tort Cases' 18 *Journal of Law and Society* 400 (1991).

金の給付金額をも含めて広範囲に定義しているが，その費用総額はイギリスの国内総生産対比で見るとわずか0.8%に過ぎない事実を明らかにしている。これに対して，アメリカの費用総額は，同じく国内総生産対比で見ると約2.2%に達することを示している[63]。

アティア教授は，アメリカとイギリスの両国を比較すると，アメリカでは事故の被害者がより寛大な判決を求めて損害賠償訴訟を提起する傾向が強いと結論づけている。彼はまた，アメリカの法システムでは，実体法と手続法がともに原告側に有利なルールを形成していると指摘している[64]。くわえて，アメリカでは事故に起因する人身傷害その他の損失に対する財産的な損害賠償を獲得する手段として，不法行為訴訟以外に適切な他の法的な救済手段が存在しないという事情も挙げている[65]。イギリスの社会化された医療システムは，事故の結果として派生した医療費用の一部を補償するために，不法行為訴訟をある程度は不必要とする効果を伴っていることも確かである。この事故による損失補償の問題を別の視点から考えれば，アメリカではイギリスと比較すると，裁判所による訴訟を通じての紛争解決を目指す傾向が顕著である反面で，訴訟以外の他の公的救済機構を通じてその損失を回復することは困難である状況を示唆している[66]。

アティア教授による最初の指摘である，イギリスと比較するとアメリカにおける事故の損害賠償訴訟では，相対的に原告に対する寛大な判決が期待

63　Tillinghast - Towers Perrin, 'Tort Cost Trends: An International Perspective: 1995' 14 (1995).

64　とりわけ，アメリカでは集団訴訟(class actions)が不法行為法領域で発展してきたが，イギリスでは基本的にこのような集団訴訟に関するルールは存在しない。その理由は，以下の文献では，手続的な障害が存在していることを簡潔に整理している。J. Robert S. Prichard, 'A Systemic Approach to Comparative Law: The Effect of Cost, Fee, and Financing Rules on the Development of the Substantive Law' 17 *Journal of Legal Studies* 451, 457-458 (1988); なお，以下も参照。John G. Fleming, 'Mass Torts' 42 *American Journal of Comparative Law* 507, 522-523 (1994).

65　Atiyah, note 59 above, at 1019-1044. See also Franklin W. Nutter and Keith T. Bateman, *The U.S. Tort System in the Era of the Global Economy: An International Perspective* 30-39 (Alliance of American Insurers 1989).

66　この問題については，以下の文献を参照。Herbert M. Kritzer, 'The politics of Redress: Controlling Access to the Court System in England' (University of Wisconsin – Madison, Institute for Legal Studies, Dispute Processing Research Program, Working Paper DPRP 11-6, July 1993).

できるという指摘について検討してみよう。イギリスでは，1994年度の女王座部に提起された不法行為による人身事故に関する約500件の訴訟事件のデータで見ると，原告は5万ポンド以上（約8万ドルに相当）の損害賠償金額を獲得している[67]。これに対して，アメリカの不法行為訴訟のデータを見ると，100万ドルを超える陪審評決の比率が相当に高い比率を記録している。この比率は，イギリスでの民事訴訟事件（不法行為をめぐる訴訟に限定しない）の損害賠償金額と比較しても相当に高い金額であり，イギリスとの対比では60対1という比率に相当する[68]。

われわれは，イギリスでは「不適切な」不法行為をめぐる法システムがその原因となって，人身事故率が相対的に高くなっていると予測すべきかもしれない。けれども実際には，イギリスの人身事故率はアメリカと比較すると相当に低い水準にある。＜表3－4＞は，イギリスとアメリカの両国における，人口10万人当たりでさまざまな人身事故類型ごとに比較した死亡率の

---

[67] *Judicial Statistics, England and Wales, for the Year 1994*, note 18 above, at 32 (tab. 3.6). この統計データに相当する県裁判所のデータでは，人身事故で訴訟提起された事件としての項目で整理された判例データは存在しなかった。けれども，イギリスの裁判所サービス部のマーク・カムレイ氏は，親切にも1994年度の未公表データを私に提供してくださった。このデータによれば，668件の人身事故に関する訴訟が提起されているが，その中でも30件程度の事件で2万ポンド以上の損害賠償が認められているに過ぎない。その平均的な損害賠償金額は，5万2,665ポンドである。なお，同じく人身事故に関する訴訟でも，県裁判所での事実審を経過していない訴訟類型は別の判決項目に分類されているために，結果的にいかなる件数と損害賠償金額が認められたかについて推測する手段を発見できなかった。また，女王座部の判決は，950件が人身事故に関する事件であったが，その中の330件のみが事実審を経過した後の判決であった。*Judicial Statistics, England and Wales, for the Year 1994*, note 18 above, at 30, 32 (tabs 3.4, 3.6). この事実は，イギリスでも1994年度では，1,000件以下の人身事故に関する訴訟が提起されているに過ぎない事実を示唆している。なお，アメリカにおけるそれに相当する訴訟件数は，残念ながら該当する訴訟統計データを利用できなかったが，おそらく相当に膨大な件数になると推測できる。なお，1992年度の推計であるが，州裁判所での不法行為に関する事実審判決の総数では約2万件と推計されている。Brian J. Ostrom and Neal B. Krauder, 'Examining the Work of State Courts, 1994: A National Perspective from the Court Statistics Project' 30 (National Center for State Courts 1994).

[68] このデータは，以下の文献から引用している。Maimon Schwarzschild, 'Class, National Character, and the Bar Reforms in Britain: Will There Always be an England?' 9 *Connecticut Journal of International Law* 185, 218 and nn. 129-130 (1994).

表3-4　イギリスとアメリカの人身事故類型ごとの
死亡率の比較

事故の類型	人口10万人当たりの死亡率(イギリス)	人口10万人当たりの死亡率(アメリカ)
自動車事故	7.91	18.43
その他の輸送機器の事故	0.48	1.52
中毒事故	1.43	2.33
転落事故	6.37	4.95
機械事故	0.19	0.52
火災事故	0.98	1.68
拳銃事故	0.02	0.57
溺死事故	0.51	1.60
その他の事故	2.48	5.32
合計	20.40	36.98

比較データである[69]。

　私は，イギリスでの人身事故による死亡率がアメリカのそれよりも低い理由として，両国における法システムの相違が影響していると示唆しているわけではない。このような理由は，検討する余地があるとしても，その寄与率は極めて低いと予測できるからである。イギリスにおける潜在的な人身事故による被害者は，アメリカのそれと比較すれば，法的救済を充分に受けられないという事前の警告を受け取っている確率が高い。イギリスとアメリカ両国における自動車その他の輸送機器による死亡事故率の相違は，両国における輸送機器の総量の相違に由来すると説明することも可能である(実際にはそうではない)[70]。また，イギリスとアメリカ両国における拳銃事故による死

69　イギリスの統計データは1992年度，アメリカのそれは1990年度の数値データである。これらの資料の出所は，以下の資料による。*World Health Statistics Annual Reports*, published by the World Health Organization. なお，この表に記載する人身事故類型としての「機械事故」には，「切削および穿孔器具」による事故も含まれている。

70　イギリスにおける自動車事故による死亡率は，これをマイル単位で計算した場合でも，アメリカの人身事故率の半分以下に過ぎない。すなわち，マイル単位で計算した場合，イギリスの自動車による10万マイル当たりの死亡率は1.0であるが，アメリカではその死亡率は2.2となる。これらの数値は，以下の資料による。Dept. of Commerce, Bureau of the Census, *Statistical Abstract of the United States 1992* 609 (112th ed.) (tab. 1009); *Whitaker's Almanack 1994* 513, 517 (126th ed.).

亡率の相違は，イギリスにおける拳銃の私的所持の厳格な禁止とアメリカの緩やかな法的規制の相違にその多くが由来することは言うまでもない。私が指摘したいと思っている事実は，イギリスの人身事故率が低い理由が何であれ，法システムを通じて人身事故発生を抑制するための資源投入量が現実には次第に減少する傾向にあるという単純な事実である。実際に，人身事故発生を抑制する方法としてはさまざまな法的手段がある。イギリスでは，法的手段以外の方法によって人身事故の発生を抑制することに成功してきたように見える。これらの法的手段以外の方法によって抑制できない人身事故は，不法行為訴訟という威嚇的効果によっても抑制できない人身事故である可能性が大きい。このような人身事故は，不法行為訴訟以外の他の適切な方法によって抑制ないし予防できる可能性がある。たとえば，ガソリン税の増税という手段は，自動車運転の機会を減少させる効果があるとともに，人身事故を引き起こしやすい若年ドライバーの人数を減少させることで自動車ドライバーの年齢構成を変化させる効果がある。また，拳銃保持に対する規制強化も，拳銃事故の発生を予防する効果が期待できる。イギリスでは，法システムの予防的機能は，矯正不能かつ防御不能な人身事故の加害者たちによって実質的に無効化されてしまったのかもしれない。その理由は，イギリスでは，法的救済という希望が全く持てないほどに予防的機能を失った一連の裁判所判決によって証明されていると解釈することもできる。これが事実であるか否かはともかく，イギリスではアメリカと比較すると，人身事故は重大な社会問題として認識されていないように思われる。イギリスでは，社会的資源の投資に関するさまざまな政策選択の余地がある中で，人身事故を予防するために追加的な社会的資源を投資することが賢明な政策選択であるのか否か，その政策視点の評価は必ずしも明らかではない。

　私は，イギリスの不法行為分野における訴訟提起のインセンティブを高めるような「現実的な」損害賠償金額を認める判決は，高額な損害賠償金額が人身事故の発生を抑制する効果を伴う結果として，不法行為訴訟それ自体を減少させる可能性があると考えている。結果的にこの現実的な判決の効果は，過失による人身事故を減少させるとともに，過失による不法行為訴訟それ自体をも減少させるという相殺的効果を生み出す可能性もある。けれども，このような推測は，それ自体が非現実的であるのかもしれない。この推測は，たとえば犯罪の厳罰化に伴う受刑者の懲役期間の長期化が，人びとの初犯としての犯罪行為を抑制する結果として，刑務所を空洞化させる効果を

もたらすという期待的な推測と同じだからである。ここで技術的な定義をするならば，犯罪の弾性値(elasticity)は，刑罰の厳格化によって影響を受ける比率が1以下であると仮定してみよう。この刑罰の厳格化に伴う犯罪の弾性値は，犯罪の発生総数を抑制する効果があると仮定しても，刑務所に収監される人びとの総数は懲役期間の長期化の効果としてかえって増加する可能性がある[71]。同様に，イギリスでの過失による不法行為の増加は，その法的抑制力の脆弱化に由来する不埒な不法行為者の増加に由来すると仮定してみよう。その上で，人身事故発生の弾性値は，過失による不法行為をめぐる訴訟件数の上昇に結び付く比率が1以下であると仮定してみよう。この場合，過失による不法行為の加害者が法的に全く抑制を受けないならば，弾性値はその極限においてゼロに収斂することを意味している。このような状況では，過失による不法行為をめぐる訴訟件数の増加によってもたらされた効果は，人身事故の発生確率の減少によって完全に相殺されることはありえない。とくに，現在よりも追加的に増加する訴訟事件は，そのほとんどが請求原因の薄弱な訴訟になる結果，訴訟増加に伴う人身事故の減少という効果はほとんど相殺されてしまうだろう。かりに，不法行為法が原告側に有利な法的ルールとなって損害賠償金額も増加する場合には，過失による不法行為の被害者であるふりをする偽善者が訴訟を提起するという誘導効果を伴う可能性がある。この場合に生じる追加的な訴訟事件の増加には，過失による不法行為を抑制する効果はほとんど期待できないだろう。このような追加的な訴訟事件は，すでに指摘したように，不法行為法による人身事故の抑制効果を「減少させる」可能性すらある。結果的に見れば，このような不法行為をめぐる訴訟の増加は，現実にはかえって人身事故を増加させると考えるべきだろう。

イギリスにおける人身事故の発生確率は，アメリカと比較すればいまだ極めて少ないことは確かである。けれども，『エコノミスト』によれば，イギリスの人身事故の発生件数は次第に増加する傾向を示している。この事実こそ，『エコノミスト』がイギリスで過失による不法行為訴訟の少ないことに関心を寄せる最大の焦点かもしれない。けれども事実はこれとは反対で，『エコノミスト』が利用している同一の統計データによれば，イギリスでは

---

[71] ここで使用する犯罪の弾性値とは，相互に1％ずつの変動を及ぼす一つの変数である。それゆえ，弾性値が－1％という場合，その変数の一つ(たとえば懲役期間)が1％上昇するのに対して，別の変数(たとえば犯罪率)が1％減少することを意味している。なお，この本文では，私はマイナス表記を除外している。

人身事故の発生率のみならず人身事故の発生件数も，1950年代から現在に至るまでほぼ一貫して減少する傾向を示しているのである。

　ここまでは，不法行為法による事故の抑止的機能を強調してきたけれども，民事法システムの機能はこの不法行為の抑止的機能のみに止まるわけではない。民事法システムは，法的救済手段のオプション価値について言及する際にすでに指摘したように，事故に対する保険としての機能を伴っている。この民事法システムによる保険機能は，アティア教授の評価が正しいと仮定すれば，イギリス法システムと比較するとアメリカのそれは相対的に優れた効果を発揮している。不法行為法システムにおける保険機能は，他の多くの疑問の余地がある保険商品と比較してもその重要な機能的特色は際立っている。けれども，私は，その保険機能が完全であると思っているわけではない。たとえば，民事法システムの一般的機能は，自力救済手段の文明化された代替機能を担うものとして評価されてきた。けれども，不法行為法に内在する人身事故に対する予防機能や補償機能ないし保険機能は，この自力救済手段の代替機能とは明確に異なっている。これらの不法行為法システムの機能は，歴史的に見れば，「矯正的正義」と呼ばれてきた機能である。これらの不法行為法システムの機能は，現代における法システムの中心的な機能としての役割を担っている。けれども，イギリスの不法行為法システムはその役割を適切に遂行できない状態にあるという，私の認識を否定する根拠を誰も示してくれてはいない。この私の認識は，たとえ不法行為法システムに内在する保険機能という文脈に沿って見直したとしても，あるいは不法行為法システムの価値ある機能は非効率で反社会的な行動を抑制する機能のみにあると仮定しても，イギリス法システムの抜本的改革に反対すべき説得力のある決定的証拠は見出せない。私は，ここでは民事法システムに内在するたった一つの側面である，事故の発生確率を抑制するという不法行為法の役割に限定して議論しているに過ぎない。この限定された領域でさえも，イギリスの過失による不法行為の抑制システムは，その潜在的被害者に対する充分な救済手段として機能していない。イギリスの過失による不法行為法の領域では，法的救済手段がその費用に充分に見合っていないという，私の認識を訂正する必要性は「証明」されないままである。結果的に，ここで私が証明できる事実は，イギリスにおける法システムの改革に向けたさまざまな提案について，現時点では責任ある評価が困難なことを示唆できるに過ぎない。

イギリスとアメリカの法システムをめぐる統計的なデータを比較する際に，もう一つ気を付けるべき問題がある。この両国の比較に際しては，社会的実態として相互に異なる要素を内包する複合体として考えるのではなく，社会的に同一の要素を共有するその構成単位として考えるという思考態度こそが問題である。このような思考態度は，イギリスとアメリカの法システムを比較する際に，全ての問題に影響を及ぼす基本的な問題である。とりわけアメリカについて考える場合には，イギリスよりも多様性が顕著であるとともに地方分権的であるために，さまざまな意味で検討すべき比較法的な課題が介在している。私が問題とするイギリスとアメリカの法システムに内在する本質的な相違は，アメリカの各州における相互に異なるその社会的特性に由来する極めてドラマティックな相違によって加速されている可能性が高い。結果的に，両国の法システムの相違は，イギリスとアメリカ両国における法システム全体の相違というよりも，イギリスとアメリカのいくつかの州や地域との間でのそれぞれの社会的構成要素に由来する相違である可能性が大きい。私がすでに統計データとして指摘したように，イギリスにおける人口10万人当たりの人身事故による不法行為訴訟の件数は，1986年度で見ると117.4件に相当する。これに対してアメリカにおける同種の訴訟件数は，合衆国全体として見ればその3倍以上の件数に達している。けれども，われわれがアメリカ合衆国全体を考えるのではなく，統計的データが利用可能な35州（ワシントンDCを含む）を取り上げて，それぞれの州単位で考えるならば全く異なる特徴が浮かび上がってくる。たとえば，人口10万人当たりの不法行為訴訟（各州と連邦の裁判所を合計すると）の件数は，ノース・ダコタの95.6件からマサチューセッツの1,302.4件に至るまで，各州間では極めて多様な様相を呈する状況が明らかになる。また，ノース・ダコタの次の順位であるインディアナでも，人口10万人当たりでの不法行為訴訟の件数はイギリスのそれよりも少ない111.4件であるし，その次のワイオミングはイギリスに近い128件である[72]。われわれが検討すべき課題として考えるならば，イギリスとアメリカ両国における不法行為訴訟件数の間で重複する要素は，実際には極めて限定的な要素であるに過ぎないのかもしれない。けれども，この両国に共通の重複する要素を考えるならば，その訴訟件数の相違は，ア

72　これらの統計データは，私の未公表である以下の文献に掲載している。'Variance in the Number of Tort Suits Filed'（June 1996）。

メリカの各州での統計データの特徴を少し誇張して反映した結果に過ぎないのかもしれない。われわれは，この統計データの相違をイギリスにも適用可能な変数を考慮に入れて説明するモデルを考えるとすれば，たとえば所得・教育・都市化など複数の変数を考慮する必要がある。結果的に，これらの変数を用いることによって，イギリスの不法行為をめぐる訴訟件数の特徴を推測することが可能となる。このモデルを用いて考えるならば，統計データによる不法行為をめぐる訴訟件数の相違は，それぞれの法的システムに由来する相違ないし広い意味での文化的特性の相違として説明することが可能となる。このモデルを発展させることは，比較法的な研究分野において，今後とも重要かつ挑戦的な研究課題となると考えるべきだろう。私は，これ以上の検討はここでは差し控えることにする。けれども，このモデルを考慮することなしに，イギリスとアメリカ両国の法文化ないし国民文化の相違として不法行為訴訟における統計データの差異について議論することは，極めて不明確で重要な要素を残したままの議論に終始する結果となるだろう。

(4) 刑事事件に関する判例

イギリスとアメリカでの刑事法の適用をめぐる訴訟事件は，契約法や不法行為法をめぐるそれよりも，量的に見ればかなり大きな統計データ上での格差がある。ここでは，この両国における刑事法の適用をめぐる訴訟事件についての統計データの比較を試みたい。イギリスでは，すでに述べたように，1994年度では刑事法院(Crown Court)で審理された刑事訴訟の件数はおよそ8万9,000件である。これらの事件は，その全てが正式起訴状に基づく刑事訴訟事件であり，イギリスでは重大な犯罪事件であることを意味している。このイギリスの統計データは，アメリカの1992年度の1,300万件に相当する刑事事件の総数と比較すると，その中で5万件が連邦裁判所に提起された事件であるが，両国の統計データを直接的に比較することが困難である事情が明らかになる[73]。アメリカの刑事事件では，一般的な裁判管轄権限を有する裁判所に提起された刑事事件の中で約150万件が重罪事件に相当するが[74]，この重罪事件のデータこそがイギリスの刑事法院のそれと比較されるべき適切

---

73 Ostrum et al., n. 33 above.
74 この統計データの数値は，一般的裁判管轄に属する裁判所に提起された重罪事件として記録されている，33州の平均データから推計したものである。Id. at 39 (fig. 1.57).

な刑事事件の総数である。イギリスとアメリカの統計データに見られるこの格差(両国の人口比では約5対1であるが,刑事事件総数では約17対1という大きな格差を示す)は,とくに注目に値すると言えるだろう。しかし,国際刑事警察(Interpol)の国際犯罪統計(*International Crime Statistics*)によれば,一般的な常識とは異なるけれども,イギリスではアメリカと比較すると実質的に見れば相対的に高い犯罪発生率を示している[75]。なお,これらの統計

75 　国際刑事警察の国際犯罪統計によれば,1990年度でのイギリスの人口10万人当たりの犯罪率は,イングランドとウェールズのみで8,986件とされている。これに対して,アメリカのそれは5,820件に過ぎない。また,国連の犯罪統計でも,私はこれが最も信頼できる統計データであると教えられているが,1986年度でのイギリスの重大犯罪の件数は,384万7,410件と記述されている。これに対してアメリカの統計データでは,1,321万800件と記述されている。イギリスの犯罪事件総数は,アメリカとの人口対比である5対1を超える事件総数を示していることは明らかである。United Nations, 'Crime Trends and Criminal Justice Operations at the Regional and Interregional Levels' 60-61 (1993) (Annex Ⅱ).このような両国でのデータ格差は,警察による犯罪報告データが世帯ごとの調査に基づいて収集されるという問題にも関連している。イギリスの犯罪調査では,全てのイギリス(イングランドとウェールズのみを意味する。この講義では別段の表現をとらない限り,イギリスとはイングランドとウェールズのみを示すことを再び確認してほしい)における深刻な重大犯罪は,1991年度では1,500万件と記述されている。この中でも,その17%は広義での暴力的犯罪を意味しており,またその5%は一般的な暴行(common assaults)を除外した,暴力的な重大犯罪を構成している。Pat Mayhew, Natalie Aye Maung, and Catriona Mirrlees-Black, *The 1992 British Crime Survey* 23 (Home Office Research Study No. 132, 1993).なお,アメリカの主要な犯罪被害者調査では,1991年度で3,500万人の犯罪被害者がいる可能性があると報告している。U.S. Department of Justice, Bureau of Justice Statistics, *Criminal Victimization in the United States: 1973-92 Trends* 9 (July 1994, NCJ-147006) (tab. 1).これらの統計データでの「全ての犯罪」というカテゴリーは,「人身犯罪または家庭犯罪」のみに限定されている。このカテゴリーは,イギリスの統計調査での「全ての犯罪」というカテゴリーにほぼ対応していると思われる。また,アメリカの統計データでは,660万件の暴力的犯罪事件が記録されているが,これに対応するイギリスのデータでは同一の年度で255万件となっている(150万件の0.17%)。かりに,このアメリカの犯罪統計での660万件の暴力犯罪件数から,単純な暴力を差し引いて考えるならば(id. at 39 [tab 19]),結果的には300万件となる。この数値データは,イギリスの対応するそれと比較すれば(1,500万件の0.5% = 75万件),たかだか4倍程度に過ぎない。結果的に,この数値データでも,イギリスの犯罪比率はアメリカよりも相対的に高いという結果が示されることになる。けれども,最後に示す比較データによる犯罪被害者に関する国際的

データを取り扱う際に，その「測定基準」の適切性こそが決定的に重要である。アメリカでは，違法な薬物の高レベルでの使用が問題となっており，これが多くの犯罪の温床としての役割を果たしている。この違法薬物に由来する犯罪は，警察の統計データに記録されることもなく，犯罪被害者に対する聞き取り調査の対象項目とされることも少ない。この問題を除外して考えるならば，イギリスではアメリカと比較すると人びとの違法的行動が多くなっているように「思われる」。その第一の理由は，イギリスでの殺人・強姦・強盗などの凶悪犯罪の比率は，これらは重大な暴力犯罪の典型例であるが，アメリカでのその比率よりも相当に低い水準にとどまっている[76]。第二の理由を挙げるならば，イギリスの犯罪事件は，アメリカのそれと比較すると相対的に社会的衝撃が大きいという事情も考慮すべきだろう[77]。

イギリスとアメリカ両国における犯罪件数やその構成比の相違は，全ての犯罪に対する刑罰の執行件数とその中での重罪に対する刑罰の執行件数の対比として考察することで明らかになる。イギリスにおける大多数の犯罪事件は，最長で6ヵ月以下の懲役刑（一つ以上の犯罪事実が問題となる事件では最長の刑期は12ヵ月）しか認められない治安判事裁判所で処理されるが，その件数は1993年度のデータでは約196万件となっている[78]。この数値データに刑事法院での刑罰執行件数を加えた上で，アメリカでの刑事事件の執行件数である1,300万件と比較してみよう。この比較データによって，イギリス

な調査結果では，その調査の最近年および過去5年間のデータで見ると，イギリスの人びとはアメリカの人びとよりも犯罪被害者となる確率が実質的に高くなっている。Jan J. M. van Dijk, Pat Mayhew, and Martin Killias, *Experiences of Crime across the World: Key Findings from the 1989 International Crime Survey* 41, 174-175 (1990) (fig. 25 and tabs. E1, E2). なお，この統計データでは，イギリスの犯罪被害者の総数は，相対的にアメリカのそれよりも少ないけれども，その平均的な犯罪被害者数をアメリカの平均的なそれと比較すると，相対的に多くの犯罪被害者が発生している可能性があることを示唆している。

76 たとえば，1986年度で見れば，イギリスでの故意による殺人は820件に過ぎないのに対して，アメリカでのそれは2万610件に達している。United Nations, note 75 above, at 60-61 (Annex Ⅱ).

77 この問題は，(注75)で指摘したように，アメリカと比較するとイギリスの相対的に小さな人口比率が重大な犯罪被害に巻き込まれる確率を高めている可能性もある。

78 Home Office, *Criminal Statistics: England and Wales; 1993*, 17 (Her Majesty's Stationary Office, Cm 2680, Nov. 1994).

とアメリカの刑事事件における刑罰執行件数の比率は，およそ6対1に相当することが明らかになる。この比率の相違は，両国の人口比率を若干上回る程度の相違であるに過ぎない。けれども，イギリスにおける重罪に対する刑罰の執行件数とアメリカのそれを比較すると，その比率は約17対1に相当する格差にまで増加する。

　イギリスでは，アメリカと比較すると重大な犯罪行為に対する刑罰の執行件数が相当に低いのみならず，結果的に見れば刑務所や拘置所での在監者の人数も相当に少ない。これを1993年度で比較すると，イギリスでの在監者数は4万4,565人であるのに対して，アメリカでは139万2,070人にまで達している[79]。この統計データでは，イギリスとアメリカでは在監者数の比率で見ると約30倍であり，これを両国の人口対比で修正した場合でも約6倍に達している。この両国における刑事事件での不均衡なほどの統計データの相違は，アメリカでの薬物犯罪者の高い比率を考慮に入れることで説明可能となる。アメリカでの在監者数のデータから薬物犯罪者としての刑務所と拘置所での在監者や収監者の人数を差し引くと，その残りの総数は104万9,606人となる[80]。私は，イギリスにおける薬物犯罪者であって刑務所や拘置所に収容されている人びとの比率についての情報を持っていない。けれども，イギリスでは，1993年度における刑務所に収容されているおよそ4万人の中で，薬物犯罪者は約3,600人であると報告されている[81]。この統計データの数値を参考とする限り，その人数はアメリカと比較すれば極めて少数であると想定できる。イギリスの薬物犯罪者としての刑務所の在監者数は，たとえゼロであったとしても不思議ではない。けれども，アメリカの刑務所の在監者数は(この統計データでは薬物犯罪者は除外している)，イギリスのそれ

79　Id. at 19; Allen J. Beck and Darrell K. Gilliard, 'Bureau of Justice Statistics Bulletin: Prisoners in 1994' 1（U.S. Dept. of Justice, Aug. 1995）; Craig A. Perkins, James J. Stephan, and Allen J. Beck, 'Bureau of Justice Statistics Bulletin: Census of Jails and Annual Survey of Jails: Jails and Jail Inmates 1993-1994' 1（U.S. Dept. of Justice, April 1995）.

80　この統計データは，(注79)の資料から推計している。Beck and Gilliard, note 79 above, at 8, 10, 11（tabs. 10, 13, 14）and　Perkins, Stephan, and Beck, note 79 above, at 1, 14. もちろん，これらの統計データには，薬物犯罪者として刑務所や拘置所に収容されている人びとの中には，たとえば競争相手である薬物販売者を殺害した殺人犯など，薬物犯罪以外に主要な犯罪原因が認められる犯罪者も含まれる。けれども，私は，これらの統計データを正確に推計する手段を持っていない。

81　*Criminal Statistics: England and Wales: 1993*, note 78 above, at 155-156（tab. 7.2）.

〈講義3〉法システムの機能的・システム的な比較　163

の20倍以上に達している。また、イギリスとアメリカの人口対比で見ても、その総数で見れば4倍以上の格差となっている。

　犯罪の社会的原因は、事故の社会的原因と同様に、極めて複雑な要素によって構成されている。この事実について再び指摘するならば、イギリスではアメリカと比較すると、反社会的行動を抑制するために法システムの機能を活用する傾向が少ないように見える。このイギリスの傾向は、犯罪に巻き込まれる人びととの比率の高さによって、彼らの負担でその費用が賄われている可能性がある事実を明らかにしている。ここでは、人びとが犯罪被害に遭う確率を考える際に、いわゆる被害者のいない犯罪をその適用対象から除外して考えている。これに対してアメリカでは、犯罪行為を抑制するために法システムの機能を積極的に活用しているように見える。けれども、アメリカでの犯罪行為に由来する社会的費用の総計は、犯罪発生率それ自体のデータとは異なり、イギリスよりもその費用負担は相対的に低く抑制されている可能性がある。その背景には、多くの社会的恐怖や混乱を引き起こすような犯罪行為が抑制されるとともに、被害者のない犯罪件数も相対的に低く抑制されている可能性があるからである。これに対してイギリスでは、事故をめぐる民事事件と同様に、刑事事件でも法システムの犯罪抑制機能に対する投資が抑制されている可能性がある。イギリスの刑事法システムは、この意味では、法システムに対する追加的投資によって社会的害悪をもたらす犯罪行為の抑制に消極的であるという事実を示唆している。法システムの機能は、さまざまな社会問題を処理するための社会的システム機能の代替的手段である。他の社会システム機能が法システムのそれよりも効果的であるならば[82]、その手段が人的資源の抑制であれ社会活動領域の抑制であれ、その社会は法に依存することを抑制して法システムの役割を小さくする結果になるだろう[83]。

---

[82] これらの手段は、政府によって用いられる手段のみを想定する必要はない。イギリスは、アメリカと比較すると違法な薬物に対する需要は少ない。けれども、この領域では、両国とも公共政策で対処できる手段は限られたものとなるだろう。

[83] David Vogel, *National Styles of Regulation: Environmental Policy in Great Britain and the United States* (1986). この文献では、イギリスの環境規制政策についてアメリカのそれと比較すると、環境保護という目的を実現する手段として、論争的かつ対抗的で訴訟を招きやすい規制手段が採用されている事実についていくつかの証拠を提示している。See also Robert A. Kagan, 'What Makes Uncle Sammy Run?' 21

4　法文化の理論構築に向けた検討課題

　私がこの＜講義３＞のまとめとして考えていた当初の主題は、「法文化の理論(A Theory of Legal Culture)」というタイトルであった。けれども、この主題での比較法理論を構築するのは、私にとって極めて困難であると最終的に考えるに至った。このような理論構築は、私の元来からの夢想ではあるけれども、以下のようないくつかの重要な主題について回答することが必然的に要請される。まず、イギリスとアメリカという二つの国家の法システムの相違を考えることは、それぞれの国に深くしみこんだ思考様式や感情様式についてどこまで遡って考えるべきなのだろうか。また、イギリスとアメリカの法律専門職の文化は、両国の文化総体の中でどこまで共通する類似性を保っていると評価できるのか。あるいは、この両国の法律専門職の文化は、それぞれの社会全体の文化的特質(つまり「国民文化的な性格」)を反映する忠実な鏡としての役割を果たしえるのか。また、この両国の法文化における分岐は、二つの社会がそれぞれ別個に発展したという歴史的経緯を反映しているのか。それとも、それぞれの社会の法律専門職の内部における文化的特性や歴史的発展の帰結を意味するに過ぎないのか。いずれにせよ、イギリスとアメリカの法文化が歴史的に分岐したと思えるのは、早くても18世紀からで、慎重な表現をするならば19世紀に至ってようやく始まったと考えられるのである。

　これらの主題は、極めて魅力的かつ挑戦的な課題であるけれども、現在の私自身にとって何ごとかを語ることは未だ困難な課題でもある。ここでは、私にとって一つだけ言及すべき主題がある。その主題とは、イギリスはアメリカと比較すると、階級的ないし社会的格差が極めて重要な役割を果たしてきた国家であるという認識にある[84]。この主題について考えるならば、イギリスのみならず他の全てのヨーロッパ諸国(ここでは日本を含む東アジア諸国については言及しない)をその比較対象として考えなければならない。ヨーロッパ諸国では、アメリカとは異なり、階級や格差あるいは社会的身分や「地域」についての意識などの観念が、それぞれの社会組織の内部におい

　　Law and Society Review 717 (1988); Kritzer, note 66 above.
84　以下の文献は、極めて優れた議論を展開している。Schwarzschild, note 68 above, at 187-193.

て重要な役割を果たしている。ここでは，アメリカの法システムを一方において，ヨーロッパ諸国（すでに＜講義１＞で指摘したようにイギリスを含めて）のそれを他方において，相互にこれを比較することが解決に向けたヒントとなる可能性がある。格差を内在する社会では，人びとの内部に公的な政府機構により多く依存する社会的意識が派生する。このような意識の傾向は，それぞれの社会における法システムの機能においても，さまざまな文脈を通じて影響を及ぼすことになる。手始めに言うならば，ある社会がアメリカのような権力分立型の統治機構とは全く逆に，中央集権型の統治機構を受け入れる傾向があると仮定してみよう。具体的に考えるならば，議会主義的な統治機構は，すでに＜講義１＞で示唆したように，司法機関に重要な影響を及ぼす効果を伴っている。また，アメリカに見られるような権力者が保有する権限を抑制する考え方としては，たとえば連邦型の統治システムや憲法の法的執行力を確保するための司法機関の位置づけ，あるいは二院制の議会システムと大統領への拒否権の付与，また法的システムの透明性や明快性を抑制することを通じて訴訟提起を刺激する政策の導入などの工夫を伴っている。また裁判官は，その国家における行政機構が信頼されるシステムの下でこそ，より多く信頼を得ることができる。同様に裁判官は，議会主義的な統治機構の存在が司法機関を政治的影響力から距離を置くことを可能とするシステムの下で，人びとの信頼をより多く確保することができる。裁判官に信頼が置けるならば，人びとは陪審員にそれほど依存しない司法システムの導入を求める結果となる。イギリスの裁判官は，歴史的に見ればこちらの方向にその重心を移動してきており，結果的に人びとは民事陪審を廃止しても良いと感じるようになっている。裁判官以外の私人の判断に信頼を与える政策選択は，法システムの機能にそれほど大きな役割を与えないことを意味している。イギリスの人びとは，行政機関に対してさまざまな苦情を持ち込むけれども，行政機関の対応が不満足であってもあえてそれを受け入れる。このような人びとの対応は，アメリカでは決して見られない態度である[85]。

イギリスの裁判官の採用をめぐる伝統的なシステムでは，法廷弁護士の序

---

[85] イギリスの例としては，移民政策に関する行政機関の決定に対して，その司法審査権限を否定した控訴院の判決について考えてほしい。*R. v. Secretary of State for Home Affairs* [1986] 1 All E.R. 717 (A.C.); William Bishop,'A Theory of Administrative Law'19 *Journal of Legal Studies* 489, 527 (1990). このような判決は，アメリカでは，決して考えられない事態である。

列に従って，上位の階層から順序よく秩序だってその任命が行われる。その理由は，イギリスでも法廷弁護士としての高度な生活水準を維持することは困難であることに加えて，イギリス人は概して上位の階層に対して相対的に信頼に値すると考える傾向が高いからである。これに対して，ヨーロッパ大陸諸国での裁判官の任用は，全く異なったシステムを基礎として成立していることは確かである。けれども結果的に見れば，イギリスでも他のヨーロッパ諸国と同じく，上位の階層から選抜された裁判官は相互に同質性が高くその職業的な判断には類似性が見受けられる。

　アティア教授の主張によれば，イギリスとアメリカ両国での不法行為訴訟の提起率の格差は，訴訟や紛争の多さや少なさという社会的背景とは別の理由によって説明できるという。彼によれば，アメリカの法システムの特徴として，不法行為法における原告に有利な判例理論やより寛大な損害賠償金額を認める傾向（懲罰的損害賠償を含めて）に加えて，事故に由来する損失補償として裁判手続以外に損害賠償を請求する手段が存在しないことなどを挙げている[86]。イギリスとアメリカでの訴訟に対する人びとの行動に見られる明らかな相違は，実際には，人びとの間で生じる心理的な様相の相違とはほとんど無関係であるのかもしれない。けれども，アティア教授が指摘する，イギリスとアメリカの二つの相違点（アメリカの不法行為法が原告側に有利な判例理論に依存していることと，アメリカの損害賠償を認める判決が相対的に原告側に寛容であること）は，訴訟比率の高さの相違を説明するための近似的要因に過ぎないのかもしれない。結果的に，この問題の背後には，イギリスとアメリカにおける文化的相違ないし「国民文化」の相違という際立った特徴が介在している可能性もある。クリッツアー教授は，次のように指摘している。「イギリスの人びとに見られる典型的な特徴として禁欲主義があるのに対して，アメリカの人びとの特徴は社会的な不平不満を常に表現する傾向があるという指摘は，両国の人びとに対する固定観念を示しているに過ぎない。これらの相違は，それぞれの固有の文化的な側面を代表する重要な要素の相違を表現している。イギリスの人びとは，男女を問わずに逆境にあってもそれを日常生活の一部として受け入れるのに対して，アメリカの人びとは逆境にあったときに裁判所を通じて損害賠償を請求するという性向を

86　Atiya, note 59 above.

持っているのかもしれない[87]。」このクリッツアー教授の議論に対しては，イギリスとアメリカ両国における不法行為訴訟での対応の相違は，アメリカにおける不法行為訴訟とヨーロッパ諸国およびそれ以外の諸国における不法行為訴訟の間に存在する，同一レベルの文化的相違を反映しているに過ぎないという反論も可能である。かりに，アメリカの法システムがそれ以外の諸国のそれと異質であると仮定すれば[88]，イギリスとアメリカの間での文化的な相違は，二つの国家相互間の法システムの相違を説明するだけでは不充分なのかもしれない。このような結論は，＜講義１＞でのイギリスとヨーロッパ大陸諸国の法システムにおける類似性という議論とも整合的な結論である。しかし私は，このクリッツアー教授による議論，とりわけイギリスについての議論には同意できない。イギリスの国民性が保有する特異性は，フランス，イタリア，ドイツなどのヨーロッパ諸国と比較しても，極めて特徴的なユニークさを示している。実際に，ヨーロッパ諸国では（これを西ヨーロッパ諸国に限定した場合でも），表面的に見れば同質的な大陸諸国と言えるが，たとえ小国と言えどもそれぞれの国民文化では極端なまでの多様性を保有している。たとえば，イギリスの顕著な特性といわれる自己抑制的で非攻撃的な文化は[89]，ヨーロッパ諸国全体で見ると必ずしも基本的な特性とは言えない。また，このようなイギリスの人びとの顕著な特性は，表面的に見れば，民事事件のみならず刑事事件も含めた低い訴訟の提起率と相関しているように思われる。かりに，イギリスでの不法行為をめぐる訴訟提起率がヨーロッパ諸国全体のそれよりも低いとすれば[90]，クリッツアー教授の推測をこの事実によって裏付けることが可能となるかもしれない。

---

87 Kritzer, note 62 above, at 422.
88 ギャランター教授の認識によれば，アメリカでは訴訟「爆発」とも呼ばれる社会的な不平不満を表現する現象に対する多くの批判的な言説は，そのほとんどが誇張されたものに過ぎない。Mark Galanter, 'Predators and Parasites: Lawyer-Bashing and Civil Justice' 28 *Georgia Law Review* 633, 673, 677-679 (1994).
89 この論点については，以下の文献が良い分析を行っている。Daniel Snowman, *Britain and America: An Interpretation of Their Culture 1945 - 1975* 83-96 (1977).
90 イギリスの不法行為訴訟の提起率の低さは，人口一人当たりで見れば，ドイツのそれよりも相当に低いことが明らかになっている。Basil S. Markesinis, 'Litigation-Mania in England, Germany and USA: Are We So Very Different ?' 49 *Cambridge Law Journal* 233, 241 (1990) (fig.3). 残念なことに，私は，他のヨーロッパ諸国との比較で利用可能な統計データを持っていない。

アメリカは，他のヨーロッパ諸国と比較すれば，イギリスと最も文化的に類似しているように見えることは確かである。けれども，アメリカの国民文化の特性は，実質的に見ればイギリスのそれとは全く対極的な性格を持っている。たとえば，イギリスの人びとに見られる権威への服従性，宿命的とも言うべき運命論，自己抑制的な社交的態度，あるいは非攻撃的な性格などは，アメリカの人びとの特徴と全く縁遠い国民的特性と考えられる。法的な訴訟行動とは，ある種の闘争的な行動を意味しているが，アメリカ人は本来的に闘争者なのである。これに対して，イギリス人は，サッカー競技場以外の場所では闘争的な行動を示すことはほとんどない。けれども，ここではイギリスとアメリカ両国における法システムの相違を説明するために，これ以上に「国民的な特性」を強調するつもりはない。その理由は，この国民的特性という概念が不定形な概念であるという理由のみではない。国民的特性は，その原因であるというよりも，その結果に過ぎないのかもしれない。また，法システムに内在するその特性は，同一の原因に由来する別の結果を意味する可能性もある。あるいは，もっと現実的な見方をすれば，同一の原因に由来する複合的結果の産物に過ぎないのかもしれない。アメリカでは，極めて高い頻度で発生する心理的ないし社会的な意味での流動性が存在している。アメリカの人口に占める移民の子孫である人びとの比率の高さや人種的ないし民族的な不均質性，またその富や娯楽が占める比率の高さも，人びとの活発な態度や個人主義的な特性に大きく寄与している可能性がある。また，これらの要素とは「独立して」，アメリカでは社会的な紛争解決をめぐる司法システムに対する大きな需要が生み出されている可能性もある。これに対して，アメリカと比較して見ると，静態的かつ均質的で人間関係が相対的に緻密な社会では，社会的紛争は相対的に少なくなるのかもしれない。その理由としては，このような社会では，人びとは一般的に見れば互いに顔見知りであるという理由もある。また，そこに内在する成熟した社会関係が相互の類似性を生み出すことにより，将来的に見ればお互いが直面する可能性がある紛争を回避し合うことを通じて，社会的紛争を抑制するための相互に保険料を負担し合っているという説明も考えられる。あるいは，イギリスでは，司法システムと比較するとより良質で非公式的な社会的紛争の解決手段が用意されているという背景があるのかもしれない。けれども，これらの事情は，そのいずれもヨーロッパ諸国の相互間に内在する相違について説明するには役立たない。アメリカの訟務長官（Solicitor General）の事務所での私の

勤務経験によれば，すでに＜講義１＞で指摘したように，イギリスとアメリカでの法律専門職である弁護士の態度の相違は，深い神秘に包まれた文化的相違に基づくというよりも，むしろ職業的なインセンティブや倫理的態度の相違に起因すると考えられる。

　さらに言及するならば，国民文化という特性と同様に，イギリスとアメリカにおける政治的構成要素の相違も作用している可能性がある。これらの国民文化や政治的要素は，両者ともにある種の社会的な鎮痛剤としての役割を果たすものである。政治的要素の一つは，イギリス（およびその他のヨーロッパ諸国）のコミュニタリアン的な左翼勢力と比較すると，アメリカにおける政治的にはそれと異なる方向への指向性という特徴がある。イギリスでの左翼勢力は，現在でもなお社会主義的でコミュニタリアン的な指向性を持っている。これに対して，アメリカ国民の訴訟における企業家的でその勝敗は運任せという特性は，成功報酬システムや集団訴訟の存在，さらには陪審員の気まぐれに左右される評決結果や極めて裕福な階層である原告側の百戦錬磨の弁護士活動に加えて，人びとがその権利主張に常に拘泥するという社会的な傾向などを反映している。これらのアメリカの国民文化的な特性は，コミュニタリアン的な左翼勢力にとっては極めて居心地の悪い環境である。アメリカの左翼勢力は，相対的に見るとポピュリスト的で権利擁護論的であるとともに，アンチ既成階級的な社会的色彩を帯びている。彼らの活動は，原告側の弁護士の寄付金によって，その運動キャンペーンに対するある程度の資金調達を維持しているという社会的背景もある。

　イギリスの文化的特性は，これまでにも私が議論してきたように，労働党のような社会主義的な勢力を含めて，少しずつではあるがアメリカの文化的特性に類似する方向へと変化し始めている。これと同時に，アメリカ国内でも，その法文化に内在する極端な特徴に対する急激な逆転現象も始まっている[91]。イギリスでも，もし『エコノミスト』がイギリスでの影響力のある代表的な思考様式を反映していると仮定すれば，イギリス法システムの下で

91　この動向に関する有名な例は，私的証券訴訟改正法(the Private Securities Litigation Reform Act of 1995, 109 Stat. 737)の制定である。この法律では，個人の私的証券に関する訴訟での原告の権利を制限している。また，反テロリズム法(Antiterrorism Act)や効果的死刑執行法(Effective Death Penalty Act of 1996, 110 Stat. 1214)も，刑務所における収監者の権利や人身保護令状および国外追放などに関する権利制限を認め始めている。

も人びとは成功報酬の導入を期待していると考えることができる。けれども，アメリカの人びとは，現在では成功報酬をむしろ抑制すべきだと感じている。アメリカの人びとは，敗訴者負担というイギリス型の法的ルール（アメリカではそのように呼ばれている）の採用を期待しているのである。これに対して，イギリスの人びとは，成功報酬をはじめとするアメリカ型の法的ルールの採用に期待を抱いている。アメリカの刑事訴訟の領域では，懲役刑に対する上訴の対象範囲が拡大している結果，イギリスでの懲役刑に対する上訴を認めるその長い歴史的伝統の方向に近づいている[92]。イギリスの裁判所は，制定法の解釈に際してその立法経過を参照することを禁止するルールという伝統的態度に対して，最近ではその緩和傾向についても比較的寛容な態度を採用している[93]。これに対して，アメリカの裁判所における最近の判例の態度を考えるならば，この禁止ルールをむしろ厳格化する傾向を示している[94]。アメリカの人びとの多くは，憲法をめぐる訴訟事件の増加，とりわけ刑事事件の被告人や被収監者の権利をめぐる訴訟事件の増加に歯止めをかける必要があると感じている。これに対してイギリス人の多くは，このアメリカの現状とは全く逆の方向へと法的ルールが向かうことを期待している[95]。アメリカの裁判官は，アール・ウォーレン時代の極端な行き過ぎに対していまだに恐れの感情を抱いている。これに対して，イギリスの裁判官は，第一次世界大戦以前から続いている状況に対して，ある程度は先例のない方向へとその食指を動かそうとしているのである[96]。

　イギリスとアメリカ両国の法システムにおけるもう一つの収斂傾向は，イギリスの司法システム改革を中断させる効果を伴っている。イギリスでは，

---

[92] この点については，以下の文献を参照。D. A. Thomas, 'Sentencing in England' 42 *Maryland Law Review* 90, 97-115 (1983).

[93] *Pepper v. Hart* [1993] 1 All E.R. 42 (H.L.).

[94] 一般的には，以下の文献を参照。William S. Jordan, Ⅲ, 'Legislative History and Statutory Interpretation: The Relevance of English Practice' 29 *University of San Francisco Law Review* 1 (1994).

[95] 以下の文献を参照。'Britain's Constitution: Why Britain Needs a Bill of Rights' *Economist*, 21 Oct. 1995, p. 64.

[96] いくつかの注目すべき事例として，以下を参照。*Airedale National Health Service Trust v. Bland* [1993] 1 All E.R. 821 (H.L.). この判決では，植物状態に陥った事故の被害者に装着された生命維持装置の作動状態を停止させる権利について，これを支持する判断を示している。

最近に至って訴訟事件の急速な増加現象が現れている。イギリスの訴訟事件は，私が統計データの記録として用いる1913年を基準とすれば，その後に急激な増加傾向をたどっていることは明らかである。このデータでは，1913年から1960年の間のみで見ると，上訴事件の提起件数では実際には20％程度に減少している。その一方で，高等法院における初審としての訴訟の受理件数は，その間に約2倍にまで増加している。けれども，県裁判所に提起された初審としての訴訟件数で見ると約20％程度の増加率に過ぎない。これに対して，その後の1960年から1990年までの期間で見ると，上訴件数は約4倍にまで増加している（1,245件から4,827件への増加）。また，高等法院への初審としての提訴事件数は，4倍以上にまで急速に増加（150,984件から664,795件）している。さらに，県裁判所への提訴件数も，約2倍から2.5倍（1,492,752件から3,561,386件）へと増加している[97]。イギリスにおけるこの訴訟の増加は，アメリカにおける連邦裁判所のそれと比較すれば，それほど急激な増加傾向にあるとは言えないが，それでも充分に注目されるべき増加現象である。このイギリスでの訴訟の増加傾向は，この講義ですでに述べてきた，イギリスにおける口頭弁論主義という伝統的システムの衰退傾向を説明するに充分な証拠となるだろう。

5 アメリカ法への示唆

アメリカの多くの法律専門職の人びとは，本書を読んだ後の最大の問題点として，本書には法律専門職にとって意義ある教訓が含まれているのだろうかという疑問を提示するかもしれない。私の回答は，本書には法律専門職に対するさまざまな教訓が含まれているけれども，法律専門職の業務に直接的に役立つような実務的教訓は含まれていないとういう回答となる。この私の回答には，以下に示すように，アメリカ法システムを実質的に変化させるような有意義な教訓が本書には内包されているという示唆も含まれている。

第一に，われわれが住み慣れているアメリカよりもずっと小さな国家であったとしても，その法システムは社会的に充分な機能を果たすとともに，アメリカよりもむしろ成功的な法システムとして実質的に機能しうるという

---

[97] これらの統計データの出所は，以下の通りである。*Judicial Statistics, England and Wales, for various Years.* なお，これらの訴訟事件の件数データは，民事事件のみに限定している。

教訓である。イギリスは，アメリカと比較すれば経済的な意味では相対的には貧しい国家である。けれども，このイギリスとアメリカの経済的格差の源泉については，これを法システムの相違に由来するという主張に説得力がないことは言うまでもない。たとえば，イギリスにおける無形資産である生活の質というレベルでは，社会的安全性や平均寿命の長さやさらには暴力からの自由や社会的な礼儀正しさなどを見る限り，アメリカよりもはるかに先進的な社会であると評価できる[98]。これらのイギリスにおける社会的な構成要素は，その全てが広義かつ正確な意味での社会的厚生の要素と考えられるべきである。アメリカ法システムに対する悲観論者は，アメリカにおける法システムの広汎性や複雑性さらに制裁の苛酷性（刑事法と民事法の両者を含めて）などの法現象は，社会的正義や法的正当性の到達すべき目標を示しているというよりも，アメリカ社会に内在する法システムの機能障害を端的に示す病理的現象とみなしている。けれども，アメリカ社会の内部におけるこの病理的現象の治療方法については，いかに対処すべきかという処方箋を提示できる人は誰もいないのが現状である。

　第二に，このイギリスとアメリカの法システムの比較研究を通じて，アメリカの訴訟事件の多発現象に伴う裁判官による負担の軽減効果を生み出すために，実務的な問題処理をめぐる改革の方向性に関する教訓を見出すこともできる。このアメリカの法システム改革によって，裁判所における法律専門職の相互対決的な姿勢を緩和するとともに，彼らをより協調的な姿勢に転換させる効果をもたらすことも期待できる。イギリス法システムでは，私がすでに指摘したように，法律専門職に対しては成功報酬ルールではなく敗訴者負担ルールが採用されている。結果的に，この敗訴者負担ルールの存在によって，法廷弁護士には実質的な意味において裁判官に対する補助的役割を演じることを期待することができる。アメリカでもイギリスと同様に，法律専門職の報酬に対する課税措置やその他の規制手段を通じて成功報酬ルールの抑制ないし敗訴者負担ルールへの実質的な転換を実現することで，法システム改革の効果が期待できるかもしれない。これらの法的ルール変更は，私がすでに指摘したように，敗訴者負担ルールは民事訴訟での費用負担に関す

---

[98] たとえば，人びとの出生時での生存期待余命で見れば，イギリスはアメリカと比較すると，少しだけではあるが長くなっている。*Human Development Report 1994*, note 14 above, at 184（tab. 28）（1992 figures）

る効率的な代替的手段を提供できるから，極めて自然な訴訟における費用負担をめぐる法的ルールとなりうる。けれども，イギリスの法システムで採用されているこれらの法的ルールは，アメリカでもイギリスと同じようにその法システムが有効に機能しうるだろうか。おそらく，その回答は否定的なものになるであろう。アメリカの法システムは，イギリスのそれと比較すると，不確実性の高い法的ルールによって構成されている。結果的に，アメリカの法律専門職に対しては，少なくとも法的判断が困難な事例の実務的処理を考えるならば，どのようなインセンティブを付与したとしてもイギリスと同じように適切な選択行動をすることは期待できないだろう。イギリスとアメリカ両国に見られる訴訟事件の急激な増加傾向に内在する問題は，事実審での訴訟事件の増加というよりも，むしろ上訴審でのそれの不気味なほどの急激な増加傾向を示している事実にある[99]。とくにイギリスでの敗訴者負担ルールは，すでに指摘したように，実際にも上訴事件の増加傾向にインセンティブを付与しているように見える。アメリカでの訴訟事件の増加傾向は，訴訟における費用負担の問題に関連して考えるならば，イギリスでの実務的な傾向に接近しているという意味では深刻な考察に値する状況である。けれども，アメリカにおける原告側の弁護士活動の抑制に対する抵抗は，依然として強固である事実については見過ごすべきではない。

　イギリスとアメリカ両国の法システムの比較に際しては，訴訟における費用負担をめぐる法システム改革の方向性について，以下のような問題を考慮に入れる必要がある。最初に考慮すべき事実は，法律専門職に対する成功報酬を含む訴訟遂行の委任や報酬をめぐる私的合意に関する法的ルールは，明らかにパレート効率的な市場機能に由来するルールとは異なるという事実である。これらの法的ルールは，家父長的であるという理由で非難できない公的介入の正当性を保証するために，経済学で言うならば市場の外部性効果を除去する適切な方向性が示されるべきである。たとえば，成功報酬という法的ルールは，法律専門職に対して公的役割を果たすインセンティブを阻害する効果をもたらしている。この法律専門職の公的役割とは，イギリスで法廷弁護士が果たすような裁判官補助職としての役割がその例であるが，アメリカの法律専門職によるこのような公的役割の遂行については依頼人による費

99　この問題は，以下の文献での主題となっている。*The Federal Courts: Challenge and Reform*, note 27 above.

用負担が保証されていない。この法律専門職の公的役割の遂行をめぐる法的ルールの変更は，司法システム全体に大きな影響を及ぼすとともに，すべての訴訟事件の当事者の行動に対して影響を与える結果になる。成功報酬契約とその法的ルールの変更いかんは，直接的にも間接的にも，敗訴者側から勝訴者側へと訴訟費用の負担割合を移転する効果を派生させたりその負担を逆転させる効果をもたらす結果になる。このような訴訟費用負担をめぐる法的ルールの変更は，他の訴訟当事者に対してはもとより，一般的にも社会的な公共空間全体に大きな影響を及ぼす結果になる。

　第三の教訓を取り上げるならば，イギリスとアメリカ両国の法システムの比較で注目すべき相違は，私はこれまでの講義で触れていない主題であるが，イギリスの興味深い法システムである「審判所(tribunals)」の役割とその評価にある。けれども，現在の私は，このイギリスにおける審判所という法システムの特徴について充分に理解するに至っていない。イギリスでは，これらの審判所は8つの部門で構成されており，その全てが大法官府による統括的管理のもとに置かれている。これらの審判所は，年金・運輸・移民・社会保障・土地および課税などをめぐる行政機関による決定に対する再審査機関として機能している[100]。これらの審判所は，それ自体としては行政的な審判機関であって，その性格も司法的と言うよりも仲裁的な判断を担う行政機関としてのものである。この審判所の決定に対しては，裁判所による司法審査も認められており，高等法院がその司法審査に関する管轄権限を持っている。これらの8つの審判所は，アメリカ人にとっては驚くべき事実であるが，裁判所による「司法的監督」の下に置かれている。イギリスの大法官府は，司法システムでの最高位にあたる司法審査機関として位置している。イギリスの審判所の役割と法的位置づけについては，われわれがその採用を考慮に入れる場合には発想の転換が必要となる。一般的に言うならば，行政機関の決定に対する司法審査システムは，裁判所にとってその運営の負担とならない程度にその司法審査件数を抑制することが必要である。たとえば，行政的な審判所と裁判所の役割を両者ともに変更したいと考えたと仮定してみよう。行政的な審判所の改革は，より良い管理運営方法への変更やその性格を「司法的」な役割へと変更するための改革になるだろう。具体的に言え

100　この点については，以下の文献を参照。*Judicial Statistics, England and Wales, for the Year 1994*, note 18 above, at 73-81.

ば，行政機関の決定に対する再審査機能を行政機関の内部に存置する改革は，裁判所による再審査に依存するよりも代替機関の設置案としてよりましな選択肢と考えることができる。行政機関にとって組織「内部での」再審査機関の設置は，司法審査を担う裁判所の負担軽減という意味においても，極めて重要な政策的な選択肢と言えるだろう。結果的に，裁判官にとっても，周辺的な些末な問題に煩わされることを回避できるという意味で魅力的な代替政策的な選択肢であると思われる。

　第四の教訓として，イギリスの法システムをアメリカのそれと比較するという研究手法は，極めて印象深い比較研究であることを疑う研究者は誰もいないだろう。イギリス法システムは，その法システムに内在する見解の不一致に対して，極めて礼儀正しくかつ適切に調整する機能を内在させている。この見解の不一致には，裁判官あるいは法廷弁護士の組織内部でのそれのみならず，裁判官と法廷弁護士との相互間での見解の不一致に関する調整機能も含まれる。この礼儀正しくかつ適切な法システムの内部的な調整機能は，イギリスの裁判官や法廷弁護士の規模が相対的に小さいことに加えて，その法システムを維持する内部組織の文化的均質性が貢献していることは明らかだろう。また，イギリスの人びとが共有してきた深い歴史的背景に遡るその文化的特質も，そこに部分的に反映されていると考えるべきかもしれない。アメリカ法システムは，実質的に見れば，イギリス法システムとそれほど大きく異なるものではない。けれども，イギリス法システムがアメリカのそれよりも優れているという理由のみで，彼らの実務的な方法をわれわれ自身のそれに置き換えるという気分になれるわけではない。アベル教授が表現したような，「相手に身を寄せて媚びへつらうような態度は，しばしばアメリカのエリート的な弁護士がイギリスのそれに示す典型的な姿勢である[101]。」という表現は，現在では完全に過去のものとなっている。また，イギリスの知識人の一般的態度であった，アメリカ的なものは何であれ嫌悪の対象とするという姿勢もまた，完全に過去の出来事となっている。われわれアメリカ人は，イギリス人から多くのことを学ぶことができるし，その逆もまた成立するというのは現在でも真実なのである。私は，＜講義１＞で指摘したよう

101　Richard L. Abel, 'The Rise of Professionalism' 6 *British Journal of Law and Society* 82, 83 (1979). なお，一般的には，以下の文献を参照。Richard A. Cosgrove, *Our Lady the Common Law: An Anglo-American Legal Community, 1870 – 1930* (1987).

に，イギリスの敗訴者負担ルールの役割は，些細な事件でも訴訟を提起する法律専門職に対する制裁という実務的ルールとして考えるならば，裁判官と法廷弁護士の間での紛争や諍いを緩和する効果を持っている。このような実務的ルールは，それぞれの国民文化に内在する特性とは明らかに異なる，法律専門職の間における異なる職種の人びとの礼儀正しさや協調的な行動を促進する社会的ルールでもある。アメリカの法律専門職は，イギリス人の法律専門職にならなくてもイギリスの法システムから多くのことを学ぶことができる。この事実の指摘こそ，私の今回の一連の講義でのアメリカ法システムへの教訓であるという結論になるだろう。

<付録資料A> イギリスの司法システム機構

1 イングランドとウェールズにおける裁判システムの概要[1]

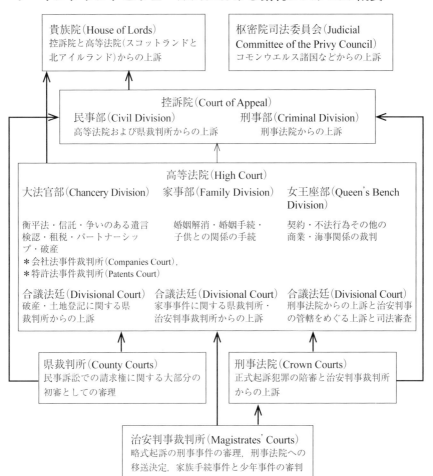

<注記>この図は，極めて単純化して図式化したものであるため，他の特別裁判所の管轄領域を含む，イギリスの全ての裁判所に関する包括的な説明として理解してはならない。

---

1 資料出所：*Judicial Statistics, England and Wales, for the Year 1994/3*（Lord Chancellor's Department, July 1995）．

2 巡回裁判官の裁判管轄権に関する概要[2]

A 刑事法院

(1) 刑事法院は，正式起訴による刑事事件での初審として排他的管轄権を保有している。この趣旨は，治安判事裁判所の審理対象とされない全ての刑事事件について，刑事法院が最初の事実審として位置することを意味している。

(2) 刑事法院は，治安判事裁判所で有罪と判断された事件について，治安判事が自身に付与された権限の範囲内での刑罰よりも重い刑罰が科されるべきだと判断した事件を刑事法院に移送した場合，刑事法院の判断に従って相当する刑罰を科すことができる。

(3) 刑事法院は，治安判事裁判所での刑事事件および少年審判手続の上訴事件における控訴審裁判所として位置している。この役割に加えて，刑事法院はある種の民事事件における控訴審としての裁判管轄権も保有する。この後者の控訴審裁判所として最も重要な裁判管轄権としては，賭博事件における許認可と賭博行為に関する裁判管轄権が含まれる。

(4) 刑事法院での訴訟事件は，主席裁判官(Lord Chief Justice)によって担当裁判官が指名される。以下に記載する四類型の訴訟事件がある。これらの訴訟事件の中でも，第一と第二の類型に属する訴訟事件は，形式的には高等法院の裁判官による事実審の審理対象として特別に留保されている訴訟事件である。第一類型は，殺人または殺人未遂ないし殺人行為の共謀で正式起訴された大部分の事件であり，実務的にその権限が認められた巡回裁判官(Circuit Judges)によって審理される。これに対して，第二の類型は，海賊行為・反乱行為・治安妨害行為その他のジュネーブ条約の下で犯罪と見なされる行為以外の，大部分の犯罪行為に対する刑事事件がここに含まれる。これらの犯罪行為に関する刑事事件は，権限の認められた巡回裁判官による審理の対象とされている。なお，この第二類型の刑事事件には，故殺(manslaughter)および児童虐殺に準じる重大な性的犯罪行為も含まれる。

(5) 刑事法院では，第三類型と位置づけられる詐欺事件の大部分は，巡回裁判官による審理対象とされる。けれども，若干の事件については，高等法院

---

[2] 資料出所：*Departments in Judicial Appointments Procedures* 14-16 (Lord Chancellor's Department, May 1994).

の裁判官による審理のために特別に留保されている。
(6) 上記の類型以外の第四類型の犯罪事件については，巡回裁判官ないし都市裁判官(Recorders)による審理が予定されている場合であれ，通常は高等法院の裁判官による審理が予定されている事件であれ，その審理がとくに困難とみなされる事件以外の全ての事件が刑事法院の裁判管轄に属する。なお，当該訴訟事件が刑事法院の審理対象とされる事件では，巡回裁判官はその審理に関する全ての権限行使が許される。その権限には，刑罰の適用その他の法的判断のみならず，特定の犯罪行為については制定法またはコモン・ローで定められた範囲内で全ての法的な権限行使が含まれる。
(7) 正式起訴された犯罪に関しては，刑事法院で有罪判決もしくは実刑の宣告を受けた被告人がそれを不服として控訴する場合，その権利行使は控訴院の刑事部に対する控訴手続として認められる。但し，この場合の控訴権の行使は，法律解釈の問題にのみ限定して認められる。この控訴事由に該当する控訴権は，女王座部の合議法廷で定められた手続に従って行使する必要がある。但し，刑事法院の判決が終審裁判所の判決とされる賭博行為の許認可などの特定事項については，その例外として控訴権の行使は認められない。

B 県裁判所
(8) 県裁判所の裁判管轄権は，その全てが制定法によって規定されており，民事事件と家族事件のほぼ全ての領域がその管轄対象とされている。なお，民事事件での県裁判所の一般的裁判管轄権は，そのほとんどが高等法院のそれと一致している。
(9) 多くの制定法は，県裁判所に対して排他的な裁判管轄権を付与している。これらの制定法による県裁判所の裁判管轄権には，以下のような重要な適用対象事項が含まれる。たとえば，消費者信用法(Consumer Credit Act)の適用対象である訴訟事件については，実質的に全ての裁判管轄権が認められている。また，1985年と1988年の地代法(Rent Acts)および賃貸住宅法(Housing Acts)の下での譲渡担保の債権者(mortgage lenders)による占有(possession)訴訟や土地所有者による訴訟事件は，その全てが県裁判所の裁判管轄権に委ねられている。
(10) 1991年7月1日から施行された裁判所および法的サービス法(Courts and Legal Services Act 1990)は，この法律に基づく命令により，県裁判所と高等法院の間での共同裁判管轄権が認められる領域を拡大させた。県裁判所の

裁判管轄権は，コモン・ローが適用される事件での人身傷害を含む不法行為と債務不履行その他の契約違反の訴訟事件については，以下の場合を除いて基本的には金銭的な上限規制は存在しない。ただし，一般的に言えば，訴訟物の価格が5万ポンド以上の事件は高等法院で審理されるが，訴訟物の価格が2万5,000ポンド以下の事件は県裁判所で審理されるのが通常である。この両者の中間的な金額の訴訟事件では，比較的単純な事件については，県裁判所で審理されるのが通常である。

(11) 県裁判所の裁判管轄権は，衡平法の手続では，金銭的な上限は3万ポンドとされている。土地の管理関係をめぐる事件では，1990年3月31日現在の課税標準額として通常では1,000ポンド，広域ロンドン地区では1,500ポンドを超えない範囲内で，県裁判所がその裁判管轄権を保有する。県裁判所は，相続財産法(Inheritance Act 1975)および財産権法(Law of Property Act 1925)の第30条，第146条および第147条の下での申立については，金銭的な上限のない裁判管轄権を保有している。また，会社法(Companies Act)の下での事件については，当該会社の株主資本の総払込金額が12万ポンド以下の場合には，県裁判所がその裁判管轄権を保有している。

(12) 県裁判所は，民事事件に関する一般的な裁判管轄権を保有する。これに加えて，県裁判所の約80％は，破産事件に関する裁判管轄権を保有している。さらに，若干の県裁判所は，5,000ポンド以下の請求に関する海事事件(海難救助事件については1万5,000ポンド以下の請求事件)の裁判管轄権を保有している。若干の県裁判所では，巡回裁判官が人種関係法(Race Relations Act 1976)の下での特別な裁判管轄権に基づく訴訟事件を処理している。

(13) 家族法の領域では，制定法による場合のみならず実務的な指針(practice direction)による場合でも，県裁判所と高等法院の間でその裁判管轄権は分かれている。いくつかの家族法の適用対象領域では，たとえば養子縁組の場合には，県裁判所が高等法院とともに重複する裁判管轄権を保有している。その他の家族法の適用対象領域では，たとえば離婚に関する手続の場合には，実質的に県裁判所が排他的な裁判管轄権を行使している。

(14) 県裁判所は，児童法(Children Act 1989)の下での申立手続についても，高等法院および家族手続裁判所(Family Proceedings Court)とともに，その裁判管轄権を相互に分有している。それぞれの裁判所業務は，その任務分担に関する指針に基づいて，適切な裁判所レベルで処理されることになってい

る。県裁判所では，育児ケアや監護(supervision)に関する命令などの公法の適用に関係する事件では，児童関係のケア・センター（Care Centres）ごとに指定された巡回裁判官による審問手続に委ねられる。これらの児童関係をめぐる全ての事件は，このケア・センターごとに指定された地区裁判官による審問手続によって処理される必要がある。

C 高等法院
(15) 県裁判所と高等法院は，以上に述べたように，重複する裁判管轄権を保有している。これに加えて，最高法院法(Supreme Court Act 1981)の第9条の下で，巡回裁判官は高等法院の裁判官として招聘され，高等法院の業務を処理するという柔軟な執務対応が可能とされている。なお，巡回裁判官が高等法院の業務に従事する場合，彼または彼女は，高等法院の裁判官としての全ての権限を行使することが認められる。

3 地区裁判官の裁判管轄権に関する概要[3]

A 県裁判所の裁判管轄権
(1) 県裁判所の裁判管轄権は，全面的に制定法で規定されており，ほぼ全ての民事法および家族法がその適用対象とされている。けれども，民事法に関する一般的な裁判管轄権は，多くの部分が高等法院との重複的な裁判管轄権と位置づけられている。
(2) いくつかの制定法は，県裁判所に対して排他的な裁判管轄権を付与している。これらの管轄領域には，県裁判所にとって極めて重要な対象業務が含まれている。たとえば，実質的に見れば，消費者信用法の下での全ての訴訟事件がここに含まれている。また，1985年および1988年の地代法および賃貸住宅法は，譲渡担保を保有する債権者による訴訟や土地所有者による訴訟についても県裁判所の排他的な裁判管轄権を認めている。
(3) 1990年の裁判所および法的サービス法の制定により，1991年7月1日から施行された命令によって，県裁判所と高等法院の間での重複的な裁判管轄領域は増加する傾向にある。コモン・ローに関する訴訟事件については，人身傷害を含む不法行為と債務不履行その他の契約違反に関する限り，県裁

---

[3] 資料出所：*Developments in Judicial Appointments Procedures* 26-30 (Lord Chancellor's Department, May 1994).

判所の裁判管轄権に対する金銭的な上限という制約が廃止された。けれども，訴訟物の価値が5万ポンドを超える場合には，通常は高等法院で審理されることになる。その半面で，その価値が2万5,000ポンド以下の場合には県裁判所で審理されるのが一般的である。この両者の中間の価格の事件の場合には，単純な事件については通常は県裁判所によって審理されている。

(4) 県裁判所の裁判管轄権は，衡平法の手続では，金銭的な上限は3万ポンドとされている。これに対して，土地の管理関係をめぐる訴訟事件では，1990年3月31日現在で課税標準額として1,000ポンド，広域ロンドン地区では1,500ポンドを超えない場合には，県裁判所がその裁判管轄権を保有する。県裁判所は，相続財産法および財産権法の第30条，第146条および第147条の下での申立については，金銭的な上限のない裁判管轄権を保有している。また，会社法の事件については，当該会社の株主資本の総払込金額が12万ポンド以下の場合には，県裁判所がその裁判管轄権を保有している。

(5) 家族法の領域でも，制定法による場合のみならず実務的な指針による場合でも，その裁判管轄権の配分は分かれている。いくつかの法の適用領域では，たとえば養子縁組などの場合には，県裁判所が高等法院とともに重複的な裁判管轄権を保有している。さらに他の法の適用領域でも，たとえば離婚に関する手続の場合には，実質的に県裁判所が排他的な裁判管轄権を保有している。

(6) 県裁判所は，児童法の下での申立手続についても，高等法院および家族手続裁判所とともに，その裁判管轄権を相互に分有している。それぞれの裁判所での業務は，その任務分担に関する実務的な指針によって，それぞれに適切なレベルで審理されることになっている。県裁判所では，育児ケアや監護の命令のような公法の適用に関係する事件については，児童関係のケア・センターに属する指定された巡回裁判官による審問に委ねられることになる。これらの児童関係をめぐる全ての事件は，このケア・センターに属する指定された地区裁判官による審問によって処理される必要がある。

B　地区裁判官の裁判管轄権

この地区裁判官の裁判管轄権という用語法は，以下の四つに分類される裁判官の裁判管轄権を表示するために(この文例に限定された目的でのみ)，便宜的に用いられている用語法である。この四つの類型に属する裁判官の裁判管轄権とは，県裁判所の一般的な裁判管轄権，県裁判所の特別な裁判管轄

権，県裁判所の家族領域における裁判管轄権，および高等法院の裁判管轄権である。

(1) 県裁判所の一般的な裁判管轄権
(1) 県裁判所では，地区裁判官は，その請求額が5,000ポンドを超えない範囲内で全ての訴訟事件について審問する一般的な裁判管轄権限を保有している。この審問が開始された場合，地区裁判官は差止命令(injunction)と特定履行命令(specific performance)に関連する権限を含む，県裁判所の保有する全ての権限を行使できる。けれども，裁判所侮辱罪(contempt of court)を処理する権限については，その権限行使に一定の制約が設けられている。なお，民事訴訟における損害賠償金額の評価については，地区裁判官の裁判管轄権には制限は置かれていない。
(2) 地区裁判官は，巡回裁判官と当事者双方が同意すれば，県裁判所におけるいかなる訴訟事件の審問でも開始することができる。
(3) 地区裁判官は，当事者間に争いがない訴訟事件あるいは審問で一方当事者しか出廷しない事件では，裁判所侮辱罪による収監命令の権限を除いて，巡回裁判官としての全ての権限を行使することができる。
(4) 地区裁判官は，中間的事項(interlocutory matters)および正式審問開始前の事前審問(pre-trial reviews)については，全ての権限を行使することができる。
(5) 地区裁判官は，以下の場合，当事者の請求により訴訟を終局的に処理することを求められたならば，その権限において事件を処理することが認められる。たとえば，原告側が勝訴した旨の略式判決(summary judgement)を下すように請求する場合などがそれに該当する。この場合，地区裁判官は，その訴訟に請求原因が存在しないという理由で，あるいは当事者の一方が訴訟遂行について許しがたい遅延原因を惹起したという理由で，当該訴訟事件を終結することも許容される。
(6) 地区裁判官は，原告の請求する損害賠償の範囲内で，中間的な支払(interim payments)命令を下す権限が認められる。
(7) 地区裁判官は，ほとんどの占有(possession)を求める訴訟について審問を開始することができる。彼らはまた，占有を求める訴訟に含まれるいかなる金銭的な請求についても，公的に宣言されていない裁判管轄権を保有する。これらの占有をめぐる全ての訴訟は，占有命令が下されるべき場合，お

よびその命令に加えてそれが停止されるまでの期間(期間がある場合)についても，その命令を下す裁量権を行使することができる。

(8) 地区裁判官は，その訴訟が仲裁に付託される全ての事件において，仲裁人として行動することができる。この仲裁付託は，現在では，県裁判所における業務の実質的かつ重要な権限行使の形態となっている。民事訴訟においては，その請求金額が1,000ポンド以下の場合には，請求に対する抗弁が提出される前の段階で自動的に仲裁付託されることになっている。これに対して，請求が1,000ポンドを超える場合には，当事者の一方の申立に基づいて，地区裁判官は当該事件を仲裁手続に付託することができる。この場合，「自動的な」仲裁付託の手続では，金銭的な上限のみについて裁定されるのが通例であり，当事者には別途に訴訟費用の負担を求めることが奨励されている。

(9) 訴訟費用に関しては，地区裁判官は，金銭的な上限決定を含む全ての最高法院(Supreme Court)の訴訟費用算定主事(Taxing Master)としての権限を行使することが認められる。この訴訟費用の算定については，県裁判所で下された命令が一方当事者から他方当事者への訴訟費用の支払命令を含む場合には，その訴訟における訴訟費用に関する請求金額の合理性に関する判断も含むものとする。

(10) 地区裁判官は，訴訟の一方当事者が法律扶助の受給者である場合，その訴訟を担当する事務弁護士と法廷弁護士に支払われるべき適切な金額について，単独の仲裁人として効果的に判断することが求められる。

(11) 地区裁判官はまた，県裁判所における訴訟事件に関連して，事務弁護士またはその依頼者に課される訴訟費用の合理性判断について決定する裁判管轄権を有する。この場合に，その訴訟費用の合理性判断の基準とされる上限金額は，5,000ポンドを超えてはならない。

(12) 地区裁判官は，県裁判所の判決を執行する際に派生する問題について，その大部分を自らの責任において決定することができる。これらの問題には，占有停止令状(suspend possession warrants)や執行令状(warrants of execution)の申立をめぐる問題も含まれる。また，負担賦課命令(Charging Order)の申立およびその負担賦課命令に関する財産売却の申立に関する問題もそこに含まれる。さらに，県裁判所によってなされる，第三債務者に対する弁済禁止命令(garnishee orders)の申立および留保利益差押命令(attachment of earnings orders)についても，それらの命令が当事者間で争われかつ留保利

益の差押命令によって支払維持の執行申立がなされる場合には，これらの問題もそこに含まれる。
(13) 地区裁判官は，たとえば一方当事者が未成年者であるため責任無能力であっても損害賠償義務が履行された場合，訴訟手続での和解条件などについての証明責任を負担する。地区裁判官はまた，その損害賠償金額については，その責任無能力者のために投資ないし利益促進に向けてその使途を決定しなければならない。この場合，地区裁判官の決定には，私的信託の条件設定や裁判所基金運用部（Court Funds Office）で利用可能な投資方法の決定，あるいは本人に対する即時の払出の決定などが含まれる。
(14) 地区裁判官は，留保利益差押法（Attachment of Earnings Act 1971）の下で決定された命令に違反する者に対して，罰金を課しまたは刑務所へ収監する権限を有する。地区裁判官は，裁判所内部でその職員に対して暴行を加えた者ないし意図的に不品行な行為に及んだ者に対して，同様の権限を行使することができる。裁判所に対する証拠提出を拒否した者に対しても，同様の権限を行使することができる。

(2) 県裁判所の特別裁判管轄権
(1) 県裁判所の約80％は，一般的な裁判管轄権に加えて，破産事件に関する特別な裁判管轄権を保有している。地区裁判官は，この特別な裁判管轄権についても，県裁判所に出廷して個人破産事件等を処理する上級裁判所の破産登録官（Bankruptcy Registrars）としての全ての権限を行使することができる。
(2) 地区裁判官は，株式払込金額の総額が12万ポンド以下の会社の解散ないし廃止についても，その手続処理を実施する権限を行使できる。
(3) 地区裁判官に付与されたこれらの権限には，債務不履行に陥った個人または会社役員の逮捕を命じる権限とともに，10年を超えない範囲内で，会社役員の資格を剥奪する権限を保有している。
(4) いくつかの県裁判所は，その請求額が5,000ポンドを上限とする海事事件，およびその請求額が1万5,000ポンドを超えない海難救助事件について，特別の裁判管轄権を保有している。この場合，県裁判所でこれらの訴訟事件を担当する地区裁判官は，いかなる船舶ないし航空機に対しても，その運航停止またはその解除を命ずる権限を有する。

(3) 県裁判所の家事事件に関する裁判管轄権

(1) 1989年の児童法は，1991年の10月から施行されている。この法律は，地区裁判官に対して，家事事件に関する審判手続を実施するための新たな権限と責任を配分している。なお，県裁判所での離婚事件を処理する全ての地区裁判官は，家事事件に関連する民事法領域での裁判管轄権をも併せて担当する。この裁判管轄権には，離婚（以下参照）手続に加えて，離婚後の申立またはそれとは独立した全ての申立について，児童の養育に関する一連の命令（第8条の命令）に基づいた指示を下す権限も含まれる。これらの地区裁判官は，第8条の命令について争いがない場合，および居住場所や面接機会をめぐって争いがある場合でも，中間的な命令を下すことができる。また，彼らは家族に対する支援命令が効力を有する場合には，第8条の命令を変更することもできる。これに加えて，彼らはこれらの申立に関連して，県裁判所による統制を確保するための計画書を作成することもできる。

(2) 地区裁判官の中で児童ケアをめぐる事件の担当者に指名された裁判官は，自動的に公法上の家事事件に関する全ての裁判管轄権を保有する。この裁判管轄権には，家族手続裁判所 (Family Proceedings Courts) での審判を拒否されて県裁判所ないし高等法院に移送された事件についての審判権限を含むものとする。これらの地区裁判官は，危険にさらされている児童に対して緊急保護命令 (Emergency Protection Orders) を下す権限が認められる。また，彼らは，児童に対するケアや養育について拒否不能な命令を下す権限も認められる。彼らはまた，児童に対するケアや養育に関するこれ以外の中間的命令を下すこともできる。

(3) 地区裁判官は，離婚事件に適用される拒否不能な特別手続において，離婚に関する判決が公開法廷で下されるかまたは単に宣言されるかについて決定する際に，当事者からその決定の維持または証明申立書ないし宣誓供述書が提出された場合，これを考慮に入れなければならない。地区裁判官は，家族内の幼少児童に対して，その養育に関する措置に関する書面での証拠であれ，その任命の時点における当事者からの聴聞による証拠であれ，これらの証拠を考慮に入れて判断しなければならない。

(4) 地区裁判官は，財産権と婚姻期間中および離婚後における配偶者の財産に関連する全ての問題を処理する権限を保有する。夫婦間訴訟原因法 (Matrimonial Causes Act 1973) は，県裁判所に対して，離婚に際して当事者双方の所得と資産の両者について調整するための，最も広汎かつ可能な限り広

い裁量権限を付与している。夫婦間での財産分与の申立は，最終的には地区裁判官によって決定される。これらの申立に基づく手続は，地区裁判官によって遂行される業務として最も責任が重くかつ重要な業務である。この手続での審問は，数日間にわたって継続されることもある。また，この財産分与の申立に関連して，その財産価値をめぐる判断は極めて重要である。
(5) 地区裁判官は，財産分与の申立に際して，当事者双方に対して婚姻期間中の財産処分を防止するとともに，財産分与の救済手続を妨げるような取引行為を防止するために必要とされる差止命令を下す権限も保有する。
(6) 地区裁判官は，夫婦間住居法(Matrimonial Homes Act 1973)において，夫婦間住居における一方当事者から他方当事者への賃貸借権の移転に関する命令，またはその占有を終了ないし停止させる権利に関する命令を下す権限を保有する。全ての地区裁判官は，夫婦間住居法に関する差止命令の申立(性的虐待禁止命令や住居からの退去命令など)についても審問を開始することができる。この場合，夫婦双方とも，この差止命令について違反することは許されない。
(7) 全ての裁判所で離婚事件を担当する地区裁判官は，養子縁組についても当事者に対して指示を与えることができる。

(4) 高等法院の裁判管轄権

(1) 高等法院は，制定法において県裁判所および特別な審判所(Tribunals)に明示的に留保された裁判管轄権を除く，全ての民事事件に関する裁判管轄権を保有する。その例外として，実務上では極めてまれにしか起こらない問題であるが，高等法院への訴訟は地区登記所(District Registry)でその審理を開始することが認められている。この訴訟手続は，ロンドンおよび高等法院の訴訟手続を処理できるその他の事実審センター (trial centres)における，事実審の訴訟手続として位置づけられている。
(2) 高等法院の女王座部における地区裁判官(以下，高等法院の地区裁判官と省略)の裁判管轄権は，以下のような手続を含む全ての中間的な訴訟手続を対象としている。これらの訴訟手続には，訴答(pleadings)における質問(interrogatories)と開示(discovery)およびその修正や詳述などの手続が含まれる。この裁判管轄権では，膨大な民事事件に加えて，略式判決に関する申立や請求棄却を求める申立など，法の適用のみならず訴答手続についても極めて困難かつ高度な技術的判断を含む弁論が展開されることになる。

(3) これに加えて，高等法院の地区裁判官は，令状（writs）の更新に関する申立，および出訴期限法（Limitation Act 1980）の下での訴訟手続の開始をめぐる期間制限の延長の申立など，さまざまな訴訟手続に関する審問を開始する権限を保有する。

(4) 高等法院の地区裁判官は，いかなる金銭的な上限にも制約されずに，損害賠償に関する最終的な評価と判断を下す権限を有する。

(5) 高等法院の地区裁判官は，民事訴訟が事実審において終結した場合，その訴訟事件が高等法院で継続審議されるに充分な実質を維持しているか，それとも県裁判所での審理のために移送されるべきかを決定するに際して，その訴訟事件の重要性いかんについて判断する責任を負担する。

(6) 大都市圏のいくつかの地区登記所は，大法官の保有する全ての裁判管轄権を保有している。この大都市圏の地区裁判官は，ロンドンにおける高等法院の大法官主事（Chancery Master）としての全ての権限を行使することができる。

(7) 高等法院の地区裁判官は，訴訟費用に関しては，地区登記所での全ての訴訟手続とその事件に関して事務弁護士が依頼人に対して請求する全ての訴訟費用について，上級裁判所の訴訟費用算定主事が保有する全ての権限を行使できる。

(8) 高等法院の地区裁判官は，1989年の児童法が施行されるまでの期間，未成年者の後見に関する裁判管轄権を留保するが，実質的にはその裁判管轄権は制限される。地区裁判官は，未成年者の後見に関する裁判管轄権について，最初の開廷時において事件を事実審での手続に付託すべきか否かについて判断するために審問を開始しなければならない。この場合，地区裁判官は，不必要な遅延を生じさせることなく事実審としての審問を開始する責任を負担する。

＜付録資料Ｂ＞　ウドゥー事件

1　ウドゥー事件の傍聴記録

　私は，今回のこのクラレンドン講義のためにイギリスに滞在した折に，一日のほんの一部の時間だけであるが，控訴院での訴訟事件の審問を傍聴する機会を与えられた。この傍聴できた事件の審問手続は，イギリスにおける司法システムの構造を理解するために極めて重要な役割を果たすと私は考えている。イギリスの司法システムは，表面的に見ればアメリカのそれに類似しているが，実際には相当に異なるシステム的機能を備えている。私は，ここでは最初に，この事件の審問に関する舞台装置について説明したい。イギリスのロンドンに置かれている王立最高法院(Royal Courts of Justice)の中にある控訴院の法廷は，最近に至って改装されたものであるが，アメリカの基準で比較すると小さな規模の建物である。この控訴院の建物は，その全てが古めかしいとは言えないが，その設備や外装はアメリカとの比較で見れば質素な外観である。この控訴院は，ロンドンのみに設置されている裁判所である。その裁判官席は，アメリカの法廷でのそれと比較すると，相対的に高度な設備や調度が整えられている。イギリスの控訴院の法廷の雰囲気は，アメリカのそれと比較すると，相対的に見れば親密ではあるが階級的な特徴を示しており，快適ではあるが公式的な印象を与える空間となっている。裁判官と法廷弁護士は，イギリスでは当然のことであるがカツラを着用している。人びとは，法廷に入場する時も退場する時も，裁判官席の方向に軽く頭を下げる姿勢をとるのが通常である。これらの仕草は，イギリスの司法手続の公式的な印象を一層強めている。しかし，イギリスの法廷は，アメリカのそれと比較すると，その緊張感や対決的な雰囲気は相対的に抑制されている印象がある。つまり，完全とも言うべき礼儀正しさが支配する雰囲気の空間となっている。イギリスの法廷弁護士もまた，アメリカの多くの弁護士のような荒くれ者(bluster)のようには見えない。また，裁判官が法廷弁護士を見る目も，アメリカの裁判官のように疑念の表情を示す様子はない。

　ここで取り上げるウドゥー(Udu)事件は，たった一人の原告側の法廷弁護士しか出廷せず，裁判官も被告側の代理人が出廷しないことを気にかけていなかったという意味でも極めて特殊な事件であった。本件での原告となったウドゥーは，彼が居住している自治体であるロンドンのサウスワーク

地区(London Borough of Southwark)の自治体政府である行政機関を被告として，彼が事務弁護士としての資格取得に必要とされる財産法学校(proprietary law school)での1年間の講義コースに出席するために必要な奨学金の助成を求める訴訟を提起した。この地区の自治体政府である参事会は，これまで大学院レベルの法学校での勉学のための奨学金助成を与えないという政策を採用してきたことを理由として，彼による奨学金助成の請求を拒絶した。ウドゥーは，この政策は不合理であるとして不服申立を行った。その理由は，事務弁護士の資格取得のための法学校の設置数が充分には存在しないし，彼にはこの法学校の学費を支払うほどの経済的余裕はないという理由であった。彼の法廷弁護士は，若い男の弁護士であったが，彼の主張の簡潔な要約ともいうべき「弁論要旨(skeleton argument)」を法廷に提出していた。しかし，この弁論要旨は，アメリカにおける意味での準備書面(brief)と言えるものではなかった。この法廷弁護士は，法廷において約30分程度の弁論を展開した。裁判長であるスタウトン卿は，三人の裁判官で構成される合議パネルを代表して，法廷弁護士に本件の争点に関するさまざまな質問を投げかけた。イギリスの制定法では，地区の自治体政府に対して教育的な意味での奨学金を支給する権限を付与していた(その制定法の施行規則ではその権限行使に関する基準は示されていなかった)。これらの法廷弁護士が提出した文書は，裁判官によって弁論の間に読了するために取り上げられ相互に回覧された。その後に，裁判官たちは，合議のために5分程度の時間を空けて退席した。その後に再開した法廷で裁判長は，裁判官席に復帰した後に全く間をおかずに，ウドゥーの上訴請求を却下する旨の比較的簡潔な判決を宣告するために判決文を読み上げた。この裁判長の口頭による判決は即座に文章化され(在廷していた速記者の貢献とみなすべきである)，裁判長はこれに微細な訂正を行ったうえで，ほとんど句読点まで完全に復元された判決文が完成された。私は，この訂正された判決文のコピーをここに参考資料として掲載する。この訴訟事件では，裁判長は，ひとりの法廷弁護士によるおよそ30分程度の弁論と審問のみで，実質的な判決を言い渡すという法的手続の処理を行っている。驚くべきことに，法廷弁護士の提出した弁論要旨は実質的に見れば準備書面と言える体裁のものではなかったし，また本件では相手方当事者やその代理人も出廷していない。さらに，アメリカのようにロー・クラークも存在せず，また合議のための時間も実質的にはとらないままで，裁判長による優雅で包括的な即興演説のような判決が言い渡されている。このよう

な訴訟手続のあり方は，アメリカの裁判所では考えられないほど驚異的なスピード審理であった。にもかかわらず，本件での訴訟手続は，イギリスにおける控訴院の審理としては通常の出来事であったように思われる。この訴訟の審理場面は，イギリスでの職業的な裁判官システムという特質を反映しているように思われる(裁判長であるスタウトン卿のこれまでの全般的な職業履歴は，法廷弁護士を経て裁判官としての職務に就いたと聞いている)。また，裁判官と法廷弁護士との信頼関係もまた，イギリス的な特徴を示している(裁判所は，相手方の法廷弁護士が出廷していないにもかかわらず，ウドゥーの法廷弁護士が提出した本件訴訟に関係する全ての書面や弁論に信頼を置いていることは確かである)。この事実は，アメリカ法と比較すると，イギリス法システムの単純かつ明快性を表現するものである。アメリカの裁判官は，本件のような補助金を付与するか否かという行政機関による決定を司法審査する際に，複雑な概念的な枠組みの操作という関門を超えて進まなければならない。イギリスの控訴院は，このような争点について，単純な合理性判断のみで充分であると考えているように見えるのである。

2　ウドゥー事件の判決文(CO/3366/94)

　最高法院内の控訴院(民事部)における高等法院からの上訴事件に関する判決(大法官部合議法廷による上訴許可申立をめぐる上訴事件)
　王立最高法院(1995年10月27日・金曜日)
　＜合議法廷裁判官＞　スタウトン卿，ヘンリー卿，ピル卿
女王対ロンドン・サウスワーク地区(オチュク・ウドゥーの申立による)事件(The Queen v. London Borough of Southwark Ex parte Ochuko Udu)
　＜原告の法廷弁護士＞P・ダイアモンド(J・R・ジョーンズ(ロンドン・W5)による指名)なお，被告側は当事者および代理人はともに出廷していない。

＜判決文(裁判所による確認済)－女王が著作権を保有する＞
スタウトン卿の意見
　オチュク・ウドゥーは，ロンドンのサウスワーク地区に居住している。彼は，サウスワーク大学において，学業成績が2.1等級の成績で法学の学位を取得している。また，彼は，ギルフォードの法学カレッジでの法実務コース

に入学する資格を取得している。けれども、彼にはこのコースの授業料を支払う経済的余裕がないために、彼を支援してくれる金銭的な助成金を必要としている。彼は、ロンドンのサウスワーク地区の参事会(Council)に対してその助成金の支給を求めたが、参事会によりその支給を拒否された。彼は、この支給拒否の決定に対して、参事会に再審査を求めたがこの再審査請求も否定された。彼は、この参事会の決定に対する司法審査を求めて本件の裁判を提起した。彼は、まず高等法院に対して司法審査の申立を請求したが、その申立は棄却された。このため、彼はこの高等法院の請求棄却決定に対する異議申立を理由として、本日のこの法廷にその再審査請求を申立ている。

　最初に、本件で問題となっている制定法について検討する。1962年の教育法(Education Act 1962)の第2条は、1980年の教育法によって改正されているが、その第1項は以下のように規定している。

「地方教育機関は、義務教育に相当する年齢の人びと(教員となるための訓練を受ける人びとも含む)に奨学金(awards)を付与する権限が与えられている。この奨学金には、本条が適用されるコースを受講するために必要とされる金額のみならず、その奨学金付与に付随して派生する金額も含まれる。」

　さらに、本条の第2項は、以下のように規定している。

「本条は、初等教育や中等教育のコースのみならず、……それ以外の全てのフルタイムないしパートタイムの教育コースにも適用される……」

　しかし、この条文は、第1条に置かれているわけではない。第1条は、第2条とは対照的に、非常に幅広い定義として、カレッジや大学での最初の学位取得のために勉学を志す学生たちに対する義務的な助成金について規定している。

　結果的に、ロンドンのサウスワーク地区の参事会は、ウドゥーに対して彼の法実務コースで教育を受けるための助成金を支給するか否かの裁量権限を保有している。地区参事会の助成金支給を拒否する理由は、以下のような理由である。

「助成金の支給は、通常では、公的資金によって運営されている教育施設において承認された資格を取得する学生のための利用に限定されている。このため、私的なカレッジや大学での勉学を意図する学生に対しては、助成金の支給は認められない。」

　もう一つの理由は、少し後の部分で記載されているが、私は本件訴訟での

上訴に関連する理由としては疑問があると考えている。

「参事会は，私的なカレッジで勉学する学生に対しては支援しない方針を採用している。また，大学院レベルで勉学する学生に対しても，同様の政策を採用している。しかし，われわれは，常に例外的なケースがあることを考慮に入れなければならない。」

この二つの理由は，本件においてウドゥーに対して，大学院レベルに相当する法実務コースでの勉学に対する助成金支給を拒絶する理由として挙げられたものである。

ロンドンのサウスワーク地区参事会は，特定の政策を採用するために必要な裁量権限を全面的に保有している。結局のところ，公正という基準のみが同一のケースを同様に取り扱うべきであると要請する基準であり，公共政策はこの基準を促進する目的で策定されるものである。けれども，地区参事会は，実際には特別な状況に直面した場合には，その政策から離脱することも検討しなければならない。地区参事会による通知は，その検討を行ったことを示唆している。地区参事会は，1年間で総額51万1,000ポンドにおよぶ助成金を支給する裁量権限を保有している。私は，この金額はロンドンのサウスワーク地区の全ての若者による助成金支給の申立に対応するためには，全く不十分な金額だと考える。

地区参事会は，私的基金で設置された教育機関を適用除外することが適切な判断だと考えていいだろうか。法実務研修のためのカレッジでの学習は，現在では，事務弁護士になるための唯一の進路ではない。他の進路として，公的基金によって設置された同様のコースを提供する教育機関も別に存在する。けれども，学生の半数以上は，現在でも私的基金の助成によって法学カレッジに進学していることは確かである。ウドゥーの主張によれば，公的資金で設置された学校はすぐに満員になってしまう。地区参事会は，地方自治のための政治的組織である。彼らによる私的基金によって設置された学校に進学することを希望する学生に対して助成金を支給しない旨の政策決定は，それ自体として政治的な性格を持った決定である。この地区参事会の決定に対して，われわれ司法機関は，その判断を批判することはできない。

次の検討課題として，地区参事会は，大学院レベルの教育に対する助成金支出について適用除外することは許されるだろうか。地区参事会は，若者の中でも参事会予算から支出される助成金を得て大学レベルの最初の学位を取得する人びとの便益を優先的に考えるべきだろう。このような政策視点こ

そ，地区参事会が論理的に検討すべき課題であるだろう。いくつかの地区参事会では，すでに相当の年月が経過しているが，法律専門職になるという願望を持った人びとに対する奨学助成金の支給を拒否する参事会も出現している。この地区参事会による適用除外とされた法律専門職には，事務弁護士のみならず法廷弁護士も含まれている。このような地区参事会の政策決定については，裁判所がこれまでにその決定を違法と判断した先例はない。

原告であるウドゥーの主張は，もしロンドンのサウスワーク地区参事会のような政策決定が許容されるならば，法律専門職は完全に裕福な人びとやある程度裕福な人びとの子弟によって完全に独占されてしまうと主張している。彼がこのように主張することに理由はあるが，裁判官は普通の人びとが考える思考方法から距離を置いて考えなければならない立場にある。この主題は，ウドゥーの問題にのみ関心を向けるに留まらない主題である。イギリスの事務弁護士協会（the Law Society）は，法律専門職に関する調査研究を通じて，彼らの見解を明らかにしている。その調査報告書は，「法律専門職への入り口（Entry into the Legal Profession）」という主題の調査報告書15号（Research Study No. 15）であるが，そこでは以下のように記載されている。

　「法律専門職に関する現在の状況が持続可能か否かについては，疑問の余地があることは確かである。その理由は，通常よりも極端に裕福な社会的背景を持つ学生たちが，最初に法律専門職を専攻しているという社会的背景があるからである。」

私は，この報告書の記述が真実であることについて危惧の念を持っている。もちろん，若干の学生は，彼らの大学院レベルでの教育機関でも，アメリカのロー・スクールの学生たちと同じように，パートタイムの仕事について自らの生活を支えることができるかもしれない。他の学生たちも，法廷弁護士になることを予定しているならば，法曹学院（the Inns of Court）からの経済的支援を受けることができるかもしれない。彼らが事務弁護士の資格を目指す場合には，個別の事務弁護士事務所からの支援も期待できるかもしれない。けれども，全ての学生がこれらの経済的支援を期待できるわけではない。残された問題は，これらのいずれの経済的支援も期待できない学生たちに対して，地区参事会などの地方自治体による教育支援としての経済的な奨学助成金が支給されるべきか否かという問題である。シーエマン裁判官は，女王対ウォーウィックシャー県協議会・ウイリアムス申立事件（*R. v.*

Warwickshire County Council, ex parte Williams―判例集未搭載)において，以下のように判示している。

> 「……県参事会は，それぞれの地域の実情に対応した優先順位に従って，自らの裁量権限に属する奨学助成金の金額を自由に決定することが認められている。その裁量権限には，かりに何らかの事情が存在するならば，全く奨学助成金を支給しない自由も含まれている。……」

　私は，この事件における判決の法的ルールが本件においても必然的に正しい回答であると言うつもりはない。けれども，私の判断では，本件においても原告による奨学助成金の支給申立を拒否する決定権限は，前掲の事件判決の法的ルールと同様の理由により，ロンドンのサウスワーク地区参事会の自由な裁量権限の範囲内にあると考える。

　ダイアモンド弁護士は，1962年の教育法の制定時における下院議会での議論を考慮に入れるべきであると主張する。けれども，彼が法廷でわれわれに読み聞かせたハンサード議事録からの引用文は，本件における彼の主張に重要な根拠を与えるものとは言えない。下院の委員会における議員提案として提出された本法第2条の修正案は，第1条における助成金と同様に，第2条による助成金についても義務的給付の対象とすべきであるという趣旨であった (Hansard, 5th December 1961, columns 187, 188 and 190)。けれども，この修正案は委員会において採択されなかったことも事実である。結果的に，この修正提案は，委員会で否決されたのであるから，地区参事会が原告にいかなる意味でも助成金を付与する義務を付与したとする考え方を支持する根拠とはなりえない。われわれは，ここでは1961年の教育法の制定に先立って提出された，アンダーソン報告書にも言及しておくことにする。この報告書は，第2条の下において地区参事会がその裁量権限を行使する際に，その運用について指示するために担当大臣によって回覧に付されている。私は，これらの全ての事実に基づいて，そのいずれも本件におけるウドゥーの請求原因に根拠を付与するものではないと判断する。以上の理由により，私は，本件における申立は棄却されるべきであると判断する。

　裁判官・ヘンリー卿　　同意する。
　裁判官・ピル卿　　　　同意する。

＜主文＞本件上訴申立の請求を棄却する。原告による訴訟費用および租税負担は，原告の負担とする。

訳者あとがき

　本訳書の出版は，リチャード・アレン・ポズナー（Richard Allen Posner）による著書の訳者による翻訳書としては，『正義の経済学―規範的法律学への挑戦―』（馬場・國武監訳，木鐸社，1991年）と『加齢現象と高齢者―高齢社会をめぐる法と経済学―』（國武輝久訳，木鐸社，2015年）に続く第三作目にあたる。訳者の「法と経済学」に対する関心の所在やR・A・ポズナーの著作の翻訳に至る経緯および彼の主要な実務的・学術的経歴の紹介などについては，すでに前二冊の「訳者あとがき」で比較的詳細に紹介しているのでここでは省略する。けれども，ポズナーをめぐる最近の重要な動向について，ここで若干の補足的な説明を追加する必要があると思われる。

　最初に，2016年9月に，彼の本格的な「評伝」（William Domnarski, *Richard Posner*, Oxford University Press, Sept. 2016）がアメリカで出版された事実を紹介する。この評伝の著者であるW・ドムナルスキーは，これまでに裁判官の評伝や法曹実務などについて複数冊の著作を出版している，弁護士で作家でもあると紹介されている。本書は，ポズナー自身の同意の下に，彼自身を含む200人以上の親族や友人などの関係者に対する聞き取り調査により，これまで余り知られていないポズナーの個人史や家族関係を含めた社会的背景について詳細に記述している。加えて，学術研究者としてのポズナーの業績評価とともに，裁判官としての活動実績やその評価についても丹念に紹介している。ここでは，その内容について詳細に紹介する余裕はないが，いくつかの注目すべき事実関係のみをここに記載しておく。ポズナーの家系は東欧のユダヤ系の一族であって，その祖先はポーランドのポズナニ地方に在住していたために家名もその地名に由来する。彼の両親は，激動の1900年代初頭の幼少期に祖父母に連れられて，父親はルーマニアから母親はオーストリアから，それぞれに新天地を求めてアメリカに移住した。彼の両親は，貧困の中での刻苦勉励の末に大学進学を果たしているが，彼らはともに宗教的信仰には従わない共産主義の信奉者であったという。このため，彼の父親が犯罪者救済のための刑事弁護士からビジネス弁護士へと転身を遂げる以前の時代には，ポズナーは家族とともにニューヨークの賃貸アパートで比較的貧しい生活を送っていた。これらの事実は，ポズナーという人物を知る上で

極めて興味深い個人史的な背景であるが，読者にはこれ以上の内容については原著での購読をおすすめするに留める。次に追記すべき重要な事実は，この「訳者あとがき」を執筆する直前になって，ポズナーが連邦第七巡回控訴裁判所の裁判官という職務から引退したという重要な情報が伝えられたことにある。彼のこの突然の裁判官からの引退声明は，アメリカでもさまざまな憶測を呼んでいるが，ポズナーはその間の事情を自ら明らかにするために，その引退声明の直後に新たな著書を出版している。この著書（Richard A. Posner, *Reforming the Federal Judiciary : My Former Court Needs to Overhaul Its Staff Attorney Program and Begin Televising Its Oral Arguments* , Sept.7, 2017）は，彼が著作権を放棄して無償で自費出版するという（日本でも，アマゾンでキンドル版は無償で購入可能である），極めて異例とも言うべき形式で出版されている。この著書は，その表題と副題で明らかなように，彼が勤務していた連邦第七巡回控訴裁判所における裁判実務に対する自らの改革案の提示とその挫折の経過について詳細に記述している。ここでポズナーは，自らの連邦第七巡回控訴裁判所の改革案の内容とその提案が主席裁判官（Dian P・Wood）によって拒絶された経緯を紹介した上で，彼自身が裁判官としての職務をこれ以上は継続できないと判断したという引退理由を明らかにしている。彼が提示した連邦控訴裁判所の改革案は，この著書の副題で明らかなように，裁判所に勤務するスタッフ・アトーニー（staff attorney）に対する教育訓練の抜本的改革と，裁判所における審理場面の映像による公開という提案がその主要な内容となっている。前者のスタッフ・アトーニーとは聞きなれない職名であるが，わが国でも比較的よく知られているロー・クラークが旧来型の個々の裁判官によって採用される1ないし2年間という期間限定の新規ロー・スクール卒業生であるのに対して，スタッフ・アトーニーは1980年代からその採用が開始された裁判所に2年以上の有期ないし無期契約で採用される法律専門補助職の職名である。ポズナーは，シカゴ大学ロー・スクールの協力の下に，全国で13に及ぶ全ての連邦巡回控訴裁判所におけるスタッフ・アトーニーの勤務形態・職務内容・教育訓練についての調査プロジェクトを自ら企画・立案・実施している。ポズナーは，本書においてその調査結果について詳細に紹介するとともに，彼が所属する連邦第七巡回控訴裁判所のスタッフ・アトーニー勤務形態や教育訓練の改革について具体的な提案を示している。また，彼の法廷での審理場面の公開という改革案は，この調査プロジェクトで明らかにされた連邦第九巡回控訴裁判所で既に採用さ

れている方式であるが，連邦第七巡回控訴裁判所でも同様の方式を採用すべきであると提案している。ポズナーによるこの二つの改革案は，そのいずれも彼が現在の連邦裁判所における最大の実務的課題と考えている，弁護士に依頼する機会を得られずに本人訴訟の当事者（per se litigants）として人身保護令状（habeas corpus）の発給などを求めて訴訟を提起する人びとに対して，裁判所が実務的に対応すべき一連の改革措置と位置付けている。ポズナーによれば，本人訴訟の当事者たちはその多くが低所得・低学歴・低技能の人びとであって，その約半数が刑務所に収監されている在監者や未決収監者によって構成されており，彼ら自身による訴訟手続の拙劣さによってそのほとんどの訴訟が不満足な結末を迎えているという。なおポズナーは，裁判官引退後には自身が設立に関与した弁護士事務所に復帰して，これらの本人訴訟の当事者たちを支援する無償の（pro bono）弁護士活動を開始すると宣言している。ポズナーの78歳での裁判官からの引退と新たな活動領域への挑戦は，同世代の訳者にとって驚嘆に値する勇猛果敢なチャレンジであるが，今後とも彼の新たな領域での活躍を期待している。

　ここでは，本訳書に立ち戻って，訳者が本訳書の出版を決断した経緯や本訳書の内容とその評価などについて若干の説明を加える。本書のタイトル（*Law and Legal Theory in England and America*, Clarendon Law Lectures, Oxford University Press, 1996）は原著のそれに忠実な訳文であるが，以前の訳書と同様に読者に対する配慮として「法と経済学による比較法的分析」という副題を付している。本書は，ポズナー自身による「まえがき」によって明らかなように，イギリスのオックスフォード大学出版会が主催する「クラレンドン法学講義（Clarendon Law Lectures）」の開講を記念する特別講義（詳細はhttps://www.law.ox.ac.uk/clarendon-law-lecture-series）に彼が招待されて行った講義録に自身で加筆・補正を施したものである。本書は，この特別講義が実施された順序に対応して，以下の三部構成となっている。＜講義１＞では，イギリスとアメリカの法思想と法システムの比較に焦点を合わせつつ，比較法的なデータ分析を含めた法律専門職のあり方をめぐる興味深い国際的な分析アプローチによる考察を行っている。＜講義２＞では，イギリスとアメリカにおけるコモン・ローを素材として，不法行為法と契約法およびその救済手段に焦点を合わせて，具体的な裁判例を参照しつつその相互的な比較分析を加えている。最後の＜講義３＞では，イギリスとアメリカの法システムの比較論として，異なる国民文化を反映する法システムの比較という分析視点

に立って両国の法システムにおける機能評価を加えた上で，今後の比較法研究に向けた課題について興味深い論点を提示している。本書でのポズナーによるこれらの分析視点とその評価は，いずれも興味深い比較法的な分析アプローチを提示するものであるが，詳細な紹介を続ける余裕はない。

　ここでは訳者が本書の翻訳・出版を決断した背景として，訳者によるこれまでの英米法研究の経過を整理するとともに，その総括的視点からポズナーの提示する議論を踏まえてイギリスとアメリカの法理論や法システムを対比的に考察する自己省察的な解説を加えることにする。訳者は，前訳書の『加齢現象と高齢者』の訳者あとがきで述べたように，大学院在学時代からその主たる研究対象としてアメリカ労働法研究を開始したことは確かである。けれども，訳者は1975年にカナダ留学の機会を得たことを契機として，約20年にわたってカナダ法という新たな領域で比較法的な研究活動に従事してきた。この間，訳者は短期間の滞在を除くと，以下のように三回に及ぶ長期間のカナダ滞在を経験している。その結果，イギリスとアメリカの法システムのみならず大陸法システムの一部をも取り込む特異的な性格を体現するカナダという複合的で多面的な連邦国家を研究対象として，その歴史的形成過程を通じて構築された社会的・文化的背景を含むさまざまな法現象を研究するという貴重な機会を得ることができた。

　訳者にとって最初のカナダ長期滞在は，1975年から1年間のケベック州モントリオールのマッギル大学比較法研究センターでの研究期間である。この最初のケベック州滞在では，英仏両国語を公用語とする多民族・多文化連邦国家における複雑な法現象を考察するという原初的なカナダ体験を味わった。訳者は，この最初の滞在期間中に，ケベック州の独立をめぐる最初の胎動期でのフランス語公用語法案(Bill 101)の成立を契機とする，連邦国家カナダに内在する社会文化的かつ政治経済的な対立構造を目撃するという貴重な機会を得ることができた。加えて，訳者の研究対象である労働法領域でも，連邦法の適用対象であるカナダ郵便労働組合(CUPW)による長期ストライキと連邦議会によるその中止立法の制定という異常事態を体験することとなった。二回目のカナダ長期滞在は，1980年のオンタリオ州キングストンのクイーンズ大学での約10ヵ月間の研究期間である。キングストンは，アメリカ独立戦争に際してイギリス忠誠派が移住して設立したカナダ植民地時代の首都であって，クイーンズ大学という名称はもとよりその地方紙も「ホイッグ・スタンダード(Whig Standard)」というように，極めてイギリス的な

色彩を帯びた小都市であった。訳者は，この滞在時期において，同じくケベック州出身でありながらカナダ連邦からの州の独立を標榜するR・レベック州首相と連邦統合を主導する連邦政府首相P・トルドー首相が対峙する図式で展開された，ケベック州の独立運動とこれに対抗する新憲法の制定という極めて緊迫した政治的対立劇を目撃する貴重な体験を味わった。訳者は，この二回にわたるカナダ長期滞在を通じて，その研究成果を『カナダの労使関係と法』（単著，同文舘出版，1990年）として出版することになった。さらに，三回目のカナダ長期滞在は，1992年のアルバータ州の州都エドモントンにおけるアルバータ大学での約10ヵ月にわたる長期滞在である。アルバータ州は，1905年にカナダ連邦に加盟した比較的若いカナダ西部の州であるが，その歴史的経緯を反映して人種的にも多様で天然資源に恵まれた西部特有の文化特性に彩られる風土という特徴がある。訳者はこの長期滞在に際して，カナダの憲法改正をめぐるシャーロットタウン合意とその国民投票による否決という，これまた極めて刺激的な政治的緊迫状態に遭遇した。この三回目の長期滞在における研究成果は，新潟大学法学部のカナダ法研究会による日加研究賞の受賞記念論文集である『カナダの憲法と現代政治』（國武輝久編著，同文舘出版，1994年）の出版という形で結実している。訳者にとって，これらの三回に及ぶ長期滞在を通じて体験した複合連邦国家カナダを対象とする研究視点と分析アプローチは，以下の三点に及ぶ特徴を浮き彫りにしているように思われる。

　第一に，訳者にとってのカナダ法研究は，法学的視点からのみならず歴史的・社会文化的・政治経済的な視点からの総合的分析アプローチという，多面的かつ複合的な視点から連邦国家カナダを考察する学際的な比較研究アプローチ手法の重要性を自覚させられる契機となった。とくに，ケベック州の独立問題を契機として拡大した英仏系の言語文化的な対立構造から西部カナダの政治的急進化や先住民の自治権拡大にまで波及したカナダ連邦国家の危機的状況に対して，その国家としての脆弱性と強靱性を両面から考察することを通じて近代的主権国家の存立基盤について深く考えさせられる結果となった。

　第二に，カナダ法研究の分析アプローチに関しても，旧植民地時代の宗主国であるイギリスに由来する歴史的・政治的文脈を考慮に入れるとともに，強大な隣国であるアメリカの経済的・社会的な影響を継続的に受け入れつつ独自の政治文化的統治のあり方を模索するという，カナダ特有の多面的・複

合的な環境要因を考慮に入れる必要性を強く自覚させられた。この趣旨において，訳者のカナダ法研究をめぐる分析アプローチは，その当初から「英米法」系諸国に内在する同質性と異質性について相互検証するという，比較法的な実証分析アプローチを必然的に要請するところとなった。

　第三に，この比較法的な実証分析アプローチの枠組みに関しても，訳者のカナダ滞在期間を通じて強い印象を残したケベック州の独立問題と連邦憲法の制定およびその改正をめぐる問題状況は，訳者にとって新たな研究領域としての憲法問題とそれを取り巻く現代の国際政治をめぐる問題状況にも目を向けさせる契機となった。さらに，訳者にとっての比較法研究の視点としても，わが国における伝統的法文化に強い影響力を及ぼしているフランス法をはじめとする大陸法系の法文化とともに，イギリスとアメリカ両国に代表されるアングロ・アメリカン型の法文化との緊張関係こそが，比較法研究における最も重要な研究課題の一つであるべきとの自覚を強化する重大な契機となった。訳者にとって，カナダ法研究とこれに由来する分析視点や分析アプローチは，本書におけるポズナーによる比較法文化研究としての機能主義的なシステム分析アプローチにも近似する，少なくともそれに極めて親和的な分析的アプローチであったと思われる。

　けれども，訳者のカナダ法研究のアプローチとポズナーの本書におけるそれには，いくつかの点で決定的相違があることをここでお断りしておく必要がある。

　第一に，訳者のカナダ研究の分析アプローチは，複合的な連邦国家カナダというプリズム型の反射鏡を通して観察した，イギリスとアメリカの法文化をめぐるいわば多次元のベクトル合成写像とも言うべき比較法的アプローチという特徴を備えている。これに対して，本書におけるポズナーによる分析アプローチは，イギリスとアメリカ両国の法文化をめぐる直接的なベクトル鏡映写像による比較法研究であり，機能主義的なシステム論的アプローチという本質的特徴を備えている点にある。

　第二に，訳者のカナダ研究の分析アプローチは，その対象領域が主として労働法・社会保障法・憲法などの実体法領域における法現象とその社会経済的な背景の分析に焦点を合わせた学際的比較研究という特徴を備えている。これに対して，ポズナーによる本書での分析アプローチは，法思想ないし法哲学に始まり，主として民事法分野におけるコモン・ローの比較分析を経て，司法システムを支える法律専門職の役割評価にまで至る，手続法領域を

も含む幅広い両国の法文化の比較論的アプローチを採用している点にある。
　第三に，訳者のカナダ法研究の分析アプローチは，日本の学術研究者としての視点に立ったフィールド・ワークを含む，主として「法社会学」的な分析アプローチによって構成されている。これに対して，ポズナーの分析アプローチは，アメリカの連邦控訴裁判所裁判官としての実務的視点に立った，「法と経済学」によるシステム論的ないし集合論的な分析アプローチを試みているという相違点にある。訳者が本書の翻訳出版を決意した背景には，両者におけるこれらの比較法的な分析アプローチの相違を前提として認めつつ，ポズナーによる本書を通じての分析アプローチには以下のような極めて注目すべき特徴があると考えたからである。
　第一の特徴は，本書では，ポズナーは自身が招待されたオックスフォード大学の特別講義において，その招待者側に位置する法実証主義者のH・L・A・ハートと司法積極主義者のR・ドゥオーキンによる法哲学的な見解に対して，これを痛烈に批判することからこの比較法文化的な講義を開始している。この招待者側のアリーナでの尖鋭的とも言うべき痛烈な批判的論争の展開は，わが国の「相互融和的」なアカデミズムの現場ではほとんどあり得ない挑戦的態度であって，日本の学術研究者のみならず裁判官や法律実務家も含めて驚愕に値する真摯な学問的姿勢と評すべきだろう。ポズナーは，イギリスとアメリカの法思想を代表するハートとドゥオーキンの両者に対する批判的議論を通じて両国の法文化に内在する位相空間の相違にまで言及しており，「法と経済学」による壮大な国民文化論的な分析アプローチの端緒を切り開いた挑戦的な試みとして評価すべきだろう。
　第二に，本書におけるイギリスとアメリカ両国の比較法的分析アプローチは，民事法分野におけるコモン・ローの比較法的な評価にとどまらず，民事陪審や法律専門職の教育訓練・役割機能の評価，さらには裁判における成功報酬システムや敗訴者負担ルールなどをめぐる判断やその評価などを含めて実務的にも幅広い分野にその議論は及んでいる。その上で，イギリスとアメリカ両国の比較法的分析アプローチの結論として，前者がコモン・ローによる先例遵守型の伝統を維持する一方でヨーロッパ大陸法の影響を強く受けているのに対して，後者では独自の連邦制度による地方分権的な法システムとしてコモン・ローが機能するに至っていると結論している。このポズナーによる比較法的分析アプローチは，わが国での英米法理論をめぐる共通理解としてのイギリス法とアメリカ法におけるコモン・ローによる役割評価を前提

とすれば，意欲的かつ独創的とも言うべき分析アプローチと言えるだろう。第三に，ポズナーが「まえがき」で指摘するように，イギリスとアメリカ両国の比較法的な分析アプローチは，「その問題状況を時間軸に沿って固定できない」という困惑すべき事態を伴っていることも事実である。本書が執筆された時点での時間軸は，訳者によるカナダ法研究の時期とほぼ同じく，冷戦体制の崩壊とEU成立に象徴される1990年代半ばという政治経済的な激動期であった。それから二十数年を経た現在，イギリスのEU離脱の国民投票やアメリカでのトランプ政権の誕生に象徴される，新たな世界史的レベルでの大きな政治経済的な変動期を経験しつつある。けれども，本書におけるポズナーの「法と経済学」による比較法的分析アプローチは，新たな世界史的文脈での変動期を迎えた現代でも，なお評価すべき潜在的価値を充分に体現していると思われる。ここでは，本書における時間軸を超越したイギリスとアメリカの比較法分析の現実有効性の評価に関連して，ポズナーによる連邦控訴裁判所の裁判官からの引退をめぐる社会的背景について，追加的に訳者としての若干の考察を追加しておくことにする。

　ポズナーは，最新の前掲著書において，彼自身にも突発的と感じられる裁判官引退に至る自らの思考様式の転換について内省的な自己分析を展開している。この思考様式の転換は，2017年5月17日の朝4時ころに唐突に目覚めて，自分と両親を含む全ての過去の記憶を追体験するという希有な体験から派生したという。彼の自己分析によれば，それは前年に出版された前掲の「評伝」によって記憶が喚起された部分もあるが，その根源は彼の両親と共に過ごした幼年時代の貧しい生活の記憶にあると言う。さらに，彼の78歳という高齢期への到達という事実に加えて，彼が1970年代にシカゴ大学で過ごした時期にはミルトン・フリードマン，ジョージ・スティグラー，ロナルド・コースに代表される保守派の魅力的な経済学者がいたが，現在の共和党とトランプ大統領に代表される保守派には全く魅力を感じないという時代環境の変化を挙げている。このようなポズナーの思考様式の転換は，同世代である訳者にとっても共感できる冷静な自己認識と時代環境に対応する意識構造の変容と言えるかもしれない。とりわけ，訳者にとっても魅力的なポズナーという人物は，アメリカで一般的に評されている「保守派」の連邦控訴裁判所の裁判官というよりも，反トラスト法や公民権法などの判決をめぐる大胆な少数意見の表明に見られるように，本質的な思考態度という意味で「ラディカル」な思考様式を体現する人物であると思われる。彼が唱道す

る「法と経済学」という分析アプローチは，わが国の法律学領域で一般的な思考態度とされてきた法実証主義的な法解釈の態度とは明らかに一線を画する，社会科学的な意味における法のシステム的機能を尊重する実務的視点に立った研究アプローチと評価すべきだろう。しかし，彼の裁判官引退という突然の決断は，社会科学者としての適切な決断というよりも，彼の社会科学的な思考態度と連邦裁判所における「保守派」による実務的処理との間で派生した心理的軋轢を考えるならば，彼のラディカルな思考態度の本質的発現に由来する論理必然的な帰結とみるべきかもしれない。けれども，彼の78歳で選択した人生の岐路は，彼の父親が刑事弁護士として絶望の末に挫折した原点からの再出発という側面も見受けられるがゆえに，その前途は極めて多難であると予測すべきであろう。同世代である訳者としては，彼が選択した人生の岐路について，その前途を危惧しつつ新たな挑戦を全うすることを期待している。

　最後に，本書の翻訳出版について，若干の補足的な説明を追記しておく必要があるだろう。まず，本書の翻訳に際しては，ポズナーの記述や分析アプローチが極めて広範な対象領域に及んでいるために，その翻訳作業は以前の二つの著書のそれと同様に極めて難渋した。とくに，同じく法律学という学問分野を主たる対象領域としているとはいえ，日本の学術研究者である訳者にとって，ポズナーによるアメリカ連邦控訴裁判所判事としての実務的視点からの分析アプローチは，極めて新鮮であると同時にその強靱な思考様式とその論理的展開力には驚嘆を禁じえなかった。また，イギリスとアメリカの裁判実務についての記述内容についても，その実務的処理の場面での文章表現や用語法の翻訳作業はすこぶる難航した。本書の訳語については，基本的には『英米法辞典』(田中英夫・編集代表，東京大学出版会，1991年)の用語法に依拠しつつ，別途に訳者独自の訳語で表現ないし表記した部分もあることもここでお断りしておく。また，本書における翻訳作業や訳語の選択については，訳者にとって専門外の対象分野も多く含まれているために，誤読や誤訳の恐れも多分にあるかと思われる。これらの諸点については，同学のかたがたからの厳しいご叱責やご指摘をいただければ幸いである。最後に，この翻訳書の出版に際しては前二冊のそれと同様に，木鐸社の坂口節子氏による多大なるご支援とご助力をいただいた。最近の出版業界をめぐる苦難の折に，坂口氏の暖かいご支援とご鞭撻がなければ，本書の翻訳作業のみならずその出版はもとよりありえなかった。ここに記して，訳者とほぼ同世代で

ある坂口氏のご尽力に対して，心からの感謝の意を表する次第である．

＜追記＞

　なお，この「訳者あとがき」の初稿の脱稿後に，以下のようなポズナーの近況をめぐる事実の進展が明らかになったのでここに追記する．彼が自身の裁判官引退をめぐる経緯を明らかにした前述の著書は，その後に改題された第二版（Richard Allen Posner, *Improving the Federal Judiciary : Staff Attorney Program, the Right of the Pro Se's, and the Televising of Oral Arguments*, CreateSpace, on December 4, 2017）として，初版からわずか4ヵ月後に，タイトル変更のみならず新たに相当量の記述内容を追加して出版されている（本書もキンドル版での無償出版である）．ここで注目すべきは，ポズナーの裁判官引退の背景として，連邦第七巡回控訴裁判所の内部において，彼のほとんど孤立無援とも言うべき裁判所内部での実務改革をめぐる努力とその挫折の経緯が赤裸々に記述されている点にある．その記述によれば，彼による本人訴訟の当事者をめぐる裁判所改革案は，主席裁判官のみならず他の同僚裁判官からもほとんど支持を受けられず，彼は「異端者（maverick）」として実質的に排斥される結果となったという．けれどもポズナーは，O・W・ホームズ，L・ブランダイス，B・カルドーゾ，H・フレンドリー，L・ハンドなどの名前を挙げて，これらの異端者の一員として認められるのならば光栄であると記している．なお，その後もポズナーは，本書の第五版という位置づけの下に（第三版と第四版は実質的には未公表），新たなタイトルによる小冊子（Richard Allen Posner, *Justice for Pro Se's*, March 2018）を有償で出版している．この第五版でポズナーは，「本人訴訟の法的支援に向けたポズナー・センター（The Posner Center of Justice for Pro Se's）」という非営利組織を立ち上げて，その活動を全米規模に拡大する計画を公表している．この非営利組織は，ニューヨークの資産家の財政支援を受けて設立された組織であり，法律専門職のみならず一般人である当事者や支援者を含む80人の参加者と全米27州の支部組織によって構成されているという（2018年3月23日現在）．ポズナーによれば，本人訴訟をめぐる問題状況は，連邦裁判所のみならず州裁判所の内部でもこの種の訴訟に対する敵意や嫌悪感が広汎に存在しており，結果的にその訴訟の大部分が略式手続で棄却ないし却下されているという．ポズナーによれば，アメリカでの本人訴訟は連邦裁判所レベルでも訴訟全体の約半数を占めるがその実態はいまだ不明であり，当事者による弁護士の活

動や裁判手続に対する不満や不信感がその背景にあると言われている。これに対して，日本における本人訴訟の実態はまったく不明であるのみならず，本人訴訟をめぐる社会的問題の所在さえも明確に議論されたことはない。訳者としては，ポズナーによる問題提起が日本にも社会的に波及する効果があることを期待する次第である。

2019年3月18日

索引（アルファベット順）

アベル，リチャード L.（Abel, Richard L.） 46

事故（accident）
　――件数，比較（case numbers, comparison） 148-153, 156, 158
　――件数のパフォーマンス比較（performance comparison in cases） 148-159
　　　――率イギリスの（rates in England） 153-154, 156
　＊過失による不法行為参照

アメリカにとっての教訓（America, lessons for） 171-176

アメリカ法（American law）
　経済学と――（economics and） 69, 73, 83-84, 99, 109-111
　社会科学と――（social science and） 69, 74

アメリカ法システム（American legal system）
　イギリスと大陸法システム（English and Continental systems） 41-43, 63-64
　改革への示唆（reforms, suggested） 171-174, 175-176

反実証主義，法的（antipositivism, legal） 27-31

上訴，上訴率（appeals, rate of） 136, 140-141

アティア，P. S. とサマーズ，ロバート S.（Atiyah, P. S., and Summers, Robert S.） 3, 49, 65

アトキン卿（Atkin, Lord） 73, 76-78, 78-79

オースティン，ジョン（Austin, John） 34

法廷弁護士（barristers） 4, 43-56, 117-119, 122, 173

ベル，ジョン（Bell, John） 59

ベンサム，ジェレミー（Bentham, Jeremy） 34

ビッケル（Bickel） 28

ボーク（Bork） 28

ブランダイス，L. D.（Brandeis, L. D.） 26, 120

ブリッジス卿（Bridges, Lord） 94-95

経営環境リスク情報社（Business Environmental Risk Intelligence S.A.（BERI） 147

カルドーゾ，ベンジャミン ネイサン（Cardozo, Benjamin Nathan） 76, 78, 93

事件（cases）
　引用年（ages of cited） 135-136, 137
　過失による不法行為件数（negligence, numbers of） 149-151, 156, 158
　一般的な件数（numbers generally） 122, 130-133, 136, 137-139, 150, 158-164, 170, 173

コモン・ロー（common law） 24-27, 33-34, 41
　契約と――（contracts and） 93-109
　救済手段――（remedies） 109-111
　不法行為（tort） 69-93

競争，法律サービスの市場（competition, market for legal services） 119

成功報酬契約（contingent-fee contract）
　米英の相違（differences） 5
　イギリスにおける――（England, in） 47-48, 116, 117, 170
　訴訟費用と――（litigation costs and） 127-128
　アメリカにおける改革（reform of in America） 171-174

契約（contract）
　比較（comparisons） 100-102, 105-108, 147-148
　消費者余剰（consumer surplus） 95-97
　経済学と――（economics and） 4, 93-109
　実質的な履行（substantial performance） 93-99
　結果の非予見性（unforeseeability of consequences） 104-105

矯正的正義（corrective justice） 156-158

県裁判所，イギリスの（county courts,（England）） 177, 179-181, 181-187

裁判所機構，イングランドとウェールズ（court structure, England and Wales）付録資料 A, 177

犯罪（crime） 159-160, 162-164

刑事法院（Crown Court, The（England））

178-179
損害賠償 (damages)
　比較 (comparison)　125, 152-154
　予防としての――(deterrent as)　87-91, 147, 155-156
　経済学と――(economics and)　72, 78-84, 89-91, 92-93
　「機会の喪失」('loss of a chance')　84
　懲罰的 (punitive)　84, 86-93, 124, 166
デニング卿 (Denning, Lord)　70-72, 73, 74
デヴリン卿 (Devlin, Lord)
裁判官の法創造 (judicial law making)　23, 24, 29-31, 34, 37-38
法実証主義 (legal positivism)　30, 66
懲罰的損害賠償 (punitive damages)　87-93
ドゥオーキン, ロナルド (Dworkin, Ronald)
　の理論 (judging, theory of)　64
　　裁判官の法創造 (judicial law making)　32, 33, 35-36, 38
　　法の意味 (law, meaning of)　27, 30, 31, 32-33, 38
　＊ハート対ドゥオーキンも参照
経済学 (economics)
　アメリカ法における (American law, in)　69, 82-84, 99, 109
　契約と――(contract, and)　4, 93-109
　イギリス法における――(English law, in)　69, 84-93, 93-105, 109-111, 119-121
　法に対する一般的効果 (general effect on law)　6, 69, 92
　救済手段に対する影響 (remedies, influence on)　109-111
　不法行為における (tort, in)　4, 69, 69-93
「エコノミスト」, 法システム改革に関する ('Economist', The on law reform)　115-118, 119, 123, 148-149, 156-157, 169
イギリス法 (English law)
　アメリカ法よりも明確 (clearer than American)　6, 133, 134-135, 137-139, 144-146
　経済学と社会科学 (economics and social science)　69, 84-93, 93-105, 109-111
　イギリス法システム (English legal system)　6-7

　アメリカ法との相違 (American, differences with)　41-43, 63-64, 134-146, 148-149, 175-176
　訴訟受理件数 (caseloads)　122-123, 141, 142
　大陸法的性格 (Continental character of)　41-67
　「敗訴者負担」ルール ('loser pays' rule)　48, 62
　口頭弁論 (orality in)　121-123, 170
　漸進的な改革, 危険性 (piecemeal reform, dangers)　115-123
　先例 (precedent)　141, 144
　審判所 (tribunals)　174-176
フラー, ロン (Fuller, Lon)　28
ゴフ卿 (Goff, Lord)　79-80, 83
ラーニッド・ハンドの定式 (Hand Formula, the)　71-73, 76, 120
ハンド裁判官, ラーニッド (Hand, Learned Judge)　71-73, 76, 120
ハート, H. L. A. (Hart, H. L. A.)
　イギリス法システム (English legal system)　5, 30, 34, 41, 59
　法理学と実務的な法 (jurisprudence and law at work)　15, 16, 25
　立法行為, 司法の (law making, judicial)　24, 35-37, 38-40, 59, 60
　ハート (ヨーロッパ) 対ドゥオーキン (アメリカ) (Hart (Europe) versus Dworkin (America))　3, 4, 13-67
　法の意味 (law, meanings of)　14-15, 21, 27, 31-33, 34, 65
　法実証主義 (legal positivists)　27-30, 34, 38
　「法の概念」に対するハートの遺稿 (postscript to 'The Concept of Law')　31-40
　法的原則とルール (principles and rules)　35-37, 41
　相違, 基本的な (difference, basic)　27
　無益な命題 (futility thesis)　14-27
　裁判官による法創造 (judicial law making)　40
　法, それは何か? (law, what is it?)　1-40
　法と判決に関する理論 (theory of law and judging)　65

索引 209

高等法院（イギリス）(High Court, The England) 181, 182, 187-188
ホームズ裁判官 (Holmes, J) 25, 26, 28-29, 33-34, 87-88, 120
オノレ, A. M. (Honoré, A.M.) 15
司法の独立 (independent judiciary) 63-64
ジャッフェ, ルイス (Jaffe, Louis) 66, 92
裁判官 (judges)
　裁判官による法創造 (judicial law making) 40
　大胆または穏健な司法 (bold or modest judiciary) 57, 61, 65-67, 141
　広義の定義による (broad definition of) 49, 54, 113
　中央集権化した政府と―― (centralized governments, and) 60, 164
　比較 (comparisons) 58, 61-63, 66, 92
　選挙による――と任命される―― (elected and appointed) 61, 63-64
　法創造 (law making) 22, 28-31, 32-33, 34-40, 59, 60-62
　法律専門職に占める比率 (lawyers, ratio to) 43-44, 52-53, 54-56
　立法者との相違 (legislators, different from) 34-35
　人口に占める比率 (population, ratio to) 53-54
　訴訟手続での役割 (proceedings, role in) 61-62
　＊イギリスの司法システムも参照
司法システム, イギリス (judiciary, English)
　付録資料 A 178-187
　職業履歴の性質 (career, nature of) 6, 44-47, 49-52, 56-65, 166-167
　巡回裁判官と地区裁判官 (judges, circuit and district) 7, 179-187
　改革とその主要な効果 (reforms and major effects) 118
法理学 (jurisprudence) 14, 15, 25, 115
クリッツァー, ハーバート M. (Kritzer, Herbert M.) 167-168
法 (law)
　定義, その困難性 (definition, difficulties of) 3, 13-14, 24-27, 29, 30
　捕捉困難性 (elusiveness) 66
　無益な努力 (futility of) 13-22
　法理学と実務的な法 (jurisprudence and law at work) 14-15, 25
　――の意義 (reasons for) 27-31
　――とは何か (what is it?) 13-40, 93
ロー・クラーク (law clerks) 50-51, 113, 118, 121-123
立法行為, 司法機関の (law making, judicial) 22-23, 28-31, 32, 34-40, 41, 59, 60-61
　立法者, 現実の (legislators, real and) 34-36
　道徳的な理由付け (moral reasoning) 37, 39-40
　原則と政策 (principles and policies) 35-36, 37-38
　予測される判例変更 (prospective overruling) 22-23
法律専門職 (lawyers)
　非市場的なアウトプットと (nonmarket output, and) 144-145
　――の人数 (numbers of) 53, 129-131, 144-146)
　人口対比での――比率 (population, ratio to) 53-54
法律扶助 (legal aid) 124-125
法文化 (legal culture) 69
　比較 (comparisons) 74, 115, 166-169, 169-171
　収斂, その程度 (convergence, degree of) 169-171
　国民的な性格 (national characteristics) 167-169
　政治的要素 (political factors) 170-171
　――の理論, 理論構築に向けての覚書 (theory of, notes towards a) 163-170
法実証主義 (legal positivism) 27-31, 34, 37, 69
　職業裁判官システムと―― (career judiciary and) 56-57, 123
　慣習 (custom) 74
　法形式主義と (formalism and) 37, 74

先例と——(precedent and) 141, 143
「強硬」派の見解と「消極」派の見解 ('strong' and 'weak' versions) 38
法システム改革の評価 (law reform, evaluation)
——困難性 (difficulties) 158-159
法システム (legal systems)
  比較の評価困難性 (assessment difficulties on comparisons) 158-159
  法システムの機能的側面 (functional part of legal system) 118
  評価, 事故に関する判例 (comparisons: accident cases) 144-159
  契約に関する判例 (contract cases) 159-164)
  刑事に関する判例 (criminal cases) 159-164
  機能的とシステム的な (functional and systematic) 7, 113-176
  事実審 (trials) 132
  保険機能 (insurance function) 157
  地域的な裁判管轄権, の比較 (jurisdiction, area of, compared) 136, 140
  運用上の相違 (operational differences) 5, 113-176
  両国(英米)のパフォーマンス, 一般的に (performance of both, generally) 134-146
  権利, イギリスでの過少性 (rights, fewer in England) 135, 146
  規模の効果 (size of, effect) 128-133, 172
  どちらが良好か？(which is better?) 123-164
レッシグ, ローレンス (Lessig, Lawrence) 25-27
訴訟費用 (litigation costs) 5, 124-128, 150-152
敗訴者負担ルール (loser pays rule)
  廃止論, 提案された (abrogation, proposed) 116
  アメリカにおける改革論 (America, as reform in) 169, 171-174
  上訴率 (appeal rates and) 139-140
  イギリス法での相対的確実性 (certainty in English law greater) 143
  効果, 裁判官と弁護士の軋轢 (effect: bench and bar friction) 48, 176

訴訟費用と和解 (litigation costs and settlements) 62, 116, 127-128
法的過誤の減少 (legal error reduced) 149
治安判事 (magistrates) 54
マスティル卿 (Mustill, Lord) 80, 83, 95-97
国民的性格と法文化 (national character and legal culture) 166-169
自然法理論 (natural law theory) 38
過失による不法行為 (negligence)
  アメリカでの事件数 (case numbers: in America) 150
  イギリスでの事件数 (in England) 149-151, 156, 158
  抑止策 (deterrence) 87-91
  注意義務 (duty to care) 75-79
  賠償責任の拡張 (liability, extension of) 78-84
  懲罰的損害賠償 (punitive damages) 84, 86-93
  救済手段の不適切性 (remedies, inadequacy) 148-150
  ——に関する判断基準 (tests on) 69-73, 74, 75-79
  結果の総計 (total consequences) 80, 83
  ＊事故・損害賠償・不法行為も参照
ノーラン卿 (Nolan, Lord) 80
予測される判例変更 (overruling, prospective) 22-23
実務的な正義 (practical justice) 78-84
先例 (precedent) 24, 139, 143
刑務所の収容者数 (prison population) 162-163
ラズ, ジョセフ (Raz, Joseph)
  裁判所による法創造 (judicial law making) 22, 24, 34, 40, 58, 59
  法と判決に関する理論 (law and judging theories) 65
  法実証主義 (legal positivism) 37, 74
リード卿 (Reid, Lord) 70, 72, 74
救済手段と経済学 (remedies and economics) 109-111
判決ルールに関する法 (Rules of Decision Act) 24-27

社会科学 (Social science) 5, 6, 69, 74
アメリカ合衆国訟務長官 (Solicitor General of the United States) 51, 169
事務弁護士 (solicitors) 51
不法行為 (tort)
　イギリスのシステムでの費用 (costs in English system) 150-153
　イギリス法の抑制的効果 (deterrent effect of English law) 148-149
　経済学と—— (economics and) 6, 69, 70-93
　訴訟事件の比率 (rates of cases) 150-151, 158-159, 167
＊事故・損害賠償・過失による不法行為も参照
トライテル, グエンター (Treitel, Guenter) 62
審判所 (tribunals) 174-175
ウドゥー事件 (Udu, Case) 付録資料 B 189-195
ウォーレン主席裁判官, アール (Warren, Earl, Chief Justice) 30, 38, 66, 168
ウェーバー, マックス (Weber, Max) 42
ウルフ卿 (Woolf, Lord) 51-52, 122

ベーツ対バロー会社事件 1995 年 (Bates v. Barrow Ltd. 1995) 105
デ・バルカニー対クリスティー・マンソンとウッズ会社事件 (de Balkany v. Christie Manson & Woods Ltd 1995) 105-109
ドナヒュー対スティーブンソン 1932 年 (Donoghue v. Stevenson 1932) 76, 77-78
エリー R. R. 対トンプキンス (1938 年) 事件 (Erie R. R. v. Tompkins 1938) 24, 26, 27
ハードレイ対バクセンデール (1854 年) 事件 (Hadley v. Baxendale 1854) 103-105
ヘロン 2 号 (1969 年) 事件 (Heron Ⅱ, The 1969) 104-105
ホトソン対イースト・バークシャー・保健局 (1987 年) 事件 (Hotson v. East Berkshire Health Authority 1987)) 84-86
ジェイコブ＆ヤング会社対ケント (1921 年) 事件 (Jacob & Young Inc v. Kent 1921) 93
ラティマー対 A・E・C 会社 (1952 年) 事件 (Latimer v. A.E.C. Ltd 1952) 69-70, 71
マクファーソン対ビュイック自動車会社 (1916 年) 事件 (Macpherson v. Buick Motor Co 1916) 76-77, 78
ニュールンベルグ軍事裁判 (Nuremberg Tribunal) 17-22, 23, 38
ローヌ対ステファンス (1994 年) 事件 (Rhone v. Stephens 1994) 74-75
ルークス対バーナード (1964 年) 事件 (Rooks v. Barnard 1964) 87-89, 92
ラクスレイ電子・建築会社対フォーサイス (1995 年) 事件 (Ruxley Electronics & Construction Ltd v. Forsyth 1995) 93-99, 103
スミス・ニューコート・セキュリティ会社対スクリンガー・ヴィッカース (資産管理) 会社 (1994 年) 事件 (Smith New Court Securities Ltd v. Scrimgeour Vickers (Asset Management) Ltd 1994) 109-111
スイフト対タイソン (1842 年) 事件 (Swift v. Tyson 1842) 24, 25, 26, 27
第 2 ワゴン・マウンド (1961 年) 事件 (Wagon Mound, The (Second) 1961) 70, 72
ホワイト対ジョーンズ (1995 年) 事件 (White v. Jones 1995) 78-85

著者紹介

リチャード・アレン・ポズナー（Richard Allen Posner）

1939年アメリカ合衆国ニューヨーク市生まれ／ハーバード大学ロー・スクール卒業（LL.B）／スタンフォード大学ロー・スクール准教授，シカゴ大学ロー・スクール教授，合衆国連邦七巡回控訴裁判所判事を経て

現在　シカゴ大学ロー・スクール特任教授（非常勤），弁護士（本人訴訟の法的支援に向けたポズナー・センター代表）

専門分野　「法と経済学」を中心に幅広い学際的研究領域で研究・執筆活動

主な業績　『正義の経済学—規範的法律学への挑戦—』（馬場・國武監訳，1991年，木鐸社），『加齢現象と高齢者—高齢社会をめぐる法と経済学—』（國武輝久訳，2015年，木鐸社）など多数。

訳者紹介

國武輝久（くにたけ　てるひさ）

1941年東京都生まれ／東北大学大学院法学研究科修士課程修了，法学博士（北海道大学）／新潟大学法学部教授，新潟青陵大学看護福祉心理学部教授を経て

現在　新潟大学名誉教授

専門分野　労働法学，社会保障法学（英米法学，法社会学，法と経済学など）

主な業績　『カナダの労使関係と法』（1990年，同文舘出版）など。

Law and Legal Theory in England and America: Clarendon Law Lectures, by Richard A. Posner
Copyright © 1996 Clarendon Press Oxford All rights reserved
Japanese translation licensed by Oxford University Press

イギリスとアメリカの法と法理論：法と経済学による比較法的分析

2019年9月20日第1版第1刷　印刷発行　Ⓒ

著　者	リチャード・A・ポズナー	
訳　者	國　武　輝　久	
発行者	坂　口　節　子	
発行所	㈲　木　鐸　社	

訳者との了解により検印省略

印　刷　フォーネット　　製　本　吉澤製本
　　　　　TOP印刷

〒112-0002　東京都文京区小石川5-11-15-302
電　話　(03) 3814-4195番　　振替　00100-5-126746
FAX　(03) 3814-4196番　　http://www.bokutakusha.com

（乱丁・落丁本はお取替致します）

ISBN978-4-8332-2532-8　C3032